领导心与领导力

胡月星 著

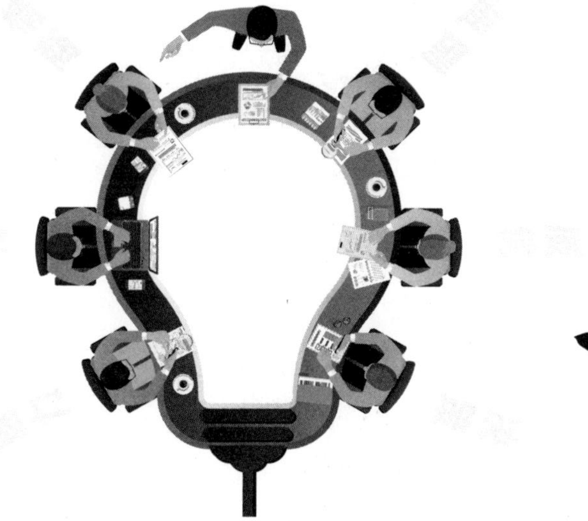

中国出版集团
研究出版社

图书在版编目 (CIP) 数据

领导心与领导力 / 胡月星著 . -- 北京 : 研究出版社, 2021.6
ISBN 978-7-5199-0875-1

Ⅰ. ①领… Ⅱ. ①胡… Ⅲ. ①领导学 Ⅳ. ① C933

中国版本图书馆 CIP 数据核字 (2021) 第 000044 号

出 品 人：赵卜慧
责任编辑：陈侠仁

领导心与领导力
LINGDAOXIN YU LINGDAOLI
胡月星 著
研究出版社 出版发行
（100011 北京市朝阳区安华里 504 号 A 座）
河北赛文印刷有限公司 新华书店经销
2021 年 6 月第 1 版 2021 年 6 月第 1 次印刷
开本: 710 毫米 × 1000 毫米 1/16 印张: 17
字数: 260 千字
ISBN 978 – 7 – 5199 – 0875 – 1 定价：69.00 元
邮购地址 100011 北京市朝阳区安华里 504 号 A 座
电话（010）64217619 64217612（发行中心）

前言

领导力的本质是影响力。领导影响力既包括组织影响力，也包括个体影响力。领导影响力体现在微观、中观、宏观三个层次。微观层次是人际影响力，中观层次是对组织的影响力，宏观层次是社会历史影响力。领导力既是名词，也是动词，既是态度行为指标，也是价值标准。领导力蕴含着丰富的精神内容。“领”就是走在前面，以身作则，率先垂范，要身先士卒，这是行为指标。同时，“领”还需要精神寄托，要方向明确、目标高远，拥有理想信念，要为大家展现光明未来。“导”需要明确思路，需要情感投入，要讲方法，更要讲原理，要说服动员身边的人愿意追随，同时，“导”需要先进的思想，需要知识经验，更重要的是具有智慧水平，要循循善诱，引导教导大家一起前行。“力”不是外力，也不是单一的能力或技能，更重要的是“合力”，是集体的力量。俗话说，众人拾柴火焰高，众志成城，就是这个道理。领导力不是一个人的力量，而是集体的力量，是人民群众的力量。从这个意义上讲，领导力贵在相信群众、团结群众、带领群众、服务群众。拥有权力未必拥有领导力，只有把外力与内力结合起来发挥有效作用，才能拥有领导力。领导力更多地强调“内力”，是内力与外力的融合汇聚。

领导力先驱詹姆斯·库泽斯（James Kouzes）和巴里·波斯纳（Barry Posner）通过对数以千计的个人最佳领导者实践的研究，提出了卓越领导者的五种行为习惯和十项使命。一是以身作则。就是通过领导者个人的直接参与和行动，为自己赢得领导的权利和尊重。人们往往首先追随领导者本人，然后才是事业。二是共启愿景。人们只有心甘情愿地接受领导者描述的愿景，才会忠诚地追随领导者。三是挑战现状。领导是变革的守护神，是创新的倡导者。四是使众人行。实现梦想要靠团队的努力，要依靠真诚的信任和稳固的关系，还要有团队协作和个人责任。领导力就是要让其他人行动起来。五是激励人心。建立一种集体认同感，强化人们的献身精神，从而使集体做出杰出的贡献。领导者要鼓舞其追随者前进，用真诚的行动让他们鼓起干劲，奋发向前。为此，卓越领导者需要承担十项使命：明确自己的理念，找到自己的声音；使行动和共同的理念保持一致，为他人树立榜样；展望未来，想象令人激动的各种可能；诉诸共同愿景，感召他人为共同的愿景奋斗；通过追求变化、成长、发展、变革的道路来猎寻机会；进行试验和冒险，不断取得小小的成功，从错误中学习；通过强调共同目标和建立信任来促进合作；通过分享权力和自主权来增进他人的实力；通过表彰个人的卓越贡献来认可他人的贡献；通过创造一种集体主义精神来庆祝价值的实现和胜利。卓越领导者的五项行为和十项使命，强调的是优秀领导者的行为品行和领导素质，是西方学者研究视野的卓越领导者的基本标准。

由此看来，领导力是以目标驱动的主动行为，与目标信念、情感态度、心理体验、个性行为等因素密切相关，呈现出如下特征。

一是目标引领是动力特征。大雁南飞头雁领，如果将这个“头雁”比喻为领导者，往哪里“飞”，往什么地方“领”至关重要。目标就是方向，信仰就是希望。目标信仰是领导成功的保证，没有信仰的领导是失去信任、精神空虚并容易丢失灵魂的人。这方面最重要的是要关注以下几点。其一，确保组织拥有坚定正确的领导方向。其二，领导不是虚幻的，既要从思想、组织、作风、制度上着眼，又要着重领导力的建设。其三，领导力体现在对组织原则利益的高度认同和积极维护上。要求各级领导者必须严于律己、忠于职守、懂规矩、讲政治，尤其当组织利益与个人利益产生矛盾的时候，要顾大局讲党性，以组织利益为重，做到令行禁止

二是价值作用是功能特征。领导的价值作用承载着领导力的表现特

征。价值作用体现在以下几个方面：第一，提高被领导者接受和执行组织目标的积极性和自觉性。被领导者的个人目标与组织目标，存在着正相关；统一程度越高，个体行为的积极性也越高；统一程度越低，个体行为的积极性也越低。第二，激发被领导者实现组织目标的热情。领导者在领导的动态过程中占主导地位，满足被领导者的各种需要尤其是心理需要，是实现激励功能的关键。第三，提高被领导者的行为效率。被领导者的行为效率，是指为实现组织目标所做贡献的大小，它是鉴定领导激励功能优劣的直接依据。

三是动态过程是发展特征。领导力是一个动态的过程，它由领导者、被领导者以及所处环境三个因素组成。任何一种因素的变化都将导致领导力状态的变化。从领导者与追随者的心理互动上来看，领导影响力的展现过程其实就是要求通过领导者自己与下属之间的“互动过程”，有效地协调子系统之间的竞争与合作关系，增强领导影响力。

四是追随者的差异特征。成为优秀领导者的条件是有“一流的追随者”。一个领导者可以拥有很多的下属，但不一定拥有很多追随者。追随者是决定领导绩效高低的重要变量，因为再好的决策都需要追随者去实现，再好的领导意图都需要追随者去贯彻。否则，领导者就会成为中国人所讲的“光杆司令”“孤家寡人”。

领导力并不是先天就有的，是经过后天不断培育锻炼提升的结果。领导力来自民族文化的血脉滋润，来自人民群众的支持力量，来自个人实践的锻炼经历，来自组织培养的教育提升，关键在于自我认知与感悟。领导力最根本的是一种内在的智慧力量。中国传统儒家文化中的“内圣外王”思想，体现着领导智慧。“内圣”是自我修炼的境界，“外王”就是影响力号召力。如果达不到“内圣”就需要修身养性，修身就是修心。如果把内在的品质修炼好了，自然就有了行为感召力，诚所谓“厚德载物”。作为领导者要把“修心”作为必修课，这是提升领导力的根本所在。2013年6月28日，习近平总书记在全国组织工作会议上提出了“信念坚定、为民服务、勤政务实、敢于担当、清正廉洁”的新时代好干部的标准。信念坚定，要求具有远大理想，真诚信仰马克思主义，矢志不渝为中国特色社会主义现代化宏伟事业而奋斗。为民服务，要求忠诚于人民，以人民忧乐为忧乐，以人民甘苦为甘苦，以全心全意为人民服务为宗旨。勤政务实，要求勤勉敬业、真抓实干、认真负责，拒绝弄虚作假。敢于担当，要求坚持原则、认真负责，面对大是大非敢于亮剑，面对矛盾敢于迎难而上。清正廉洁，要求堂堂正正做官，清清白白做人，守住底线，保持拒腐蚀、永不沾的政治本色。“好干部”关键在于信念坚定和敢于担当。信念是“心”，担当是“力”。如果理想信念不坚定，不相信马克思主义，不相信中国特色社会主义，政治上不合格，经不起风浪，这样的干部能耐再大也不是党需要的好干部。做称职的“好干部”，要心中有党、心中有民、心中有责、心中有戒，要忠诚、干净、担当，做党和人民利益的忠实维护者。从“好干部”标准和政治过硬、本领高强的目标要求出发，得益于中国管理智慧里的“厚德载物”“内圣外王”以及中西方学者的研究观点，提升领导力重在厚植干部的心理资本，聚焦点在于信仰目标、兴趣志向、精神需求、成就动机、自我认知、价值取向、坚持忍耐、拥有激情等方面。

在此，需要强调的是，领导力与领导艺术是相辅相成的。领导艺术水平是领导力的积极转化，是在具体领导工作中被高度认可和接受的领导方法。如果把领导力比喻为一棵树，领导艺术就是盛开的鲜花，是影响人和吸引人的魅力所在。领导艺术水平突出体现在领导的团队建设、授权用人、沟通协调、有效激励以及积极心态等方面。

心为万力之本。本书从“心”谈起，以“力”呈现，绘制出一幅幅领导力的秀美篇章。本书将为人们更加真切地感受领导力，为提升领导力与领导智慧水平提供思考借鉴。

胡月星

2021年3月30日

目录

领导“心”篇

领导“力”篇

领导“心”篇

1. 健康源自内心

1992年世界卫生组织对“健康”下了一个定义，“真正的健康是在生理、心理、社会适应、道德健康这几个层面的统一。”也就是说，只强调身体健康还不行，一个人真正的健康只养生不行，还要养心，还要有心理健康，同时还要有社会适应，还要跟社会很好地互动，还要有道德健康。道德情感的力量、社会适应的良好状态、身心的和谐，能在这几个层面完美地统一，才说明这个人非常健康。比如说有的人身体素质很好，心理状况很好，同时他的道德水准很高，正直、善良、豁达、宽容，同时适应力很强，往往很快能够投入社会、投入环境、投入组织当中，能够很好地与人交往，这个人身体状况就很好，就有很好的健康水平。拥有充实的内心世界，是领导者心理健康的本质要求。

● 人际因关爱而温暖

心理学研究认为，任何人都有普遍的社会性安全感需要。这种安全感的本质是人与人之间真诚的情感联系，其也是获得心理健康的基本途径，领导干部也不例外。在日常工作中，一些干部之所以看重同他人的交往，注重别人对自己的印象和评价，珍惜别人对自己的接纳和帮助，是希望能够尽快地同他人建立起良好的人际关系，获得积极的心理体验的表现。这种真诚亲密的人际关系一旦确立，不仅会增强开拓工作新局面的自信心，而且会极大地满足其社会安全感的基本需要。

在此，需要指出的是，要拥有充实的情感体验，就必须把握真诚待人、勤政为民的要旨，真心实意地替他人着想，替百姓分忧，为群众动真情、办实事。这是获得充满人间温情的社会安全感、得到“群众公认”的奥秘所在。但有的领导干部却使这种人际情感体验扭曲化、庸俗化，有的一味沉湎于觥筹交错之中领悟所谓的“情感深厚”；有的通过换帖子、拜把子，搞金兰结义，以求世俗化的情感效应；还有的视草芥若芝兰，迷魂汤一喝，迷魂舞一跳便恍恍惚惚、飘飘然，自以为感觉良好。殊不知，应酬虽频繁，但难消寂寞空虚。由于脱离群众，失去真诚，忘记自己的职责和使命，终究难觅人生知己，愈加会体验到情感的失落与不安全，这只能是一种人际关系适应不良的表现。

● 因了解自己而快乐

著名心理学家密特尔曼认为“充分了解自己并对自己的所学所能做出适当的评价”，是成熟自我意识的标准之一。领导干部具备清醒的自我意识，首先要在以下三个环节下功夫：一是在自我认识上加强训练，包括自我观察、自我评价、自我审视等，亦即搞清楚自己是怎样一个人。是一个性格内向型的人还是外向型的人；是一个反应敏捷、思维灵活的人还是一个反应迟缓、呆板的人；是一个依赖顺从型的人还是一个独立支配型的人。二是自我体验要深刻，即自重、自警。包括自我感受、自我珍惜、自我尊重、责任感、义务感和使命感等，就是要搞清楚人为什么要活着，人生的价值意义何在，领导干部的荣誉感和重要感体现在何处等。三是自我调节控制力要强，亦称“自励”。包括自我约束、自我监督、自我勉励、自我矫正等。亦即清楚理解怎样才会获得积极愉快的人生，怎样才能达到自我完善的境地。毋庸置疑，一个人只有清楚地认识到自己的所作所为，行为协调一致，内心才是稳定和踏实的，才会感到充实而有力量。

可是在现实工作中，有的领导干部却不尽然。或自命不凡，自视清高，显得卓尔不群，兴趣索然；或自轻自贱，举止猥琐，显得不伦不类，让人鄙视。归纳起来，在领导干部自我意识发展中，具体表现为如下四种类型：一是自我肯定型，这是主流。即主观与客观相统一，理想与现实相协调，自我意识清楚明确。如有的领导干部能够摆正自己的位置，心境明朗，情绪稳定，脚踏实地，各方面的工作井井有条，活而不乱；有的自省、自励，严于律己，宽以待人，团结协调，目标明确，表现出良好的精神状态。二是自我否定型。即理想与现实相脱离，主观与客观相分裂。好大喜功，华而不实，不求实际效果，只图形式热闹；心境浮躁，不知所云，对挫折的承受力弱，稍遇不顺心，便归咎于客观事物，要么一蹶不振，意志消沉；要么孤芳自赏，自欺欺人，造成工作或事业上的损失。三是自我萎缩型。不求有功，但求无过。不是积极进取，努力实现人生抱负，而是消极等待，退缩保守，“熬”年头、“熬”资格、“熬”待遇，浑浑噩噩，以求得暂时满足自居。这类干部虽是少数，但影响很大，必须认真对待。四是自我混乱型。摇摆于理想与现实之中，动机冲突强烈，心理负荷较重。如有的领导干部虽以“淡泊以明志，宁静以致远”自省，以“达则兼济天下，穷则独善其身”自勉，以“天行健，君子当自强不息”自励，但是面对市场经济条件下各种利益矛盾的纠葛，时时陷入情感与理智、个人与集体、索取与奉献的两难困境之中。其心境体验也十分强烈，自我意识成熟水平有待进一步提高。

● 因情绪积极而增力

社会心理学研究认为，情绪情感是一种反映人与外界环境的特殊心理体验。情绪的发生往往与那些比较低层次的天然需要相联系；情感则与人的社会性需要相联系，是一种属于高层次的心理体验。人的任何行为都与情绪情感发生着密不可分的联系，不同的情绪情感状态对于人的心理有着不同的影响。现实生活中我们也常常感受到，积极的情绪情感使人心情愉快，干劲倍增。健康、活泼、热情、乐观的心理体验不仅给人以轻松愉快的心理感受，还会使人减缓身心负荷与压力，消除紧张恐惧，增强机体抵抗疾病的能力。

另外，乐观积极的情绪情感也能够调节心理气氛，改变生活和工作中的沉闷感，有助于促进自己的工作与学习，提高工作效率。相反，消极不愉快的情绪情感则对人的身心有害。愤怒、焦虑、紧张、恐惧、嫉妒、忧愁不但会降低人的活力，而且会对人的行为活动产生干扰阻碍作用，诱发各种身心疾病。过度抑郁、苦闷、嫉妒，不仅使个人处于无穷无尽的烦恼中难以自拔，还会使人神经功能失调，导致未老先衰。

作为领导干部，自身肩负着繁重的工作任务，面临着各种错综复杂的工作局面，迫切需要一个健康稳定的情绪情感状态，使自己始终满腔热情地投入工作，在事业上做出成就并取得成功。但是，我们时不时会看到这样的情况：有的领导干部不善于做情绪情感的主人，而是处处被情绪左右，工作或生活中稍遇不顺心的事，便心情烦躁、坐卧不宁；有的把家庭中的一些矛盾带到正常的工作中来；有的则将工作上遇到的不如意投射到家庭生活中，使得周围人心惶惶，无所适从；更有甚者，情绪反复无常，以个人好恶来对待工作，愉快时什么都容易解决，不高兴时什么都难办，这种不健康不稳定的心态往往还导致部门之间或上下级之间连锁的不良情绪反应。因此，领导干部讲究心理健康、情绪情感健康，要学会控制自己的情绪，积极进行情绪调节，获得积极愉快且满意的情绪体验。只有这样，才能够把工作搞好。

● 因性格健全而自得

性格是人对现实稳定的态度和行为方式中的个性心理特征的总和。健全的性格特征指的是性格在态度上、情绪上、理智上和意志特征上表现出的稳定性和完整性。从性格的态度特征上讲，主要体现在个人对社会、对集体、对工作、对学习、对待他人和自己的相互关系上。譬如有的干部为人正直，刚正不阿；有的热爱集体，一心为民；有的关心他人，富于同情心；有的虚怀若谷，勤奋朴实，工作责任心强。与此相反，有的自私、虚伪，善于阿谀奉承，为人狡诈冷酷；有的自负自满，任性放纵，工作缺乏责任心。从性格的情绪特征上讲，有的情绪活动大起大落，容易控制；有的情绪体验比较微弱，对身心状态和工作影响较少；有的精神饱满，积极乐观，不以升降论荣誉，不以职位高低品贵贱，心境平稳，神态自若。相反，有的则经常闷闷不乐，焦虑烦躁；有的一遇挫折便萎靡不振，郁郁寡欢；有的一旦失意，便情绪失控，几乎判若两人。

从性格的理智特征方面讲，有的领导干部观察敏锐，善于发现问题和分析问题，能够仔细求证，大胆决策；有的工作上雷厉风行，果断刚强；有的粗中有细，富于思考判断，作风细腻，章法清楚。相反，有的是粗而不细，不求甚解；有的感情用事，不善思考；有的作风粗暴，独断专行；有的沉溺于幻想，罗曼蒂克，拍脑袋出成绩，拍胸脯要威风；有的做工作虎头蛇尾，缺少章法，总想一鸣惊人，结果搞得一塌糊涂。

从性格的意志特征方面讲，有的领导干部信念坚定，意志顽强，目标明确，工作扎实；有的果断积极，行动敏捷；有的勇敢坚定，不屈不挠；有的自制坚韧，锲而不舍。与此相反，有的优柔寡断，人云亦云；有的朝三暮四，退缩忍让；有的怯懦恐惧，消极防御；有的疑心太重，患得患失。由于性格品质的不同，反映在领导干部思想作风、认识水平、工作效果上也不一致。尤其是那些在性格方面存在种种缺陷的干部，如果不注意加强培养和锻炼，难当大任。即使一时当任，也难免出现失误，给工作和事业带来损失。

因心理相容而亲和

宽容是人类的美德，也是个人心理健康的附带特点。宽容的标志是善于尊重理解人，表现为能够用欣赏的目光看待一切，能够从不同侧面、不同角度观察到人或大自然蕴藏的美。作为领导干部，善于发现身边或周围每个人的特点和长处，是讲究领导艺术的表现。唯有这样，才能调动一切积极因素，团结一切可以团结的力量，群策群力，齐心协力把工作做好。

社会心理学研究表明，人与人之间牢固的情感反映，在于相互间的尊重和理解。尊重和理解，能够使对方体验到自身的价值和“重要感”，激发起与之患难与共的心理感受，增强工作的信心和勇气。日常工作中我们可以看到，许许多多的领导干部以身作则、严于律己、宽以待人，干群之间关系融洽、上下级之间团结和睦。大家在这种宽容的心理氛围中工作和学习，共同品尝并体验到自身的“重要感”，群体凝聚力和向心力大增。如有的企业亏损，干群一心“精神不亏损”，短时间扭亏为盈；有的部门毫无生气，工作效益严重下降，换了领导之后，局面大变，士气上升，前后反差明显。其实质，就在于“多一点”和“少一点”的关系上。多一点尊重人、理解人，多一点宽容的公正，少一点冷漠与偏见，少一点自私猜忌，必然会产生截然不同的效果。

然而，在现实中，有的领导干部心胸狭窄，容人之心不足，妒人之心有余，总害怕别人超过自己，害怕看到别人的长处和优点，妒贤嫉能，排斥异己，造成人际关系紧张，严重影响到群体士气；有的同事之间缺乏真诚，心里不相容，彼此猜忌推测；尤其是有的个别主要负责人之间自立门户，互不沟通往来，较劲憋气，导致怨声载道、民怨沸腾；还有的貌似高明，颐指气使，指手画脚，独断专行，不尊重他人感情，不珍惜群众的劳动成果，造成干群之间、领导之间的情绪对立，给一些别有用心之人留下可乘之机；更有甚者，动机卑劣，拨弄是非，造谣中伤，打击报复，导致众叛亲离，给党和人民的事业造成不可挽回的重大损失。

● 因富于同情心和责任感而崇高

同情心源于一个人对社会和他人真诚的关切和爱护，是一个人高尚情操的具体表现。心理学上把一个人的同情心和社会责任感从情感和理智两方面进行统一的评价，称之为“良心”。当一个人从这两个方面来审视自己的心灵并感觉到自己的追求与准则时，就会产生一种“无愧于心”的感受。同时，获得一种极大的愉悦和满足，进一步增强工作和生活的信心以及克服挫折困难的勇气。反之，则会产生“良心”上的不安与冲突，体验到羞愧和内疚的情感，促使自己改正行为，并力图重新树立起自己的完整形象。譬如有的领导干部到贫困地区调查时，看到当地百姓的贫苦生活，心中涌现出无比的同情与关爱，以至流泪动情、送钱送物。其潜在原因即是一种高度社会责任感和强烈的同情心使然。焦裕禄临终前说“活着没有治理好兰考的沙丘，死了也要看着大家把沙丘治好”。正是这种高尚情操驱使着他视百姓若父母，实践着全心全意为人民服务的真诚诺言。

相反，在现实生活中，我们也看到个别领导干部那种作威作福、侵吞民脂民膏、大肆挥霍浪费、贪污腐败的丑恶行径。他们不仅根本不可能获得“问心无愧”的极大愉悦和满足感，有的只能是紧张、焦虑、内疚和不安全、不稳定感。这种不健康的心理意识必然侵害他们的精神世界，并使他们坠入毁灭的深渊。

2. 解决好“心”的问题

世界卫生组织在1992年发表了一个著名的《维多利亚宣言》，提出了健康的四大基石：合理膳食，适量运动，戒烟限酒，心理健康。

合理膳食，就是要明白“病从口入”的简单道理，如果吃不好或吃得有问题，在身体的消化系统、免疫系统甚至血液系统里都会发生反应，食物中毒严重者甚至会夺走生命；适量运动，因为人的身体功能是有限的，不能无限制地盲目折腾，一旦耗损过度，将会造成肌体损伤、功能衰竭；戒烟限酒，这是从生活习惯上说的，在生活中我们有时候并不了解身体内部的基本状况，如果只为一时的感观快乐而忘记了身体的病变症状，久而久之，量变发生质变最终危及生命。如果无视危害，必然会伤害身体和生命。

上述几个方面，都是从身体健康方面来讲的，而“心理健康”则是维护身体健康的根本保障。只有“心”的问题解决好了，“身”的问题才能真正得到更有效的解决。在现实生活中，有时候，“心”比“身”更加重要。我们可以发现，有些身体残疾、体弱多病的人，始终怀着坚强乐观的生活态度，他们能够克服各种难以想象的人生苦难，顽强地生存下来，并最终实现幸福人生；而那些拥有健康体魄的人，那些衣食无忧的人，有的却因为心理障碍悲观厌世，有的甚至出现严重的心理疾病，在痛苦折磨中不惜采取各种极端的方式结束生命。

事业靠奋斗，奋斗靠心态，心态决定命运。美国心理学家塞里格曼教授认为，积极乐观和自信坚强是一个人最宝贵的心理资本，并由此提出了积极心理学的概念。积极心态不仅是个人快乐的源泉，还能够帮助自己取得事业上的成功，增加生活的快乐。现实生活表明，心态不健康，不仅会给人带来一系列痛苦与烦恼，而且会诱发生活中的许多挫折与不幸。人们常常说道，人可以什么都没有，但不能没有健康，健康是人生存、发展、幸福包括创造的基本保证。

对于心理健康，中外许多学者都有过比较深入的研究。美国学者坎布斯认为一个心理健康、人格健全的人应有四种特质：一是积极的自我概念；二是恰当地认同他人；三是面对和接受现实；四是阅历经验丰富。美国著名心理学家马斯洛和密特尔曼也曾提出了心理是否健康的十条标准：是否有充分的安全感；是否对自己有较充分的了解并能恰当地评价自己的能力；自己的生活理想和目标是否切合实际；能否与周围环境保持良好的接触；能否保持自身人格的完整与和谐；是否具备从经验中学习的能力；能否保持适当和良好的人际关系；能否适度地表达和控制自己的情绪；能否在集体允许的前提下，有限度地发挥自己的个性；能否在社会规范的范围内，适度地满足个人的基本需求。由此看来，心理健康是自我认知、情感需要、性格特征以及人际关系等各种心理要素的有机统一，是个体对环境变化的主动适应，是积极心态的充分体现。为此，增进领导者心理健康水平，提升领导者心理健康调适能力，以下六种心态最重要。

乐观积极心态。伯特兰·罗素认为，人类种类各异的不快乐，一部分根源于外在的社会环境，一部分根源于内在的个人心理。具有乐观心态的人往往将人生的感受与人的生存状态区别开来，认为人生是一种体验，是一种心理感受，即使人的境遇由于外来因素而有所改变，人们无法通过自身的努力去改变生存状态，也可以通过自己的精神力量去调节心理感受，尽量使其处于最佳状态。比如，一栋房子顶上铺满了密密麻麻的瓦片，但有的人在看房顶时，不是看铺得很好很整齐的瓦片，而是专看一片铺漏了的瓦片，这实际上就是心理学上的“漏掉的瓦片效应”。持有悲观消极心态的人，看不见自己的长处和优势，常常因缺乏信心和勇气而事业难成；另外，在心理定位上对自己常持否定态度，不能接纳自己，使自己内心长期处于失衡与迷失状态。

平静随和心态。在影响人健康和长寿的因素里，精神和性格起着非常重要的作用。一个人的精神状态和性格特点，同先天遗传因素有一定关系，但更主要的是由后天社会环境的影响决定的。科学研究表明，“入静状态”能使那些由于过度紧张、兴奋引起的脑细胞机能紊乱得以恢复正常。若处于惊慌失措、心烦意乱的状态，一个人就无法根据实际情况做出正确的判断。人所陷于的困境往往来源于自身，对自己和现实有一个全面正确的认识，是在突变面前保持情绪稳定的前提之一。

大量实验证明，平衡的心理是任何一个面临突变却不被突变击垮的人必备的心理素质。要学会自我宽慰。人世间没有无所不能的人，人外有人，天外有天，企求事事精通、样样如意只会促使自己失去心理平衡。不要怕工作中的缺点和失误，成就总是在经历风险和失误的过程中才能获得。

知足隐忍心态。在中国传统文化中，隐忍克制，其外在表现是一种被动的知足，实质是对生存环境的一种主动适应。人有欲望是正常的，可怕的是欲望滔天，无法控制。《道德经》说过：“祸莫大于不知足，咎莫大于欲得。故知足之足，常足矣。”盲目地知足并不可取，只有做到知足隐忍，才是成大事者的必备素质。大千世界诱惑重重，真正陷入诱惑当中，而能保持清醒头脑的人更是难能可贵。某大公司准备以高薪雇用1名轿车司机，经过层层筛选和考试之后，只剩下3名技术优良的竞争者。主考官问：“开车能距离悬崖多远而又不至于掉落？”“2米。”第一位说。“半米。”第二位很有把握地说。“我会尽量远离悬崖，越远越好。”第三位说。结果这家公司录取了第三位。很多领导者认为自己有足够的控制力可以驾驭感情、金钱、权力，可真正接近这些诱惑的时候，有相当一部分人把握不住自己。为此，人不能和诱惑比近，而是离得越远越好，绝不能认为自己对诱惑有免疫力和抵抗力而放松警惕。

一位曾经身经百战的老将军，解甲归田后，以收藏古董为乐。一天，他在把玩最心爱的一件古瓶时，不小心差点脱手，被吓出一身冷汗。老人突然若有所悟：为什么我当年出生入死，从不畏惧，现在怎么会被吓出一身冷汗？正是因为我迷恋这件东西，才会患得患失。正是这种迷恋之心，差点伤害自我，遂将古瓶掷碎于地。

宽容豁达心态。宽容不仅是一种与人和谐相处的素质，一种时代崇尚的品德，更是吸纳他人长处充实自我价值的良好思维品质。所谓宽容的心态就是以宽阔的胸怀和包容的心态，去面对身边的人和事。宽容本身包含着谦逊。古人说："满招损，谦受益。"一个人如果不能虚怀若谷，就不能有效地吸纳有利于自身发展的精神营养。只有具有海纳百川、有容乃大的心态，才能学习他人的长处，弥补自己的短处，充实、拓展、成就自我。豁达是宽容的外在表现和必然结果，能做到宽容的人必然豁达。豁达绝非圆滑世故，不是刻意逃脱，也不是放纵闲适，豁达是人生的高境界、大追求，豁达亦即放达、旷达、通达，豁达贵在有"达"，豁达能成就光辉的人生和事业。"升沉不过一阵风""宠辱不惊，看庭前花开花落；去留无意，望天上云卷云舒"，展示的是一种豁达精神。不谦恭、不和睦的人，不但会遭受物质的损失，且将失去生活的情趣。

适应改变心态。现实生活中，每个人都与周围环境保持着不同性质的联系，或者是非对抗性的、一致的联系，或者是对抗性的、对立的联系。在后一种情况下，当环境的力量如此巨大，无法抗拒，更无法改变时，个人愿望因环境的限制而无法实现或充其量只能部分地或推迟实现时，失败是不可避免的。而为了生存下去，人任何时候都不能没有理想、信念、希望等精神支柱，也需要与环境之间达成平衡，哪怕只是虚幻的心理平衡。当人们不可能改变环境以调整主客体关系时，则不得不抑制改变环境的愿望，也不得不对自己在现实社会的位置、境况重新加以解释与评价，而把理想、信念、希望等精神支柱保存下来。既适应环境、面对困难，又保存自己、节省能量，从而调整主客体关系，达到心理平衡与主客体平衡。即在心造的幻境中虚构出某种"胜利"，以冲淡或掩盖事实上的失败，由此缓解在强大的环境面前的压力，掩饰巨大的痛苦。虽是自欺欺人，也是自我安慰。

另外一种平衡则是清醒的、理智的选择，即面对现实的苦难与环境的重压，经过精心的分析和仔细地比较，不做无谓而徒劳的抗争。而是自我克制，卧薪尝胆，积蓄力量，励精图治，暂时压抑自己的愿望，等待力量对比的变化，以求有朝一日足以战胜环境、改变现实。这反映在心理状态上，便是韬光养晦，是一种精明的战略选择，体现出阴柔胜阳刚的人生智慧。

情绪管理心态。决定情绪的是人的认知。有一句名言说得好：“人受困扰，不是由于发生的事实，而是由于对事实的观念。”如何运用理智来克服不良情绪？首先，要承认自己存在某种不良情绪。有了不良情绪不愿承认又认为是合理的，这就难以消除了。其次，分析不良情绪产生的原因。想一想自己的苦恼、忧虑、愤怒的事情是否值得，如果通过理智冷静分析之后，发现多数情况下并非都是如此，那么，不良情绪将会得到排除。具体而言，要掌握以下几种办法。

一是情绪宣泄。情绪宣泄的方法有很多种，如倾诉、高喊、哭泣等。适度地宣泄可以把心中的不快释放出来，使波动情绪趋于平静，并且还有可能得到解决问题的办法。对于领导者而言，其中最好的办法是找朋友倾吐胸中抑郁或求助心理医师。国外有些企业内设有“情绪宣泄室”，也是适用这种方法的。不过，情绪的宣泄要有节制，要注意方式方法和时间场合，尽量不影响别人，不损害自己，否则会带来新的情绪困扰。

二是心理换位。有些不良情绪，是由于自己抱怨别人而引发的。抱怨同事处理问题不当，抱怨下属办事无能，抱怨领导不支持，越想这些心里越窝火。其实这是缺乏换位思考的能力，心理学上将换位思考称为同理心。遇事应该多站在对方的立场、对方的角度、对方的位子，仔细考虑对方的想法、理由和处境，这样就会给予对方理解、谅解和同情。

三是转移调节。当不良情绪，特别是愤怒情绪爆发之前，或已气涌心头，要设法转移自己的兴奋点，把注意力引向其他方面。跑步、转圈、疾走、游泳等运动是化解不良情绪的最有效的方法之一。因为运动可使心率加快，促进血液循环，改善机体对氧的吸收利用，从而使人精神振奋。

四是缓解冷化。如果事先预料到接触某人某事，会引起极大不快又不能解决问题，那就躲一躲，回避一下。这样矛盾可能会自行化解，如仍需要面对，等条件成熟后再予以处理。

五是积极暗示。自我暗示对机体能产生强烈的作用，能使情绪发生明显的变化。当自己处于消极情绪困扰之中时，通过语言暗示，可在一定程度上排解不良情绪。在处于盛怒情绪状态时，应该对自己说“不要发火”“发火是不能解决问题的”；忧虑时应提醒自己“忧虑无济于事，还是面对现实”；烦恼时，应该对自己说“静下心来，想一想，别着急”；冲动时应该提醒自己“怒伤心，一忍最高”“退一步海阔天空”“让三分心平气和”。在使用暗示方法时，要避免运用不当的消极暗示，注意使用积极的自我暗示，做个健康快乐的领导者。

3. 心理问题也需“查摆”

在社会急剧转轨期，人的精神障碍会随着社会压力的增大而增多，精神疾病发病率会增加并且提速。心理障碍不仅影响人们的生活质量，而且严重的精神障碍会涉及自身和他人的生命安全。尤其是中年人的心理健康问题更要引起高度重视。有关专家提醒，中年领导的工作和家庭压力普遍比较大，要格外重视自己的身体健康，一定要保持良好的生活方式和心态，否则会出现自己都意识不到的严重问题。

● 心理问题七表现

心理健康的研究结果表明，在心理问题中，一般的心理问题在现实生活中占了80%，主要表现在社会适应不良、职业枯竭、人格不健康、认知问题、情绪问题、意志问题、人际关系问题七个方面。对于领导干部而言，调查发现主要有以下心理障碍，即焦虑、抑郁、嫉妒、攀比、冷漠、迷信、虚伪和贪婪。

焦虑。每个人面对自然环境和社会环境中的种种负性事件和威胁，以及面对不可预测的未来时，总会产生不安全感，并由此产生紧张焦虑的情绪反应。焦虑是一种烦躁的情绪，工作太累是导致中年领导者心理出现焦虑的重要因素之一。一些人误以为，做领导是让人向往的事，可以不用做苦活累活，成天坐在办公室里就能领到很高的薪水，有出差考察的好事准会落到他们头上。可实际上，做领导并非他们想象中那样惬意，反而如苏轼词中所言

“高处不胜寒”。一位企业领导感叹说，搞人际关系是他生意成功的一个很重要保障，但是终年的劳碌让他开始患上严重的失眠。“每年有200天以上我是眼睁睁看着朝阳升起的。”

抑郁。抑郁与抑郁症是两个概念。抑郁是人的一种正常情绪，而抑郁症严重到能够改变大脑生化结构，导致大脑里主管积极思维的细胞被抑制住，消极思维占上风，想什么事情都是悲观的。心理学家提出了12种摆脱抑郁情绪的忠告：（1）不要为自己寻找借口。（2）再给自己一点爱。（3）分散你的注意力，改变你的行为。（4）了解自己的极限。（5）寻找心灵的绿洲——让身心安宁地放松和冥想。（6）相信自己、也相信他人。（7）计划一些积极有益的活动应付枯燥的生活。（8）向朋友诉说自己的烦恼。（9）看到事情的光明面。（10）把复杂问题分解成简单的问题。（11）倾尽全力完成一件事。（12）运动是自救的基础。

嫉妒。所谓嫉妒，是一种对别人的才能怨恨、对别人的成就恐惧和对别人超过自己而忧虑的思想情绪。黑格尔说，嫉妒是拿别人的成绩来惩罚自己。领导者的嫉妒大多是由于社会对自身的评价产生的，嫉妒的中心往往是对方的地位、名誉、权力和业绩。从积极的方面看，嫉妒可以成为竞争的动力和源泉，但其消极影响远远大于积极影响。嫉妒往往使领导者变得偏激，带来一定程度的心理紧张和攻击性意欲，甚至做出违反道德准则和法律法规的事情。

攀比。总是和别人的成就进行比较，攀比会使一些干部变得比较焦躁。心理学研究发现，人不要盲目地攀比，经常盲目地攀比很容易导致心理失衡。应该纵向看、往前看，从发展的角度看待自己和他人的成败得失，这样心理就容易平衡。中国科学院心理研究所研究员周林认为，现代社会强调竞争，尤其对中年男人来说，更是要建功立业，特别在中国，男性对职务的渴望较女性更强烈一些。因此，与同龄人攀比的心理常常会导致中年领导的焦虑倾向。这类中年领导极少纵向比较，常常横向比较。这种攀比心理如果能化为动力，固然可以提升自己的能力，但一旦步入自怨自艾、怨天尤人的死胡同，则“心魔”由此而生。人到中年，更应加强修养，遇事泰然处之，清醒地认识到生命总是由旺盛走向衰老直至死亡，是人类所不能抗拒的自然规律。因此，应养成豁达的个性，平静地接受人到中年生理上出现的种种变化，并随之调整自己的生活和工作节奏，主动地避免因生理变化而对心理造成的冲击。

冷漠。麻木或冷漠是个体对挫折的消极反应，是对挫折环境的一种自我保护性或防御性反应。麻木或冷漠是一种综合性的心理障碍。它包括缺乏积极的认识动机，活动意向减退，情感冷漠，情绪低落，意志衰退，思维不活跃，等等。这种消极反应出现在领导者的心理中，会表现出缺乏进取精神、思想容易僵化保守等特征。有些干部对生活失去信心，人际关系比较冷漠，在工作、生活中奉行事不关己，高高挂起。领导者克服麻木、冷漠心理障碍的最好办法就是到人民群众中去，从人民群众中汲取智慧，增强战胜挫折和困难的勇气。

迷信。迷信既反映出人们的迷失，也反映出人们接受知识的一种错误态度和方法。从心理学的角度来看，由畏神信神而达到神经兮兮的痴迷状态，在迷信至极时往往处于一种极其狂热的心理状态，亦即强烈的紧张和深刻的内心体验。这些体验使个体脱离周围现实，并使其心理的强烈表现转向幻想的客体；从行为上则表现出接近、依恋、痴迷，甚至与“神”融为一体。迷信通常指盲目的信仰和崇拜，特别是信仰鬼神等不存在或不能证实存在的事物。迷信对于党政干部来说可以理解为信仰迷失、错位等表征，迷信现象的泛滥是信仰危机的综合征。迷信心理是领导干部心理失衡的突出反映，是一种扭曲的心理现象。少数领导干部在市场经济和对外开放的环境下，不信马列信鬼神，不信科学信风水；少数领导干部台上做科学报告，台下算卦占卜，在缭绕的香火中寻求寄托和心理安慰；有的领导干部迷信数字，有的甚至在换届或人事调整前请求算命先生指点迷津；等等。

虚伪和贪婪。欲望是一种心理势能，包含生理欲望和心理欲望。欲望的满足受现实生活环境和个人认知能力水平的调节支配。虚伪贪婪心理固然是价值取向、心理扭曲或欲望无限膨胀的心理问题，但从一定程度上却反映出一个人的人格特征。知、情、意、行不能统一，甚至矛盾对立，其实质也是一种病态人格。比如虚伪自私，无端怀疑猜忌，行为举止难以捉摸，强烈的占有欲和控制欲，对物质享受过分迷恋等。

诱发障碍四原因

为什么许多干部存在这样那样的心理问题？这些问题是怎样引起的？影响心理健康的因素到底有哪些？归纳起来主要包括如下心理因素。

自我认知失调。在现实生活中，身心问题严重，心理世界灰色、压力大，不但会造成事业上的失败，而且会导致人生悲剧。领导干部如果不能很好地认识自己，没有清晰的自我意识，就容易造成心理上的问题。比如，有的领导干部对维护心理健康的重要性认识不足，对心理健康的知识知之甚少，甚至有个别领导干部讳疾忌医，羞于谈心理问题或故意掩饰自己的心理压力。即使有些干部意识到了心理健康的重要性，也不善于自我调节、自动减压。有了压力以后，上级面前不敢说，同事面前不能说，亲朋面前不愿说。由于缺乏自我心理调适手段，心理压力不能得到及时释放，日积月累，结果产生心身性疾病。大量的医学成果证实，这些心身性疾病和不良的情绪压力呈正相关关系。

价值取向扭曲。人都有自己的价值取向，有的人以经济为中心叫经济价值取向，有的人以政治为中心叫政治价值取向，有的人注重自己的信仰叫宗教价值取向，有的人善搞科学研究则以自己的研究为人生价值取向，有的人就是为了生活这是物质上的价值取向，还有的人追求高尚的品质这是道德上的价值取向。生活中有不同的价值取向，但是价值取向不能违背人积极向上的追求。然而，有的人的价值取向发生了变化，不信仰自己的目标，过分追求物质上的享受。如果价值取向造成的矛盾没有得到很好的纠正，可能会造成一个人的身心失衡。

成长挫折经历。从一个人走过怎样的路，怎样走过来的，走得完不完整，可以看清楚或预测他以后会走什么路。从一个人的成长经历，往往也能看清楚一个人成长的心路。从而形成每个个体的心理。有些人自身能力不强却怨别人对己帮助不够，自己不努力却怨社会对己关心不到位，自己嫉妒别人却质疑别人的成功，这往往会让自己的身心受到损害。我们应该很好地教育年轻人怎样脚踏实地，怎样面对现实，怎样通过自己的劳动创造财富，这样才能树立正确的人生观。

不良环境诱发。工作环境、劳动时间过长、工作不胜任、工作单调、居住条件、经济收入差等，都会使人产生焦虑、烦躁、愤怒、失望等紧张心理状态，从而影响人的心理健康。此外，生活环境的巨大变迁也会使个体产生心理应激，由此带来心理的不适。有关研究资料表明，造成领导干部心理不平衡的主要原因有四个方面：一是工作担子重，无力承担；二是社会压力大，不能很好地对待；三是外界诱惑多，自己身陷其中；四是家庭矛盾凸显，情感压力大。这可称为“四座大山”。其实这些都是外在的，真正横在面前难以跨越的山是自己心里的负担太重，排解压力的能力太弱，没有很好地分析这些压力，没有很好地对待现实生活的要求，没有很好地对待外界的诱惑，没有很好地对待和处理好事业与家庭关系的矛盾。

4. 扫清障碍　正视自我

领导者如何正确认识自我，直接关系到领导者的心理健康。如果领导者不能正确认识自我，就会出现各种心理障碍。

从领导者的角度来看，领导从政心理成熟水平的提高过程，是领导者在领导实践活动中不断地丰富自己的知识、情感，不断地改变自己的思想行为的过程，也是自己的行为服从目标并自觉地调节、控制自己活动的过程，即理想自我与现实自我在新的水平达到相对平衡，进而稳定发展的过程。领导者在与周围干部群众的广泛接触中，将符合事业利益的组织观念化为自我认知的一部分，才能使自己与组织真正融为一体。

● 自我认知障碍

领导者的自我认知心理障碍，指的是在领导活动中，领导者表现出来的不良心理状态，对其身心健康以及领导工作有许多消极影响。因此，从分析自我认知来剖析领导者的心理障碍，使其心理状态与客观环境达到平衡，具有十分重要的意义。

在现实工作中，有些领导者对自己的行为特点、人格特点，以及自己对他人、环境的作用和影响认识不够准确，影响了人际关系的和谐，影响了理想自我的构建，表现在发展方向、奋斗目标等重大问题上不能正确把握，目标信念动摇，造成仕途上的挫折；在对自我的态度和自我体验上，常常表现出不稳定，在发展顺利时，容易有优越感和自负，而一旦受到挫折，就怀疑、否定自己，产生自卑，等等。在实际工作中，表现在自我认知方面的比较常见的领导心理障碍有以下几种。

唯我独尊。领导者在组织内担任一定的职务，掌握一定的权力。这种人民赋予的权力，本应是领导者履行岗位职责、实现组织目标、为人民谋利益的手段，但由于个人素质和思想认识水平的差异，使得一些领导者对权力的认识发生了偏移，在一定程度上出现了心理障碍。产生这种心理障碍除了领导者个人的素质外，还受到传统观念和长期封建专制及家长制的不良影响。如有的领导者以强权为核心原则考虑问题，恣意实施所谓“权力性影响”，依仗强权手段，迫使被领导者以奴仆的身份屈服于自己，绝对服从自己的个人意志，领导活动笼罩着主奴关系的气氛；有的领导者以自我为中心，唯我独尊，把自己凌驾于被领导者之上，头脑中充满着等级观念、尊卑意识。在领导活动中，虽然不依仗强权手段，但强调权力的主体作用，一意孤行实施其领导行为。一旦取得领导绩效，便过分夸大领导者的作用；始终有一种居高临下，甚至是“救世主”的心态。有的对其所做的决定和决策，只愿听赞同意见，不愿听反对意见，不愿意“纳谏”等。这种心态严重影响了领导者的心理健康，人为地造成精神压力和心理负担，这对领导工作的顺利开展是极为不利的。

自我萎缩。这类领导者不求有功，但求无过。他们不是积极进取，努力实现人生抱负，而是消极等待，退缩保守，“熬”年头、“熬”资格、“熬”待遇，浑浑噩噩，以求得暂时满足。其特点是对现实自我的评价过低，理想自我与现实自我差距过大，心理上常处于一种消极防卫状态。有的领导常常用自我安慰的办法来原谅自己，在一定程度上放弃理想目标；有的则表现为对新事物、新变化态度冷漠，对外界变化无动于衷，自我认知处于消极状态。

自我混乱。在现实与理想选择之间左右摇摆，失去自我认知能力。其特点是内心矛盾的强度大或延续时间比较长，新的自我久久不能确立，积极的自我难以产生，自我调节缺乏稳定性和确定性。这类领导者动机冲突强烈，心理负荷较重。比如有的领导干部虽以“淡泊以明志，宁静以致远”自省，以“达则兼济天下，穷则独善其身”自勉，以“天行健，君子当自强不息”自励，但是面对市场经济条件下各种利益矛盾的纠葛，却时时陷入情感与理智、个人与集体、索取与奉献的两难困境之中，其心境体验也十分强烈。

自我膨胀。出现认知偏差，失去自我判断分析能力。其特点是对现实自我过度高估，虚假的理想自我占优势，理想自我与现实自我的统一是虚假的。这类领导者的自我表现为白日梦，在自吹自擂、虚幻中度日。好大喜功，孤芳自赏，刚愎自用，严重者可能导致反社会行为甚至犯罪行为。

自我否定。由于理想与现实相脱离，主观与客观不统一，只盯住“黑点”不放，过分纠结工作中的失误与缺点，造成自我否定。自我否定是一种带有危害的消极心理现象。其特点是理想自我极度缺乏或丧失，对现实自我又深感不满，自卑心理严重，导致自我拒绝的心理，甚至出现理想自我与现实自我的对抗。这类干部虽是少数，但严重时可以导致精神分裂症或因绝望而轻生，必须认真对待。

以上领导者的五种心理障碍均由领导者自我评价、对自我与环境关系的认知等的偏差所导致，因此领导者如何正确认识自我，从而提高领导者自我认知水平至关重要。

● 自我认知矛盾冲突

组织需要与个人选择。领导者是组织当中的人，也就是俗话说的“公家的人”。作为公众人物，领导的岗位选择要符合组织要求，符合组织规范，也就是说组织的要求是第一位的，个人的选择是第二位的。正因为如此，当组织需要调整工作岗位时，领导者总是无条件地服从党和组织的安排，严格执行组织纪律，这是作为领导干部的基本要求。

但作为领导者而言，在组织需要与个人需要之间也存在着很多冲突。有时候，个人愿望未必是组织所能满足的，组织上的安排也未必是个人需要的。尽管许多领导干部党性观念强，能够维护大局，以组织利益为重，但也面临着在组织召唤与个人愿望之间的矛盾，有的还比较激烈。比如，现在组织、纪检、公安、外事等许多重要岗位需要异地任职，有的交流干部长年累月待在他乡，从个人愿望上，许多干部也希望能够早日在自己的亲人儿女身边享受天伦之乐，也希望有机会在工作环境、条件、待遇相对好一些的部门或单位任职，这也是人之常情。但毕竟自己是领导干部，是党多年培养教育的人，许多人在“为大家”和“顾小家”之间虽然有不同想法，但在选择态度上还是“一颗红心，两手准备”，坚持党和国家利益至上，组织需要第一、群众百姓安危第一，能不能在这种心理愿望上做好协调——协调矛盾冲突，丰富领导干部的情感世界，考验着领导干部的责任与忠诚。为此各级党组织也要多理解干部个人的心理愿望冲突，在组织安排和个人需要之间尽量多考虑一些干部需要的实际情况，既要给领导干部提供干事创业的岗位平台，也要从激励保障措施上着眼，指导并帮助领导干部消除后顾之忧，使他们心情愉快地放手工作，尽量减少组织安排与个人需要之间的矛盾冲突。

社会期望与实际贡献。在领导者身上，既体现着组织的要求，又承载着社会的殷殷期待。领导形象不是给自己看的，更多的是给社会公众展示的。维护领导形象、满足社会期待，是领导者始终关注的话题。要满足社会期待，需要德才兼备，树立风范；需要政绩突出，成就显著；更需要勤政为民，取得群众信赖。为此，要做到德才兼备，首先要严格要求自己，在思想品德上不能放松，同时要善于学习，具有一定的文化知识水平和分析问题解决问题的能力；要做到政绩突出，要具备事业心和责任感，努力做到为官一任，造福一方；要勤政为民，取得信赖，就要具备实干吃苦精神，不能贪图享乐，做损害群众利益的事情。但是，从领导干部自身来说，也存在着社会期待很高与实际贡献不够的地方。有的领导干部虽然勤奋努力、工作积极性高，但由于思路以及方法经验上的局限，工作效果并不理想，不但造成工作上的挫折，还引起群众的误解；还有的忽视社会对自己的重要期待，不注意维护领导者的良好形象，不关心群众疾苦，热衷于形象面子工程，失去群众支持；还有的严重脱离群众，贪图享受，玩弄权力，与民争利，成为社会负面形象等。社会期待与实际贡献方面的不一致，往往是造成领导威信下降，甚至党群、干群关系紧张的一个重要因素。作为领导干部，既要对上级组织负责，更要对下级群众负责，要多倾听群众呼声，时刻关注民生疾苦，积极维护群众利益，把社会期待化作自我激励、勤奋努力、积极有为的动力。

目标定位与利益矛盾。人生的目标选择与事业发展密切相关。领导者应当是关注并投身事业、拥有坚定的人生信仰与奋斗目标的人。但在目标选择中，由于受利益追求和价值判断的影响，也存在着冲突与矛盾。目标太高远，如果没有实现的可能性，会有挫折失落感；但目标定位太低或没有目标，奋斗就失去了动力，也不可能取得事业或生活上的成功。究竟确定什么样的发展目标，如何看待自己的努力奋斗，对于一个领导者的成长来说非常重要。有的领导对自己的目标认识比较清楚，不求闻达于天下，但愿无愧于我心，在事业目标选择上符合实际，当发展目标与现实利益发生冲突的时候，能够使利益矛盾服从于目标选择，并围绕目标坚持不懈；有的自我认识就比较模糊，在眼前利益冲突下动摇自己的人生目标，容易放弃自己的追求，陷入人生事业的困惑苦闷当中；还有的只顾满足眼前利益，动辄放弃目标追求，有的甚至怀疑生命的价值意义，导致自我怀疑和否定，造成发展心理危机。

人际交往与孤独失落。良好的人际关系是领导交往心理的基本需要。从自我认知方面来讲，人际交往有助于增强个人自信心，提升个人影响力。许多领导者都有很强的交往意识和人际洞察能力，这是做好领导工作需要掌握的一项重要技能。几乎每一个领导者都需要有追随者和拥护者，希望得到人际支持和信赖，这也是领导取得成功的重要力量。但在人际交往中，有的领导却为表面的人际关系所累，被复杂的人际纠缠苦恼，有的则陷入更加孤独的负面情绪之中。

应当承认，领导者具有天然独特的人脉资源优势，领导岗位本身就为领导交往活动提供了便利条件。有的领导在位时间长，认识的领导朋友多，自然高朋满座；有的领导岗位重要，他几乎无求于人，可来访者却多有求于他，其在人际圈子里可谓左右逢源、风光无限。可这仅只是表面现象，在人际关系背后，也存在着一系列心理困惑与矛盾。主要表现在频繁的人际关系多是在领导现任岗位产生的，一旦岗位发生变化，人际圈子自然跟着变化。最明显的是退位之后，人际关系的协奏曲可能会成为咏叹调，人走茶凉为常态，有的领导心理出现严重落差。再者，有的领导因此而追求人际表面效应，虽然应酬很多，但相互间缺乏真诚深入的感情交流，未免感觉孤单失落；还有的对人际关系缺乏深入的了解洞察，在庸俗的人际关系中被“朋友”拖下水的也大有人在。为此，如何在人际关系之间彼此信任，坦诚交往；如何经常保持平常心；如何与同事既能合作共识，又能心心相印；如何正确处理人际关系中的心理困惑矛盾，这是衡量领导自我认知能力水平的一个重要方面。

5. 开发心理潜能

现实生活中，许多人一生中干了许多他自己也没有感觉到或者没有想到的事情，有的担当了很重要的领导职务，有的在企业界当了精英，还有的在学术界得到了大家的公认。这些人之所以走向成功，其中有一个重要的因素就是潜能得到了适当地开发。

潜能一部分是智力，另一个很重要的部分叫心力。智力水平是人生活中知识的积累，是记忆力、想象力、思维能力开发的一个重要的环节。人的心力其实就是人的智慧水平、人的情感力量、人的意志品质以及个性修养品质。这些因素促使着我们许多人一步一步走向成功。领导的心理开发中有一部分内容涉及如何提升智慧水平？如何使我们一步一步走向成功？如何让我们更深入地了解自己？只有真正地了解自己潜在能力的人，才可能做出许许多多连他自己都没有想过的事情，取得许许多多的成就。

人的潜能到底有多大？有个形象的比喻：潜能类似冰山下面的那部分，它的能量是巨大的。据相关专家研究，人的潜能包括人的大脑细胞的信息储存量，相当于美国国会图书馆藏书1000万册的5倍。这就足以说明人的潜能有多大。

心理学研究证明，潜能开发中的潜能其实就是人的心理潜意识。这种心理潜意识存在于我们的意识深层，它是一种潜在的能量，只有把这种潜在的东西调动出来，人的身心状态才能达到最佳程度，才能取得盼望得到的成就。在潜能开发中最主要的是领导力的开发，许许多多优秀的领导干部，他们之所以走到今天这个位置，之所以成长得比较顺利，从一个普通人、普通的员工、普通的公务员一步步走向了重要的岗位，是因为内在的力量在支撑。那种顽强的意志品质，那种对知识的渴望，那种情感道德的力量，那种不断地追求、不断地探索，那种兢兢业业的工作态度和精神，那种性格的宽容度，使他们逐渐得到了领导的重视，得到了组织的培养，战胜了各种挫折和困难走向了成功。

潜能开发一方面要依靠自己，要了解自己，了解自己到底是谁，了解自己个人的内心素质，了解自己的能力状况，了解自己的生理状况和心理状况。另一方面，潜能的开发与社会生活，与外界环境这种相互的影响是密不可分的。所以，要靠主观世界的努力，同时还要有客观环境提供帮助和指导。一个人潜在的能力，包括领导力等的开发不仅是一个人的事情、一个组织的事情，也是一个环境的事情。只有主观跟客观相互积极性都被调动起来，个人的内在素质与外在需求相互吻合，内在的东西和外在的东西全部被激发出来时，他的潜能世界和个人能力才能得到拓展。人的身心素质是由先天基础和后天努力构成的，是主观环境与客观环境相互作用、积极配合形成的一种结果，一个人的成功和失败与其身心素质有密切的关系。为了避免平庸导致的失败，我们要克服以下五个方面的弱点。

● 目标设限

目标就是旗帜，目标就是力量。许多人只知道生活，但是不知道为什么生活；只知道工作，但是不知道为谁工作；只知道活着，但是不知道怎样才能活着。到底活着为什么？走向哪里？自己奋斗到底往哪个方向去？这些都搞不清楚。

有科学家做过一个跳蚤实验。跳蚤可以说是动物界里跳得最高的、弹跳能力最惊人的一类动物。在跳蚤没有受到任何影响的时候，把它放在一个玻璃桌上，科学家手往桌子上一拍，跳蚤受到刺激一下一蹦几丈，是它身高的几百倍，跳得很高。但是科学家用个玻璃罩子，当它跳的时候用玻璃罩子把它罩了起来。跳蚤一受到刺激再跳，一下就碰到玻璃罩子的罩顶跌落在桌子上，受到了很强烈的外在刺激。它跳了这么高，受到了这样的刺激，可能会做出本能的逃避反应，之后不敢再一下子本能地蹦跳很高。

生活中有些人也是这样的，他本身的潜质很好，本身的素质很好，也能跳很远、走很远，也能干很多事情，但是为什么干不成呢？因为他一旦干成了一件事情，他就想到永远成功，没有想到会遭受挫折失败。他自己心理上的感受与外在客观环境之间产生了一种误差，认为自己一顺百顺，一旦自己能走出去，许许多多事情就可以一呼百应。其实不然。我们看到，有许多人战胜挫折，挑战自我，面对压力，不断努力，保持自己天然的特性，经过主观的努力，通过各个方面的锻炼，终于找到机会走出去。但是有的人就是目标设限，本来能够走很远，能干许多的事情，早期也有很多美好的想法、美好的愿望，因为受到一点点的挫折，一点小小的事情就走不出去了，跟实验中这个跳蚤一样，被外在的环境给罩住了，无法客观地分析现实，无法总结经验教训，无法寻找突破。

● 被动适应

人是有追求的动物，每个人都不希望自己过于平庸，希望自己能够做出预期的事情、愉快的事情，但是最后自己想要的事情与结果不一样，主观愿望上的事情与最后得到的结果发生了变化，这是什么原因呢？其实我们在生活工作中，在个人与自然、自己与自己这种态度上及关系上是被动的，有时候有退缩心理。人们总希望许许多多的事情只要随大溜，只要跟着别人就有安全感，没有创新精神，没有求得突破的气魄，干工作没有思路，没有办法，这种被动的适应往往是失去机会的一个最重要的原因。等待机会，等待额外的东西，等待自己想不到的很好的一种天然的那种条件，都在影响我们自己本身的潜能开发。

温水煮青蛙实验就是告诫人们在安全和过分舒适的环境里，可能会产生麻木心理，安于现状。机会为什么是给有准备的人？为什么有的人能够成功，能够走出自我呢？因为他总是处在一种激发状态，总是处在准备状态。只要有准备，只要有主动性，人的潜能就像一盆水平常在待发状态，一旦有个缺口就可能会汹涌而出。因为有好多人太安静了，本来是流动的水变成了安静的水，变成了没有任何感觉，没有任何外在刺激的状态，就这个水往往可能变质。人的心理活动也是这样，有好多干部缺少外在环境的刺激，缺少对外界环境的适应，缺少与外界打交道的主动性，慢慢就平庸了，能力就一般了，就走不出自我了。

对于一个地方和一个组织来讲，也需要重视这一点。有好多单位、好多组织开始发展得很快，但是最后却很平庸。有的企业开始发展得很好，最后倒闭破产。企业倒闭破产其实就是坐享其成的结果，甘于现状的结果，觉得别人都没有自己发展得快，慢慢地把自己的目标降低了，适应能力减弱了，没有危机感，没有挑战自我的意识。精神状态涣散，被动适应的结果使我们好多人的潜能没有得到开发。所以，人不能等待，如果有追求就要变成行动；人不能没有目标，如果没有目标就会找不到路在哪里，一旦失去了方位这个人也难以走向成功。

我们的干部，包括基层干部在工作中要面对现实，一定要找到这个组织、单位要往哪个方向发展，自己往什么地方努力。不要太安于现状、太被动地适应、太坐享其成，老是觉得自己是最好的，别人都比不上自己，这样你就落后了。当一个人只知道欣赏自己，不知道怎么样主动跟外界打交道的时候，他的潜能其实已经逐渐地处在一种自我封闭状态。

● 缺少激励

为什么没有成功？为什么没有发展好？第三个原因是缺少激励。有两大激励，一个叫内在激励，一个叫外在激励。管理学中把它分为物质激励和精神激励。内在激励就是情感激励，内在力量的激励，自我暗示、自我压力，自己渴望成功，自己要得到成就的一种激励。外在激励是什么呢？领导对你的赏识、组织的培养、大家的夸奖、长辈的鼓励、群众的掌声，这属于外在激励。外在激励中有些是物质的，给人奖金、给人红包。有些可能是精神的，给人奖状、给人鼓掌、给人披戴红花，满足精神上的一种渴求。

在工作和生活中，内外激励都需要。有许多人没有得到开发，没有得到成功，是因为得到的正面的东西太少，得到的优异的东西太少，心理能量得不到补充。做一件事情本来是好事，领导还认为多余；本来想给领导建议，想给组织提点很好的建议，组织却不重视，没有得到应该得到的激励；本来想自己做点事情，结果被父母打骂，觉得这个事情做得不好，你不应该这样做，你应该按照父母的要求去做。一个人内在的一种潜能没有得到很好地激发，没有人认识到他这方面的素质，没有得到应有的培养和激励，也会影响一个人的成功。

有个研究结果说，人的潜力在缺乏激励的时候，只能发挥20%到30%；在良好的激励环境下，发挥80%到90%。因此，想要使一个人的潜能得到充分发挥，领导者一定要认识激励的重要性，掌握激励的艺术，该表扬的要表扬，该激励的要激励，该鼓励的要鼓励。我们有的领导、有的干部之所以干出许许多多让人赞赏的事情，是因为得到了群众的拥戴，得到了领导的赏识，得到了组织高度的肯定，这个人充满了内在的自信，走向了成功。成功人士之所以成功，在于他内在的强烈欲望，同时得到了外在的力量支撑，人们不断给他鲜花、给他掌声、给他培养，还有领导的赏识，这些外在内容其实就是一种重托和力量。为了一种外在的力量，为了外在的一种重托，为了别人的一种目光，为了群众的拥戴，我们很多的干部兢兢业业，很好地完成了自己的工作。很多先进人物就是这么产生的，因为他们内心充满了力量，得到了激励。

● 心态消极

潜能得不到开发的第四个原因是心态消极。人的心态很重要，有本书叫《心态决定命运》，还有的叫性格决定命运，还有的叫方法决定命运，细节决定成败，等等。其实，这些方法、这些细节、这些性格与心态直接有关。心态不佳的人就没有斗志，就没有主动性。如果人的心理世界不健康，往往就会力量很小。红军长征中，我们也发现每到紧要关头毛泽东都创作诗词。毛泽东的诗词往往能够打动人心，在雪山，在腊子口，在陕北，他写的诗词往往能够传诵至今，其实与毛泽东豪迈的气魄和从容不迫的心理状态有关系。调查研究发现，人的潜能发挥关键是要心态积极，要有很好的心理状态。这种心理状态是能不断地挑战自我，能够迸发自己的内在力量，战胜各种困难，使自己的潜能得到很好地提升和激发，创造更好的环境和条件。

缺乏信念

潜能得不到开发的第五个因素是缺乏信念。信念是对自己人生的一种追求，一种理想。生活中追求光明、追求高尚、追求生活的顽强的信念，支撑着人们战胜挫折。许多人正是因为信念比较坚定，才一步一步走向了成功。有一本书叫《自卑与超越》，它的作者是阿德勒。我们在研究领导科学中，发现这个人正是因为自己有顽强的信念才战胜了挫折。阿德勒的父母生了弟兄俩，哥哥长得高大英俊，阿德勒则比较矮小。但是阿德勒不自卑自弃，能够挑战自我并一步一步走向成功。他写了很多书，引起了很多人的重视，大家都觉得这个人写的书好，这个人有思想，到处请他演讲，最后他成为一代大师。

由此，潜能的开发与一个人的经历，与一个人的信念追求，与一个人的目标，与他的心态直接相关。所以，领导干部应该从中受到一些启发。生活中不能没有目标，如果失去了目标，我们就失去了奋斗的方向。也不能没有激励，没有了激励，我们内在的心理能量就可能供应不足。我们更不能没有一个很好的心态，因为心态不佳，做什么事情都可能会产生挫折感，可能会迎来无数的烦恼和麻烦。同时，我们还要有顽强的信念，这些信念往往能让我们坚定目标、挑战自我，一步步走向一个新的阶段。

6. 协调沟通要用“心”

协调是领导工作的本质，领导干部的中心任务就是消除在方法上、时间上、力量上或利益上存在的分歧，使共同目标与个人目标协调起来，最终达到领导目标的实现。人际交往，贵在沟通。美国普林斯顿大学通过1万份人事档案的分析表明：智慧、专业技术、经验只占成功的25%，其余75%决定于良好的人际沟通。哈佛大学调查结果显示：在500名被解雇的员工中，人际沟通不良者占82%。面对日益复杂的领导环境，要完成各项领导任务，领导者必须要处理好各方面的关系，赢得上级、同事和社会的支持。领导干部不光要处理好自己的人际沟通问题，还要做好人际关系的协调工作，善于化解各种矛盾，清除领导行为中的各种人际交往障碍，保证组织领导工作顺畅通达。

● 影响力来自亲和力

说起人际关系，很多人都有这样的体会：即使生活苦一些，粗茶淡饭，也不会很在意。倘若和别人相处有困难，和别人关系不和谐可就不一样了，这种情况会让人心烦意乱、苦恼不堪。有的领导干部常常感慨“工作好干，关系难处”；有的领导干部谈“关系”色变，面对错综复杂的人际关系问题，不知所措；还有的领导干部沉迷于各种人际关系不能自拔，把领导工作世俗化，最终走向关系腐败的不归路。由此可见，正确处理好人际关系是多么的重要。领导工作涉及方方面面，关系千丝万缕。领导干部的人际关系是社会人际关系的重要组成部分，对社会心理环境有着重要的示范作用，领导干部的良好人际关系能够充分地促进社会良性互动，引领社会文明的发展。

曹雪芹有句名言，“事事洞明皆学问，人情练达即文章”。领导干部要善于洞察世间万事万物，处理好各个方面的人际关系。正如卢恰若·德克雷申佐所说，和谐的人际关系犹如空气之于人，水之于鱼。每个人都是单翼的天使，只有拥抱在一起才能飞翔。“拥抱在一起”就会产生巨大的能量，从这个意义上说，人际关系也是生产力。

现代社会，多元化、多层次化和急剧变化使得整个社会形成了庞大的人际关系网络。上下左右、四面八方的人际沟通成了领导活动的一个重要特征，人际关系的拓展为领导效能的提升创造了很多机会，人际关系是领导力。成功学专家戴尔·卡耐基也说，成功等于15%的专业技能加上85%的人际关系和处世技巧。我国研究领导科学的学者中也有人指出，在创造性领导活动中，领导者大约要用60%以上的时间和精力用来处理各种复杂的人际关系。这也表明，能否较好地掌握协调人际关系的领导艺术，往往是一个领导者是否成熟的重要标志。

领导干部属于社会的管理阶层，领导干部的人际活动对社会的心理环境影响是很深远的。如果人际关系问题长期不和谐，随着人际应激的压力积累，会对领导干部的心理健康带来很大的影响。如果他们人际关系出现很多问题，交往不适、协调困难，则会容易造成决策失误、人际效能下降、领导工作脱离常轨、领导效能下降和离心力增强等。这样也有害于社会心理环境。有人戏言，领导干部与各个方面打交道，能有处理不好的关系？领导干部经常出入各种场面，会有社交障碍？好像在领导干部身上人际协调出问题是不可能的。事实上通过调查和访谈，我们了解到很多领导干部都在不同程度上有人际关系困惑和沟通困难的问题。很多领导干部在人际协调和沟通方面都存在心理上的误区，比如，领导干部在人际交往中的自大自恋倾向、猜疑心理、圈子心理、角色固着、关系依赖症和惧怕上级等。

因此，了解自己的人际关系状况，对自己的人际协调技能进行评估，有意识通过训练提高自己的人际关系能力和协调技巧，是每一个领导干部需要长期重视的课题。通过树立“关系也是领导力”的观念，在各项实际的领导工作中积累锤炼，实现“工作好干，关系好处”。

沟通从“心”开始

作家王蒙在《王蒙自述：我的人生哲学》中提到他关于人际关系的12条“处理准则”，其中最重要的是三条：1. 人际关系永远是双向的。学人者人恒学之，助人者人恒助之，敬人者人恒敬之，爱人者人恒爱之。同时，说人者人恒说之，整人者人恒整之，害人者人恒害之，耍人者人恒耍之，虚伪应付人者人恒虚伪应付之。2. 在人际关系中永远不考虑从中捞取什么。3. 永远不要以为任何你接触的人比你傻、比你笨、比你容易上套。人际关系是双向的，从不笑看别人充分说明尊重在人际关系中的重要价值。说到位就是对人“尊重、尊重、再尊重”，这对于领导干部来说大有启发。

某移动通信公司有一句家喻户晓的广告语：“沟通从心开始。”这句话和“科技以人为本”有异曲同工之妙，都是尊重人的典范。人际交往中“尊重”这个词说起来容易，做到却很难。“尊重”是一种很高的人际修养，是由里而外透射的领导人格魅力，而这种领导人格魅力是需要不断修炼积累得来的。作为成功的领导干部，要协调好各种人际关系，必须是发自内心地尊重每天与之交往的人，而不是时时拿利害关系来衡量和对待他人。只有在和别人交往中尽心竭力，才能为领导工作积累起良好的人际关系。

尽管领导干部容易操纵社会交往的局面，但是这样往往会带来最后的领导失败。良好的领导关系和人际局面本身就包含对他人的尊重。尊重身边的工作人员、尊重自己的部属、尊重领导工作中打交道的每一个人，这样的领导干部无形中就赢得了宝贵的亲和力。所以说，领导工作的协调沟通要从尊重开始。尊重也就是从内心深处承认人是平等的，关爱他人。当尊重他人成为你人格一部分的时候，你也会受到真诚的回报，领导工作得到顺利地开展。

尊重他人，对于领导干部而言，显得更有意义。王跃文先生在《故事不是编的》中说：“我没见过哪个文件或法律上规定下级必须无条件地尊重上级，而这却似乎是官场铁律……当初我侧身官场，在所谓领导面前，我可以服从他们，不一定尊重他们，想赢得我的尊重，就得看他们的德行了。”从人格平等的角度上讲，下级应当尊重领导，领导也应当尊重下级，相互平等、相互尊重，既公平又合情理。难道一个不知尊重下级的领导也值得我们去尊重吗？欲用手中的权力去压服下级的上司，从素质上讲就不配当领导，连基本的领导艺术都不懂。有时候领导干部容易自我膨胀，不尊重别人。尊重别人特别是尊重下级和部属也是强化领导干部人格魅力的有效手段，可以从以下几个方面做起。

第一，视部属为合作者。不管上级、同事还是下级在人格上都是平等的，只是在工作中扮演的角色不同而已，离开谁都难以成事。因此，部属是伙伴，我们应以“同事”称呼他们，这不仅仅是称谓的问题，更重要的是尊重的问题。

第二，随时肯定部属的成绩。在工作中，我们是否可以肯定多于批评，部属在被肯定之后会有更多的工作热情及创新。部属不可以乱骂，每一次责备都会使他们萎缩一次，要以肯定让部属有信心。有更多的自我期待，就会有更多的自我表现。富兰克林说过：“人总是向被肯定的方向求发展。”所以，尽量以建议来代替批评，效果会比较好。

第三，尊重部属的私人时间。有的领导干部一味地要求部属保持工作热情，总是希望下级加班，还希望下级可以为了工作牺牲家庭，甚至希望下级能将工作视为生活的重心。但是我们不能总是希望下级一天24小时时时挂念着工作，而应该尊重下级的人性需求，在下班后要求下级工作上的事项尽可能避免，如果无法避免也应以麻烦别人的心态和部属商量。

第四，尊重和包含差异。在我们的领导工作中，总是充满形形色色的人，即有各种背景的人、有各种性格的人、有不同生活经验的人，我们尊重个别的差异并找出共同点。一个好的人际氛围是能包含不同个性，塑造共同价值观的。人人生而不同，但对我们的工作都会有独特的贡献，切不可只用一种人，用一种方法来做事，身为领导干部要学习用不同的方式与不同的人打交道。要承认人的最大特点是人与人之间存在差异，克服自己的偏见，这样才能使人际关系更和谐，也更具效能。

第五，尊重部属的不同意见。有的领导干部不愿听取部属的意见，认为部属能力不足，意见不具备参考价值，这实际上是个误区。部属能力较你弱或许是事实，但并非他的每个意见都不高明，有些意见可能对方案有补充作用，或者可以通过这些意见本身了解下级在执行中会有什么心态及要求。总之，无论从哪个角度讲都有必要认真倾听不同意见，因为一个人考虑问题不可能十全十美。况且就怎样做成一件事来说也很少有标准答案，我们要的是结果，如果大家齐心协力共同完成一个任务，就是很开心的事情。

领导干部的人际效能有多大取决于对人性尊重修炼到了何种程度，越是尊重别人，社会适应度就越高。领导就应该本着善心和爱心，以积极的心态、平等的态度、关爱的语言与人交流，创造优良的人际氛围。

7. 修炼心理智慧

领导力的实质是领导者的心理影响力。提升领导力，贵在提升领导心理智慧。心理智慧是一种积极的心理状态，是一种健康向上的生活态度，是对人生事业的渴望与追求。人们不难发现，有智慧者人际关系处理得好，能与人相互包容、相互理解、相互沟通；有智慧的领导作风好、平易近人、不恃强凌弱，领导效果好、威信高。

有心理智慧才有领导影响力，才有领导威望。“慧足千百智，道足万法生。”智慧多会拥有一双洞察世间万物的“慧眼”，这个“慧眼”能够洞察人间沧桑，能够高瞻远瞩，能够明白道理规律，也就有了思路办法。智慧来源于培养教育，来源于学习体会，来源于导师的指导……而其最重要的是从文化血脉中来，从实践经验中来，从群众智慧中来。

中国历史文化中有关管理智慧的典籍很多，可谓汗牛充栋。不论是《道德经》《论语》《史记》，还是《群书治要》等经典读物，都在阐述和揭示智慧的本质特征，都在循循善诱教导大家如何提升智慧水平。对于领导者而言，心理智慧作为一种文化沉淀和心理修炼，集中体现在尚道、厚德、崇法、公正、养气、选贤、诚信、勤政等各个方面。

尚道。《道德经》里从始至终都在强调如何把“道”和“德”的问题解决好。“道”包含两层意思，一是规律法则，二是道路方向。

首先，尚道要把目标方向搞明白，将规矩在哪里立清楚。其次，尚道循道。“道”的本质要求是道法自然。“道”包括天道、地道、人道。“天道”讲究顺其自然，“地道”强调有始有终，“人道”提倡和睦融洽。政府治理要遵循天道，关注地道，更要重视人道。“天道”就是要把自然规律、发展的逻辑搞明白，有许多方面还要注意顺其道而为之。“地道”强调有始有终，从哪儿来要到哪儿去，治理总得有头有尾有结果。“人道”就要强调修身和睦，敬业乐群，大家相亲相爱。努力做到天道顺、地道圆、人道合，政府治理才能达到理想状态。再次，尚道还要悟道。悟道的根本在于崇尚和谐，贵在善治。和谐就要善治，多从和谐社会上着眼，多从民生保障着眼。要虚怀若谷，上善若水。在治理当中要强调为而不争、顺其自然，不要人为地制造社会阶层矛盾。政府治理不唯快而在慢。“慢”讲规律、讲细节、讲操作节奏，要张弛有度，刚柔合济，既要有刚的原则性，又要强调“柔”的一面。政之所行在顺民心，政之所废在逆民心，要明白“大道在人心”的道理。

厚德。天行健，君子以自强不息；地势坤，君子以厚德载物。土地养育万物能够生长庄稼，是因为土壤深厚肥料足。君子有了德行，如同地里有了肥料，就能够委以大任。立德之本，莫上乎正心，立德的本在哪？先从正心开始，心不正能量不足。有的领导者正心不够，心的热度不够，心就软弱无力。领导的道德境界，就是内外兼修、内圣外王。内修自己的道德心，外修自己的行为，内外要兼修。我们讲领导形象设计，形象关注外表，根本在心理。内心世界充实，道德修养高，就是一个很好的领导。

《群书治要》讲治国“六德”。一是宽厚，胸怀要宽广，包容度高。二是诚信，不能弄虚作假，信口雌黄，表面一套背后一套。三是仁慈，要有仁慈关爱之心。四是恩惠，《孟子·尽心上》讲道“古之人，得志，泽加于民”，“泽加于民”就是恩惠。五是权威，有权力没有威信那就是权术，权力加上威信才等于权威。六是谋略，要有谋有略有眼光，善谋会断。《群书治要》讲“行有四仪”，就是“志动不忘仁，智用不忘义，力事不忘忠，口言不忘信”。“志动不忘仁”教导我们干事情要对得起良心。“智用不忘义”就是维护公众道义。“力事不忘忠”，就是忠诚于事业追求。“口言不忘信”，就是言而有信，言行一致。《弟子规》说得好，“行高者，名自高……势服人，心不然，理服人，方无言”。势是权势、地位，用势服人大家心里未必服气，只有把道理讲透讲明白，以理服人，听着才舒服。

崇法。崇法，就是崇尚法律地位，要有法律敬畏之心。古代人们把法视为神器，看作“神兽”，说了假话干了坏事，“神兽”就用触角把做坏事的人抵触倒地。只有视法律为神明，才能维护社会的公平正义。《吕氏春秋·察今》说，“治国无法则乱，守法而弗变则悖，悖乱不可以持国”。这个“悖”就是混乱的意思。法律也要与时俱进，死守僵化教条也不可能治理好国家。

现代政府治理的特征是法治精神。领导要率先垂范，自觉遵守法律制度。法律有三苦：一是制定法律者藐视法律，法律自尊受到伤害。二是维护法律者践踏法律。知法犯法，根本没把法律当回事，肆意践踏法律。三是运用法律者曲解法律。歪曲真相，曲解条文，断章取义，唯好恶取舍。许多冤假错案的出现都与制定者藐视法律，维护法律者践踏法律以及执法者曲解法律有脱不开的关系。

公正。公生明，廉生威。公正包括三点，一是公道，二是公心，三是公平。离开了公道就失去公心，没有公心就没有公平。《群书治要》里讲治天下有四术：忠爱、无私、用贤、度量。忠爱谁？一是组织，二是百姓。无私，强调的是无私心杂念，无私则刚。用贤就是用好人，选用贤良之才。“四术”中的度量就是讲办事的规矩，不能缺斤少两，搞弄虚作假。

养气。“道”和“德”里孕育着浩然正气，气就像血脉经络一样，让人充满了力量。养气体现在“五气”上，一是志气，二是骨气，三是大气，四是和气，五是底气。

从志气上讲，有志者事竟成。三军可夺帅，匹夫不可夺志。帅印可以不要，但是志气是夺不走的。有志气第一不甘平庸，第二不甘落伍，第三不甘颓废，第四不甘失败。很多人强调只能成功不甘失败，盛行成功学，很多人研究如何成功，就是不研究失败，通常大家都恐惧失败。领导甘于寂寞但要不甘于平庸，看淡失败，但是不甘于失败。

从骨气上讲，骨气从哪里来呢？骨气与信仰价值有关，为民做主需要骨气。领导如果“缺钙少气”，就谈不上骨气。子罕“不贪为宝”，完成了人格的升华，显示了他清正廉明的崇高品格。以不贪为宝，才能做到富贵不能淫、贫贱不能移、威武不能屈。

从大气上讲，大气就是浩然之气。有眼光的人大气，有胸怀的人大气，有魄力的人大气，有定力的人大气。有的领导眼光狭窄，心胸狭隘，魄力很小，没有定力，哪会有大气呢？

从和气上讲，“礼之用，和为贵”，和气就是亲和力。亲和力从哪里来呢？一要体察民情，二要关注民生。要睦邻友善，上下相亲。领导要经常看老百姓想什么缺什么。领导要知道上下相亲的重要性，可以学习古人和睦共处的智慧。

从底气上讲，信仰追求是底气的最根本要求。要有精神状态，要有群众的支持信赖，要有公众满意度，这几样都没有，哪有底气呢？有的领导魂不守舍没有底气，说明精神状态欠佳，支持信赖不够，群众满意度不高。

选贤。事在人为，人始终是第一位的。《群书治要》里讲道：“人主有六患：使贤者为之，则与不肖者规之；使智者虑之，则与愚者论之；使修士行之，则与奸邪之人疑之。虽欲成功，得乎哉！”大意是用人隐患：让贤能的人为政，却用不贤的人去限制他；让有智慧的人谋虑政事，却与愚昧的人去评论他；让品德良好的人施行政令，却与奸邪的人怀疑他。虽然想成功，怎么可能办得到呢！《道德经》里，老子也讲过“善用人者为之下”的哲理。意思是善于用人的态度得谦虚得恭敬。刘邦为什么能夺天下？人们去陕西的汉中拜将台可以看到，刘邦台拜，拜的是韩信。刘备三顾茅庐求诸葛亮。都是活学活用“善用人者为之下”的道理，成就了一番功业。

诚信。诚为政事之本。子贡问孔子怎样治理国家，孔子说粮食充足、军备充足、老百姓信任就可以了。子贡又问，如果不得不去掉一项，那么在三项中会先去掉哪一项呢？孔子说去掉军备。子贡接着说，如果不得不再去掉一项，那么这两项中去掉哪一项呢？孔子说，去掉粮食。自古以来人总是要死的，如果老百姓对当政者不信任，那么国家就不能存在了。这也就是民无信不立，信为治理国家之本的道理所在。政府治理要讲诚信，领导要诚实守信、说话算数。诚信是领导的大智慧。

勤政。勤政要注意消除虚伪、隐私、放纵、奢侈“四患”。治理国家强调勤政，不能浮躁虚假，不能以满足私欲为乐，更不能放纵行为，让奢靡之风绵延。勤政为民品质自高。领导要有德行，官要有品位，品在哪里呢？品在勤政为民当中。为此，要联系实际解决问题，要勇于担当，讲究时效，要踏实苦干、真诚实在。领导生涯里两个“碑”要立好，第一个是口碑，第二个是丰碑。口碑好办，丰碑难立。口碑就是口口相传，众口称颂；丰碑就是国史记载，英名常存。丰碑是大英雄、伟人所享有的崇高荣誉。领导渴望追求丰碑，但能赢得口碑就足矣。

8. 提升情商

情商，亦称情绪商数，简写EQ，是一种自我情绪控制能力的指数，属于发展心理学范畴。它最先由美国新罕布和耶鲁大学心理学家萨罗维和梅耶于1990年提出。五年后，美国《纽约时报》的行为科学和脑科学的专栏作家，《今日心理学》前任高级主编戴尼尔·戈尔蒙把一些有关EQ研究的深奥学术成果以非常通俗的方式汇编成《情绪智能》一书。情绪智商这一概念立刻在世界各地得到广泛的传播。权变理论代表人物之一的佛雷德·卢森斯对成功的管理者（晋升速度快）与有效的管理者（管理绩效高）做过调查，发现两者显著不同之处在于：维护人际网络关系对成功的管理者贡献最大，占48%，而对有效的管理者只占11%。可见，在职场中，要获得较快的成长，仅仅埋头工作是不够的，良好的人际关系是获得成功的重要因素。

● 领导情商构成要素

领导者的情商，是指领导者个人情绪稳定性、自我激励以及人际关系能力等的总称，是领导者通过控制个人的情绪来提高生活和工作质量的才能。从领导者个人成就的角度来看，领导者的情商包括以下六个方面的能力。

一是认知自我情绪的能力。即领导者了解自己的情绪与情感、长处与不足的能力。它是情绪智商的基石，影响着领导者个人的生活目标和自我发展目标。认知自我情绪能力，强调领导者对自身真实的感受有一个准确的判断，会在生活、工作的不同阶段给自己一个适宜的努力方向和动力，有自己的信念和长远发展目标，对自己和他人都很忠诚。曾子提出“吾日三省吾身”，孟子提出“自反”“反求诸己”，就是说要经常反省自己的思想行为，辨察自我意识和言行中的善恶是非，严于自我批评，及时改正自己的过错。

二是自我调节能力。领导者在工作中有时会很难控制情绪和感情的冲击，但可以控制其持续的时间。领导者的自我调节是在认知自我情绪的基础上，持续不断地内在调节，以摆脱情绪的波动。领导者的工作充满了变革与风险，甚至是危机，竞争十分激烈。领导者必须能够时刻控制自己的情绪和情感，面对复杂的环境能调整自己的心态，适应形势的变化。正如道家所说的“道法自然”，自觉地掌握事务的对立面必然要相互转化的规律，在各种危机、祸福、吉凶、得失、荣辱面前善于自处，调整好自己的情绪状态，才会产生人们所说的因祸得福、逢凶化吉、失而复得、辱而后荣等结果。一事当前，要保持平静的心态，抛弃个人的得失，摆脱荣辱的羁绊。如果没有控制自己情绪的能力，纵使满腹经纶，智力水平再高，也难有所作为，不能成为真正的领导者。

三是自我激励的能力。激励是一切内心要争取实现的条件，包括希望、愿望等所产生的一切动力，是人类活动中的一种心理过程。人们一切行为都是受到激励而产生的，不断地自我激励会使人有一股内在动力，朝着所期望的目标前进，最终达到成功的顶峰。自我激励要求领导者一直乐观地看待各种事物，即使遇到挫折，也能自我调节，化阻力为动力，坚定个人和组织的发展方向。“志当存高远”，以此激励自己，艰苦奋斗，自强不息，去实现理想，成就功业。

四是认知他人情绪的能力。领导者重要的工作之一就是要不断面对不同的人，并根据人们的情绪、情感的反应，从细微的信息中观察他人的需求，了解他人的感受。领导艺术不仅表现在对自我情绪的了解上，还要求了解他人的观点，真正站在他人的角度，进行换位思考，切身感受他人的需求。对他人情绪的认知还包括对他人的理解和宽容能力的培养。“恕”便是领导者对他人的一个重要的行为准则，是领导者心胸宽广的表现。所谓“恕”，就是要推己及人，设身处地为他人着想，理解他人。“宽以接下，恕以待人”，是我国传统美德的一个重要方面。宽厚待人应表现为不念旧恶，不计前嫌，不为已甚，不苛求于人。自知和正确对待他人是完整人格不可缺少的两个方面，领导者必须有这样的胸怀，才能信任人、团结人，才能顺利地开展各项工作。

五是人际关系管理能力。即领导者管理他人情绪、情感的能力。通过认知自我与他人，懂得何时动之以情、晓之以理。领导者在与他人的交往中，通过自己的行为去感受别人，注意把自己的精神传递给上级、下级和同事，使之能够按照自己的意志去工作。尊重别人，为别人着想的领导，自然能与他人和睦相处，并从不断的交往中得到信任。人际关系管理能力强的领导者具有一种使人化解矛盾、消除敌意的艺术。他们在工作和生活中能向周围散发吸引人心的超凡魅力及发自内心的激情。在人际关系日趋复杂的现代及未来社会中，有效建立和适用良好的人际关系对领导者是至关重要的。

六是承受挫折能力。这是领导者情商的又一主要内容。领导者在工作的过程中，时时刻刻都要面对复杂多变的环境，在充满着不确定性的环境中，遇到挫折是非常常见的现象，失败或许必须经常面对的一种挫折。挫折可以使领导者产生无力感、意志消沉、情绪忧郁，甚至从此一蹶不振。但如果调适得当，可以化压力为动力，自我激发出更大的潜力，继续前进。因此，承受挫折的能力是领导者情商的重要组成部分，是有效领导力的基础。

● 领导者情商提升的途径

一个有志于创造辉煌的领导者，必须不断提升情商。具体地讲，应从以下几个方面努力。

一是在日常学习中提升情商。情商的高低，有先天的因素，更与后天的努力有关。学习是获得知识的重要途径，是提高情商的基础方法。领导干部要通过刻苦学习，提高自我的政治素质、科学素质和文化素质，锤炼良好的心理品质，从而有效地改善自己的知识结构，提高自身的综合素质。以求在复杂的环境中，能及时、快速、合理地调整自己的心态和情绪。沉着冷静并果断地洞察、分析、判断、解决工作中遇到的各种问题，从而不断提高自我的情商，做到稳重、干练、惜言、达观，树立坚定的信念，展现良好的人格魅力，使同事尊重、上级器重、下级敬重、工作对象佩服。

二是在社会实践中提高情商。社会实践是提高情商的基本途径，领导干部要善于通过实践达到内修涵养、外塑形象的目的。任何能力都是在改造客观世界的活动中发展起来的，情商既然是一种能力，那么就应该在实践中历练提高。因此，各级领导干部必须紧密结合自己的本职工作，通过创造性的实践，来提高自我的能力，从而成为别人用得着、靠得住、信得过的人，以实际行动换取别人对自己的信赖和支持，强化情商内外部基础。内修涵养，就是要有意识地磨合自己的性格，修炼自己的品行，不断提高自己的道德水准。外塑形象，就是要以积极的心态和求真务实的作风，培养良好的言谈举止风度，对思想工作对象，要善于呵护和理解，以实际行动换取他人对自己的信赖和支持，用高情商去促进工作效率的提高。

三是在人际交往中陶冶情商。领导干部能否正确处理和协调人际关系，是衡量其组织领导和驾驭全局能力的重要标志之一，也是衡量领导干部情商高低的关键要素。卡耐基曾说过这样一句话："一个人的成功，只有15%靠他的专业知识，而85%要靠他良好的人际关系和处世能力。"这种论述虽然有其局限性，但从另一方面说明了人际关系的重要性。人际关系，实质上在很大程度上是对自我情绪的管理和对他人情绪管理的一种活动。因此，领导干部在通过协调人际关系来提高情商时，应着眼于管理自我情绪。因为人际关系是一种双方的互动行为，别人的情绪产生与控制主要是别人的，但关键是要能够坦诚地感受他人的情绪，能用自己的情绪影响他人的情绪。管理自我情绪，主要包括认识、调适和控制自我情绪等。对领导干部来说，就是要做到盛怒之时不主事，狂喜之下不许诺。只有这样，才能提高自我情商，增强领导干部自身的理智性，使观察处理问题更客观、更善解人意，从而保持实事求是的工作作风。

四是在实际工作中磨炼情商。领导干部的工作复杂多变，要与方方面面的人打交道，去解开他人思想疙瘩，从而调动全员的积极性。因此要善于与人打交道，取得他人的信任，善于学会倾听。对领导干部而言，倾听不仅是做思想工作的一个技术问题，更是一个态度问题；不仅是掌握思想动向获取信息的过程，更是渗透"情志移人"的过程。诚心倾听，做一个忠实的听众，是领导干部提升情商的有效方法。为此，领导干部要注意做到以下几点：一要态度真诚，表示出听的愿望并专注于对方所反映的问题和困难，克服漫不经心、漠不关心、敷衍应付等不良习惯，切实感受对方的敏感情绪，体谅其想法和期望。二要善于调动工作对象讲话的积极性，用和蔼态度发问，以商量的口气交换看法，以默许的方式表示认同，以表情的变化示意理解，不断激发对方讲话的欲望，使其感到自己正在受到重视和信任。三要讲究谈话的艺术，善于疏导，以理服人，言而有信，掌握分寸，设身处地，正确引导。总之，在实际工作中，领导干部要通过诚心倾听，感受工作对象的心境，触摸其心灵，消解对方的情绪，把握思想脉搏，有的放矢开展工作，使工作达到事半功倍的效果，这样自身的情商系数随之也会得到全面的提升。

五是在社会知觉中升华情商。所谓社会知觉主要是对人（包括对他人和对自己）的知觉，包括对人的角色知觉、心理知觉、行为知觉以及情绪知觉等。具有较高情商素质的人，能够从各种细微的信息中觉察他人的需求，破译他人的内心世界，从而有效地调解和改善双方的关系，增强彼此的心理相容能力，并容易从情绪的阴影里走出来，重新站到事业的跑道上。所以，领导者提升情商，必须着眼于树立正确的社会知觉。（一）对他人的知觉要全面。领导者认知他人，除了从他的言论以及外表了解，更重要的是观察其表情并对这些外在情绪表现背后的动机、需要等做出合理的判断和推测，形成全面的认识，以便摸清其思想，把握其需求，并能据此调节自己的情绪。（二）自我知觉要准确。领导者的自我知觉主要表现在对自我外在的观察和对自我内部意识的认识。领导者在自我认知时，由于受认识因素和自身动机、需要、愿望等其他心理因素的影响，对自己的认识和评价很难做到恰如其分。因此，在自己内省和估价的前提下，还必须通过他人来了解自己，虚心听取群众意见，这样，才能使自我知觉有效地指导自己的言行，从而提升自我情商。（三）注意克服社会知觉中的各种偏见。比如第一印象、晕轮效应、定势效应等，都不同程度地影响领导者对人的知觉，易造成主客体之间的不和谐，从而影响领导者自身情商的提升。

9. 善待压力

任何人都有压力，压力是人生历程中无法避免的心理现象。在许多人的眼里，压力成了影响人生幸福与欢乐的潜在诱因，压力造成人情绪紧张、心理纠结甚至导致心态失衡。其实，这只是从压力的负面因素来讲的，如果人的一生没有任何压力，或者感受不到压力存在，也许人生就没有那么多的跌宕起伏，就没有那么多感人故事，也不会产生所谓的激情人生，人生也必然平淡无奇，没有多少回味和留念的东西。

● 压力透视

工作中的不良环境、劳动时间过长、工作不胜任、工作单调以及居住条件差、经济收入差等，都会使领导干部产生焦虑、烦躁、愤怒、失望等紧张心理状态，从而影响心理健康。此外，生活环境的巨大变迁也会使个人产生心理应激，由此带来心理的不适。领导干部如果没有很好地认识自己，没有很好的清晰的自我意识，就容易造成心理压力上的问题。比如，有的领导干部不善于自我调节和自动减压，有了压力以后，上级面前不敢说，同事面前不能说，亲朋面前不愿说。由于缺乏自我心理调适手段，心理压力不能得到及时释放，日积月累，结果产生心身性疾病，如恶性肿瘤、心血管疾病、呼吸系统疾病、糖尿病等。大量的医学成果证实，这些心身性疾病和不良的情绪压力呈正相关关系。

现实中造成领导干部心理不平衡的主要原因有四个方面：一是工作担子重，无力承担。二是社会压力大，不能很好地对待。三是外界诱惑多，自己身陷其中。四是家庭矛盾显，情感压力大。其实这些都是外在的，真正横在面前难以跨越的山是自己心理上的负担太重，排解压力的能力太弱，没有很好地分析这些压力，没有很好地对待现实生活的要求，没有很好地对待外界的诱惑，没有很好地对待事业与家庭。

在人生历程中，引发挫折与压力的原因多种多样，概括起来可分为两大类，即外因和内因。外因是由于外界的事物或情景阻碍领导干部实现目标而产生的角色挫折。譬如地震、山崩、冰雪、洪水对于个人生命财产的威胁，这属于自然灾害的限制以及自然物理环境因素的影响。一般的社会原因主要是指个人在社会生活中所受到的政治、经济、道德、风俗、习惯、宗教等人为因素的限制。由于人的基本生活主要是社会生活，相对于自然原因而言，社会原因所造成的角色压力不仅更多，而且更重。它不仅阻碍个体行为，使其角色需要得不到满足，而且还会使个人因失败而内疚直至损伤自尊。

对于领导干部，压力还有由于其所处的环境以及职业角色所产生的社会压力。组织环境原因是指领导干部所在的特定组织对于角色实现的专门限制，主要包括组织的管理方式、组织内的人群关系、领导干部的性质、组织现状等。组织的管理方式陈旧或不科学，显然影响领导角色实现；组织内的人际关系特别是干群关系不好，也会影响工作积极性，妨碍领导干部角色的实现；领导干部在组织内担任的是一个无足轻重、对组织缺乏影响力的角色，也不能实现那些具有较大社会价值的角色目标。

此外，由于认知方式和角度的不同，对压力的归因也不同。不同的归因又会直接影响他们的工作态度和积极性，影响其行为状态和工作绩效。因此，行为和行为的原因一样重要。领导干部若能正确地分析自己的压力原因，可以大大增强战胜挫折的信心，并激励自己的行为。

现实工作中，领导干部对压力一般会做出这样四种归因：一是努力程度。即把压力原因归于自身努力不够这一相对不稳定的内因，这一归因可增强领导干部加倍努力工作的持久性。二是能力大小。把压力归于自己能力低这样一类相对稳定的内因。这一归因会使领导干部对自己丧失信心，放弃目标。三是目标高低。把压力归因于工作目标太高等相对稳定的外因。这一归因会使领导干部感到自己无能为力，从而降低自信心和行为的持久性。四是偶然外因。把挫折压力归因于不稳定的偶然的外因，如运气、机会、突发事件等。这一归因不一定会降低工作的积极性，而且大多数情况下，领导干部还会坚持不懈地进行努力。领导干部压力原因是归于内因、外因中的稳定性因素，还是不稳定性因素，是影响领导干部今后工作的成功期望和坚持努力行为的关键。也就是说，如果压力被认为是由于能力低、目标高等稳定性因素所致，易使领导干部失去信心，降低以后的工作期望，并不再坚持努力行为。要使领导干部增加努力行为，必须从提高努力认识和调整目标本身入手。相反，如果把压力原因归于自己努力不够和偶然的外在原因，领导干部将加倍努力、改进方法、积极排解压力，会保持甚至增强取得成功的动机。

● 压力消解

压力本身是客观存在的现实，关键是人们对待压力的态度。比如，有的人微笑着对待人生中的各种压力挑战，有的人则把压力看成是沉重的心理负担，正因为认知态度不同，对待压力的感受自然有差异，也必然会直接影响着人的心理健康水平。压力容易使人沮丧、痛苦、焦虑，易引起粗暴的消极对抗行为，导致矛盾激化，还可能使某些意志薄弱者自暴自弃。

但是，压力又有积极有利的一面：一是能够使人警惕。压力实际上是对领导干部的认识偏差和行为偏差亮出的一张红牌，往往能促使其清醒过来，重新认识环境和困难，放弃不切实际的想法。二是能增强情绪反应的力量。压力是一种强烈的心理体验，它的反弹往往能产生巨大的克服困难的勇气和爆发力，出现“置之死地而后生”和反败为胜的奇迹。三是能增强对压力的耐受力。在生活中如果经常身处逆境，遭受的挫折压力多，一般而言对挫折耐受力就会增强。相反，生活一帆风顺，就容易产生消极情绪。四是能提高认识水平。吃一堑，长一智。领导干部面对挫折压力，往往会总结经验，吸取教训，从而改变策略，最终实现目标。正是挫折压力的积极作用，许多成功的领导干部都认为，是挫折承受力最终造就了未来的成功。

从人生的发展历程来讲，人生过程本身就是一个充满矛盾压力的过程，人生始终面对的生存、发展、健康三大任务就是三大压力源。要生存就要追求物质生活，要发展就要关注精神需求，要健康就要积极维护心理健康，增强心理健康水平。但问题是我们在解决物质生活的时候，有的人总想得到更多的感官享受，物质需要不满足，显得紧张惶恐，唯恐失去太多；在精神层面，由于受制于物质需要的羁绊，有的人不断降低自己精神层面的目标追求，使自己容易陷入苦闷焦灼的不快乐状态；在健康层面，我们看到的多是身体上的疾病痛苦，而没有关注心理层面心神安宁的欢乐珍贵，出现身心世界不平衡。

要排解压力，需要从压力的实质以及对待压力的态度上思考。任何心理矛盾都不一定是压力本身出现的问题，而是人们的心态有问题造成心理上的种种困惑，再归结于压力的存在形式，这也许就是不公平的。比如现在社会中有两种消极心态，一种是希望“早得’，另一种是害怕“晚到”。所谓“赶早不赶晚”。这种心态造成整个社会的焦灼不安，谁都担心落在后面，孩子要早教育，当官要早提拔，发财要早一夜致富，赶车要赶早班车，等等，遂使得急功近利、坑蒙拐骗甚嚣尘上。正因为担心“晚到”，有的人便格外强调机会，特别注重现实利益的获得，有的人总想把人生的蛋糕做得更大，资源扩张得更多，遂造成利欲熏心，私欲膨胀。究其原因，就是人们始终把生存、发展乃至健康中出现的矛盾纠结在一起，把近期目标与长远发展颠倒，把幸福人生的精神需要与感官刺激放在一个层面上，这既是不正确的人生态度的表现形式，也是扭曲心理造成的结果。

人的一生是健康成长的一生，是遵循人生自然规律，循序渐进不断收获的一生。正因为我们的心态出现了问题，才把压力看成是影响人生幸福快乐的主要因素。有时候心态不稳定不健康造成的纠结困惑，要比压力本身所带来的结果更加严重。因此，追求幸福欢乐人生，就要正确认识压力，善待压力。

心理压力大，一方面是生存压力，另一方面是发展的压力。此外，还有许多是认知不协调造成的身心压力。一份研究资料表明，大多数人担忧的事太多了，其实大部分压力是毫无必要的。你可能觉得这难以置信。如果你不信，请看下面关于忧虑的数字：人们担忧的事情有40%永远不会发生；30%的忧虑涉及过去做出的决定，是无法改变的；12%的忧虑集中于别人出于自卑感而做出的批评；10%的忧虑与健康有关，而越担忧问题就越严重；8%的忧虑可以列入“合理”范围。为此，心理学家提出日常减压10步曲：1. 早睡早起，提前做好一天的准备工作。2. 同家人和同事共同分享工作的快乐。3. 一天中要多休息，从而使头脑清醒，呼吸通畅。4. 利用空闲时间锻炼身体。5. 不要急切地、过多地表现自己。6. 提醒自己任何事都不可能是尽善尽美的。7. 学会说“不”。8. 生活中顾虑不要太多。9. 偶尔可以听音乐放松自己。10. 培养豁达的心胸。

工作压力测试方法

请回想一下自己在过去一个月内有否出现下述情况。

1. 觉得工作太多，无法应付。

2. 觉得时间不够，所以要分秒必争。例如过马路时闯红灯，走路和说话的节奏很快速。

3. 觉得没有时间消遣，终日记挂着工作。

4. 遇到挫败时很易会发脾气。

5. 担心别人对自己工作的评价。

6. 觉得上司和家人都不欣赏自己。

7. 担心自己的经济状况。

8. 有头痛、胃痛、背痛的毛病，难于治愈。

9. 需要借烟酒、药物、零食等抑制不安的情绪。

10. 需要借助安眠药去协助入睡。

11. 与家人、朋友、同事的相处令你发脾气。

12. 与人倾谈时，打断对方的话题。

13. 上床后觉得思潮起伏，很多事情牵挂，难以入睡。

14. 太多工作，不能每件事做到尽善尽美。

15. 空闲时轻松一下也会觉得内疚。

16. 做事急躁、任性而事后内疚。

17. 觉得自己不应该享乐。

计分方法：从未发生——0分，偶尔发生——1分，经常发生——2分。

0～10分：精神压力程度低但可能显示生活缺乏刺激，比较简单沉闷，个人做事的动力不高。

11～15分：精神压力程度中等，虽然某些时候感到压力较大，仍可应付。

16分或以上：精神压力偏高，应反省一下压力来源和寻求解决办法。

10. “职业枯竭”现象透视

职业枯竭，“枯竭”，英文叫“burn-out”，就是燃尽、烧光的意思，也可以翻译成“职业倦怠”。1974年美国精神分析学家首次将它使用在心理健康领域，通常发生在人际接触频繁、密切的服务性职业中，因为持续的工作压力、消极情绪体验会造成身心疲惫和消耗状态。在领导者职业生涯中，也存在不同程度的职业枯竭现象，需防止和克服。“职业枯竭”现象主要表现在如下几个方面。

● 角色冲突

领导角色冲突，是指那些扮演领导者角色的人在工作中因性格、能力、水平等方面的差异而发生的角色冲突。有领导活动的地方，就有领导者角色冲突，只是冲突的大小不一而已。角色冲突的表现形式有角色外冲突、角色间冲突和角色内冲突三种。角色外冲突，指的是发生在两个或两个以上的角色扮演者之间的角色冲突。这里两个角色扮演者，指的是处于社会互动两端位置上的两个社会成员。领导者之间由于工作或者生活发生冲突，都是两个或两个以上的角色扮演者之间的冲突。角色间冲突，指个体必须同时扮演过多的不同角色，由于缺乏充分的时间和精力，无法满足这些角色所提出的期望而产生的冲突。角色内冲突，指的是在角色扮演者所扮演的同一个角色内部的矛盾，这种冲突是由角色本身所包含的内在矛盾造成的。角色内冲突又有两种情况：一种是对同一角色有着来自不同方向的角色期望，造成角色行为者无所适从。如作为领导者，既要对干部关心、爱护，又要严格监督。爱与严是一对矛盾的角色期望。另一种是理想角色、领悟角色与实践角色存在着差距。理想角色是社会对角色的理想期望，领悟角色是个体对角色的认识与理解。领悟角色与理想角色不一致，会引起角色内部的冲突。如领导者，当他们对上级的指示不理解或不赞同上级领导的意见时，他的领悟角色就与上级期望角色（理想角色）发生冲突。如果他按上级指示办，就产生领悟角色与实践角色的冲突，反之，则发生期望角色与实践角色的冲突。

无论是角色外冲突、角色间冲突还是角色内冲突，面临此种情境，角色扮演者都会产生心理困惑，甚至出现焦虑，导致情绪失调，出现角色心理障碍。所以，帮助领导者分析其面临的角色困境，采取恰当的方式缓解角色冲突，是经常要面对的现实问题。这就得从角色冲突产生的原因着手分析而达到解决角色冲突的目的。

职业枯竭现象在角色冲突中一般表现为以下几个方面。一是角色不当，它是指有的领导先天禀赋或才能不能胜任其所担任的社会角色。其自身素质与角色需要的素质有很大差距，缺乏担当领导者的能力，不能胜任领导工作；或大材小用、此才彼用，担任的角色与其自身的能力不相匹配。二是角色不为，指的是个别领导没有能承担起领导工作职责而造成损失的现象，往往是由于疏忽或玩忽职守造成。三是角色固着，是指有的领导者观念守旧，行为保守，无视时代变迁，不能摆正自己与组织、自己与时代以及自己与群众的关系。四是角色失衡，主要是指某些领导者在诸多角色中顾此失彼，厚此薄彼，难以在多种角色中寻找平衡，造成角色的天平偏向一端，而失去角色平衡。五是角色越位，是指领导者在角色行为上超越角色规范所赋予的权限，造成越权的情形。这主要是因为角色定位不准、职能不清、权利义务分工不明确造成的。

● 缺乏兴趣

兴趣是谋事兴业的心理基础。有兴趣就有乐趣，就能避免工作上的枯燥单调对个人心理生活的压力影响。兴趣决定人生，兴趣决定幸福指数，兴趣决定职业选择。现实生活中，我们发现有的领导干部不但工作辛苦，心理负担也很累，因为自己对工作对生活失去了兴趣，虽然投入精力不少，但总觉得百无聊赖，勉强为之，找不到使自己感到快乐幸福的东西。因此，领导不仅要会工作，更要会生活，要善于培养和享受生活中的乐趣，使自己乐在其中。

应当看到，生活中乐趣很多，工作本身就是乐趣，跟大家交往也是乐趣，发现自己的价值更是乐趣。兴趣的魅力就在于它让自己在工作中不知疲倦地坚持奋斗下去。有的领导钻研精神很强，他不但琢磨这个工作，还琢磨这个工作是怎样开展的，琢磨这个工作的思路。他不是盲目地学习，他知道工作中哪些东西是自己感兴趣的，能够通过不断地探索，不断地培养兴趣，使自己的工作能力得到提升。所以，领导者与其被动地适应角色，与其枯燥地生活，还不如反思一下自己的兴趣在什么地方？要往什么地方走？哪些地方的志趣活动比较少，哪种高尚的追求得不到满足？而现实中好多人把低级的东西变成了乐趣，动不动满足物质上的享受，但是精神上的东西大家追求得少了。实际上学习上的东西，钻研上的东西，工作上的东西，创造上的东西对大家非常重要。因为把兴趣变成乐趣，乐趣加上责任心，加上使命感就变成了志趣，有志者事竟成。所以兴趣很重要。许多领导者工作热情，态度积极，干得很好，干得很出色，其实他们在工作中已经培养出了浓厚的兴趣。干一行爱一行，干一行喜欢一行，干一行就钻研一行，在钻研中不断地学习、不断地进步，使自己从无知状态到已知状态，从无能状态到有能状态，在兴趣的指引下一步一步走向成功。

前途担忧

人有两个心魔，一个是对过去做过的事情反悔，另外一个就是对未来的担忧。反悔过去的人会内疚悔恨，担忧未来的人会焦虑烦躁。美国塞里格曼教授在《真实的幸福》一书中讲到，个人的积极情绪可分三类：与过去的幸福、与现在的幸福和与将来的幸福。与过去的幸福就是满意、满足、尽职、骄傲和安详；与现在的幸福就是精神和生活上的快乐欣慰；与将来的幸福就是乐观、希望、自信和信仰追求。从积极心理学的角度而言，人的健康快乐与积极情绪有关。造成所谓“职业枯竭”的根本原因是对将来产生迷茫困惑以致造成怀疑、紧张乃至忧虑。俗话说，“男怕入错行，女怕嫁错郎”。如果“入错了行”或者“嫁错了郎”就意味着没有争取转变的机会，埋怨自己的选择，悔不当初。这其实造成了心理上的压抑。对此，应当引起足够的警觉。

● 悲观失望

悲观是抑郁和焦虑的重要特征。悲观失望首先表现在对未来的发展前途失去信心，对自己的生活失去勇气。在“职业枯竭”上主要表现为精神萎靡、无精打采、失去生活和工作上的热情。

生活心理学研究认为，人是理智的，是有思想、有情感的，人的心理活动总是通过人的情感变化而影响内脏器官的活动。积极、愉快的情感对人的生活起着良好的作用，有助于发挥机体的潜能，提高工作效率，增进人体健康。近代医学科学实验研究已肯定消极情感对身心疾病的发生、发展过程起着不良作用。例如，无所依靠和失望的情绪会降低一个人的免疫力。美国心理学界经过长达10年对100多个国家和地区的1万多人进行了详细的调查，发现快乐是人类特有的一种心理感受，具有浓厚的主观色彩，它与种族、年龄、职业、地位、个人拥有的财富没有内在的联系，它就是一种主观感受。有人对中500万元大奖的人做过调查，如果中大奖的人是抑郁型的人，起初确实会快乐，但快乐持续的时间最多半年，半年以后又会陷入抑郁之中。幸福心理学告诉人们，快乐属于每一个人，也就是说每个人掌管着快乐的钥匙，当感到愉快的时候，体内会分泌出内啡肽，免疫力相应增加，当感到不愉快的时候，免疫力相应下降。

如何拥有积极愉快的情绪情感体验，最主要的包括如下几点。

一是保持一颗平常心，拥有一份成就感。平常心是一种难得的修养，也是一种难得的境界。其实好多人都缺乏平常心，他们看到其他人成功，就会在心理上对自己产生影响，不能很好地把握自己；他们如果有一点收获就趾高气扬、得意忘形，而在生活当中稍微遇到一点不如意的事情就会垂头丧气，这不是平常心，这只能说明他们的心理承受能力比较弱，心理素质比较差。

二是心理换位，积极调节。在工作和生活中应该学会心理换位、积极调节。所谓心理换位就是将心比心，想想假如把自己放在对方的立场上、对方的环境当中，你是否也能成功？平常我们看见一个人成功，更多地看到的是结果，比如说一个歌手得了一等奖，我们只看到这个歌手得奖无比高兴的状态，但是没有看到他多年来辛辛苦苦一步一步付出的汗水和努力。同理，看到一个作家的一部小说得了奖，不知道这个作家在得奖之前走过的路有多么崎岖。看到一个教授、一个学者学富五车，成为学界泰斗，不知道这个教授以前是怎么走过来的，不了解在别人睡觉的时候，他还在挑灯读书，苦苦研读。我们看一个领导，只知道一个领导当了“一把手”，当了书记、市长，但是不知道这个领导过去是怎样辛苦的，不知道这个领导是怎么样兢兢业业做好每件事情，一步一步地踏踏实实地走到现在的位置。应该想到，每个成功都来之不易，都跟付出有关系。既要看到对方的成绩，还要看到对方为这个结果所付出的努力。这样的话，就能得到一种激励。如果人家得到的是通过其辛辛苦苦努力的结果，你就应该心平气和，不应该过分烦躁，这样就不会给自己的身心世界造成负面影响。

三是懂得知足常乐。从心理学的角度，知足标志着自己心理的感受性，自己对眼前的东西感觉到比较愉快，既享受到了成果，又享受到了过程。知足者常乐，知足加不知足更乐。为什么呢？知足的心理世界很开心，很愉悦。不知足会受到激励，同时又有上进的动力，让你感觉到奋斗的愉快，知足加不知足等于常乐。

11. 侥幸心理要不得

侥幸是指由于偶然的原因而得到成功或免去灾害。侥幸心理即指人们企图偶然地获得成功或意外地免去不幸的一种心理。生活中，侥幸心理无处不在。过马路时，有的人不遵守交通规则，明明是红灯，车子在身边呼啸而过，钻个空子就过去了。闯红灯的人一定知道闯红灯潜藏着的巨大危险，但他们为什么还要闯呢？这就是侥幸心理在起作用。现实中，个别领导干部也在做着“闯红灯”的事情，他们搞的是巧妙的腐败，闯的是法纪的“红灯”。这些人有的贪污受贿、徇私舞弊，有的置党纪国法于不顾，以身试法，这些现象都有一个重要的因素在作怪，就是侥幸心理。

● 害人的侥幸心理

一些原领导干部在材料中的反省和忏悔可谓真实、深刻、痛心、后悔。痛悔何必当初！他们本可以在人生之路上创造荣耀和辉煌，为党、为人民做出贡献。但他们在贪欲的骚动不安中蠢蠢欲动，又在侥幸心理的蒙蔽下心安理得，最终却在被囚禁的痛苦中悔恨当初。他们的心路历程真实地展现了他们犯罪前、犯罪中、犯罪后的思想活动，描绘出了他们犯罪的思想轨迹，也为广大领导干部做了一次极具讽刺性的“现身说法”。

侥幸心理是“腐蚀剂”。徐炳松是广西壮族自治区原副主席，1998年5月因涉嫌受贿被依法逮捕；1998年9月，被开除党籍；1999年8月，因受贿罪被判处无期徒刑。《痛悔》是徐炳松在押期间对自己的问题的深刻反思，他写道：“痛悔何必当初！悔，组织不绝于耳的教诲、警戒，听之多，行不果；悔，意志不坚、不恒，顶不住诱惑，躲躲闪闪，心存侥幸，心安理得……”山东省泰安市委原副书记孙庆祥，1996年2月因受贿罪被判处无期徒刑。他在反省中写道：“一个人走向犯罪有一个过程，原因也是多方面的。受贿数额由少到多、由小到大，关键是第一步。因为有了第一步，再走第二步、第三步，就比较顺了，胆子也大了，像走下坡路一样，越滑越快、越远。‘蝼蚁之穴，可溃千里之堤’。作为教训，开始就把住关，别走出第一步，是至关重要的。也并非没有想到法律问题，只是比较淡薄。总认为行贿人都是‘诚心诚意’，不收有碍面子，收了也不会出问题。再加上社会风气如此，认为大家都在收，自己收点也无妨。因而也就放松了警惕，打开了心理防线。”

侥幸心理腐蚀了徐炳松等一些领导干部的思想防线，使他们放松了警惕，胆子越来越大。中国有句古话叫作“一发而不可收”。追寻腐败分子的犯罪轨迹，我们不难得出一个结论，这就是只要“第一次”把握不住，就会有“第二次”“第三次”……“第一次”的突破意味着思想防线的突破，其结果必然是由少到多、由小到大，从开始时的小礼品到后来的贵重物品，从“第一次”的小钱到后来的大钱，从“小贪”变成“大贪”。这些领导干部之所以成为人民的罪人，一个重要原因，就在于没有挡住“第一次”。

侥幸心理是“麻醉剂”。它是一种非常不健康的心理，常常使人做出不正确的判断，错误地估计形势，从而迷失方向，误入歧途。它给人们的消极心理暗示主要有三个方面。

一是小节无害。怀有这种心理的领导干部，不懂得小与大的联系，不明白“千里之堤溃于蚁穴”的道理。总是认为小的失误、错误、隐患可以原谅，可以理解，因而在不知不觉中思想发生了蜕变，问题发生了质变，从本不足道的小事引出了事故案件，个人走上了违法违纪的道路。江西省南丰县委原书记孙谦，正是因为有“自己只是收些小礼物，总不会出什么问题，就是出了点小问题也没有什么了不起”的错误认识，才放松了思想防线，而走上了违法之路，最终因受贿罪被判处有期徒刑五年。

二是从众攀比。个别领导干部不能从主流来认识社会，而是从社会的某个角度来审视一些个别现象，不是把党纪国法、条令条例、规章制度作为衡量是非的标准，而是把眼睛盯在别人的身上，认为“不少人都这么干，反正也不是我一个人”。特别是看到他人因违法违纪占了便宜得到好处的时候，心里感到不平衡，觉得他能这么做，自己为什么不能？结果在那种不做白不做、不捞白不捞的心理驱使下，一步步走上歧途。

三是过高估计自己。有的领导干部爱耍小聪明，感到只要自己算计得好，伪装得巧妙，事情办得隐蔽，能处理好各方面的关系，做了违法违纪的事情也不会被发现。殊不知群众的眼睛是雪亮的，法网恢恢，疏而不漏，伸手必被捉，谁也逃脱不了这个规律。沈阳市原市长慕绥新，2001年8月14日，因受贿罪、巨额财产来源不明罪被大连市中级人民法院判处死刑，缓期二年执行。他把送礼行为看作是“人情往来”而坦然待之。自作聪明地认为这种“‘人情往来’两头保险，都是一对一活动，自然十分安全可靠”，因而心存侥幸。

侥幸心理是“润滑剂”。湖北省驻港办事处原主任金鉴培，1999年11月，以贪污罪、挪用公款罪被一审判处死刑，并于2001年5月28日在武昌执行。2000年8月8日，他在关押期间给省委有关领导写了一封信，剖析了自己由一名领导干部蜕变成腐败分子的轨迹和原因。在信中，他不无悔恨地写道：侥幸心理是使我们堕入罪恶深渊的“润滑剂”。我们在犯罪前都是受党培养教育多年的国家干部，有较强的是非辨别能力。可是为什么对一些违法乱纪的事情，明知不可为，还要去为之呢？特别是亲眼看到身边有些人因违法乱纪已经倒下的时候，这些人还不引以为戒，而要去继续以身试法呢？有一个重要的因素在作怪，就是侥幸心理。总认为自己做的事别人不会知道。特别是当第一次违法乱纪活动得手，而又未暴露后，这种侥幸心理就像涂在罪恶道路上的润滑剂，使得他们在这条不归路上越滑越快、越陷越深，以致最终无法自拔。这些人实际上是拿自己的名誉、自由、生命和组织的信任做赌本的赌徒。

“鸟之将死，其鸣亦哀，人之将死，其言亦善。”金鉴培伏法之前的忏悔，道出了一些做官为人的教训，不可谓不深刻。他认识到了“天网恢恢，疏而不漏”“多行不义必自毙”的古训，看到了一次得手、一时侥幸、一度孤注一掷，最终只会带来“自毙”的下场。

侥幸心理不可有

在反省、忏悔材料中，那些原领导干部在犯罪时的真实心理活动展现了出来。他们存在着什么样的侥幸心理？这些侥幸心理是怎样把他们“拖下”罪恶深渊的？那些付出了巨大代价的原领导干部，转了一大圈，在认识上又回到了原点——侥幸心理不可有。

胡建学曾任山东省泰安市市长、市委书记。在任市长、市委书记期间，收受单位和个人股票、人民币、外币及高档物品等贿赂，折合人民币61.6万元。1996年7月，因受贿罪被判处死刑，缓期二年执行。胡建学在忏悔中写道：“不能有侥幸心理。侥幸心理害死人。要想人不知，除非己莫为。伸手必被捉。我当时认为，公款是绝不可碰的，朋友的东西则可以解急。这种观念是十分有害的，也是导致犯罪的主要原因。不义之财不可取。”海关总署原副署长王乐毅在忏悔中说：“古人说：‘不矜细行，终累大德。’事物的变化由量变到质变，我就是从‘不矜细行’开始，不拘小节，一步一步由量变到质变走向了腐败。如果当时能意识到这一点或者得到忠告，及早悬崖勒马，绝不会落得今天这样一个淹死在酒里、烧死在烟里、压死在不义钱物里的可悲下场。可惜后悔晚矣。”哈尔滨市人防办原副主任钱胜利写道：“自己曾想，如果党能再给我一次机会，我懂得该怎么做才是党和人民所希望的干部。自己也想用亲身的经历，向法外所有的领导干部说一句心里话：拿赃钱永远没有好下场，只是个时间的问题。”河南省新乡市委原副书记兼组织部部长王某写道：“侥幸不出事，实际上只是个早晚问题。这种侥幸心理只能掩耳盗铃、自欺欺人，到头来自作自受。自己在这方面教训够深的，付出的代价够大了，自己将终生铭记在心……”

远离侥幸心理

侥幸心理虽然是一念之差，但却有着酝酿、滋养它发生的深厚的心理、认知和环境等基础。心存侥幸者的世界观、人生观和价值观并不牢固，在金钱、美色面前，急剧发生蜕变。因此，要远离侥幸心理，必须加强学习，树立正确而坚固的世界观、人生观和价值观，防微杜渐，管住小节。

一是严于律己。纵观昔日位高权重却晚节不保以致身陷囹圄的人的堕落轨迹，不难发现，表面上看来，他们进行违法犯罪活动时的侥幸心理确实是把他们拉入地狱之门的黑手；但实际上，这只隐匿的害人黑手却是潜藏已久，滋生暗长。当他们放松思想改造、放松政治学习的时候，正是在为侥幸心理培育丰厚肥美的生长土壤。一旦思想的关口打开，侥幸心理就会乘虚而入，钻空子扎根，进而成长壮大。一俟时机成熟，侥幸心理就钻出来，兴风作浪，危害人心。此时，心灵主人微弱的人生观、世界观已无力与之搏斗，只能乖乖束手就擒，做了贪欲的俘虏。等到清醒过来，为时已晚。

二是慎独正己。随波逐流，人云亦云，彼此攀比，对世俗的力量感到无能为力而顺其自然，是一些领导干部滑向犯罪深渊的一个重要原因。要充分认识到，领导干部尤其是主要领导，无论在什么时候，在怎样的条件下，都必须有坚定的立场和原则，都必须保持清醒的政治头脑。而坚定的立场、坚定的原则和清醒的政治头脑，又来自于坚定的理想信念，来自坚定的党性观念，来自牢固正确的世界观、人生观和价值观。损害党和人民的利益，无论是谁都必将受到党纪国法的严厉制裁，绝无侥幸者的藏身之地。

三是公私分明。事实证明，建立在权钱交易之上的感情是不牢固的。胡建学从“法庭上对我的事实调查中”，才真正看到“所有向我行贿的人，当初他们表现出的那些与我的感情也通通没有了，他们都怀有自己的目的来向我行贿”，而“我也是应了他们的要求为他们去谋取利益”，“这种感情基础绝不是牢固的，因为是建立在权钱交易之上的”。可悲的是，直到这些人被“甜甜蜜蜜”地送上了死亡之路，才认清了他们所谓山盟海誓的“朋友”的真面目，幡然悔悟，可惜为时已晚！

四是防微杜渐。纵观腐败分子走过的人生道路，人们不难发现，他们中的多数人在“第一次”收受贿赂款物时，都有一种忐忑不安的感觉，思想斗争非常激烈：是收还是拒收？然而他们最终没有战胜“第一次”，在“第一次”面前就打了败仗。因此，作为一名党员领导干部，要时刻自警、自省，防微杜渐，管住小节，切忌心存侥幸。

12. 干部清正“清”在心

生态文明建设的衡量标准是干部清正、政府清廉、政治清明。这三个“清”字内涵丰富，意义深远。政治清明，需要在推进民主政治、依法治党上有作为，在执政理念、执政方式上有创新；政府清廉，要求在勤政为民、依法监督、保障服务上有声望，在建设责任政府、廉洁政府和法治政府上有成效；干部清正，要求党员干部具备组织忠诚、坚定信念、公正无私、清正廉洁、敢于担当的高尚品格，在秉公执法、严于律己、拒腐防变上立口碑。只有把三个“清”字真正贯彻落实到加强党的思想、组织和作风建设的每一个过程，每一个角落，渗透到党员领导干部的思想灵魂深处，营造政治生态文明才拥有坚实可靠的保证。各级党政干部是否能够做到清正，关键是有“四个心”。

责任心。责任心是衡量领导干部胜任特征的关键品质要素之一。责任是一种职责、一种义务、一种使命。领导干部为官一任，理应造福一方。对党和人民事业的高度负责精神，才是领导干部做事为人的根本动力。实践表明，只要尽心尽责，再复杂的问题也能迎刃而解；漠视责任，再简单的工作也会出现差错。一个具有强烈工作责任心的领导干部，就会在其位谋其政，把困难想在前头，把工作做在前头，把本职工作做实、干好；否则，就会把工作当成负担，敷衍塞责，更谈不上造福群众。

慈悲同情心。人最重要的生命价值在于被别人、被社会所需要。从这个意义上说，领导干部在思想意识和灵魂深处应该始终怀着一颗为人民谋福祉、为大众做好事的心愿，努力践行为人民服务的宗旨。对社会、对民众，特别是对困难群体，领导干部要始终保持慈悲之心。在工作和生活中，多一点体恤，多一点真情，多一点扶助，进一步密切党群干群关系，更好地营造和谐的氛围。

感恩心。德国哲学家尼采曾说过：“感恩即是灵魂的健康。”我们每个人都生活在一个多层次的社会大环境之中，必须从这个大环境里获得生存条件和发展机会，社会这个大环境是有恩于我们每个人的。领导干部个人的成长进步和取得的成绩，离不开组织的培养、关怀和扶持。领导干部都是在组织的大家庭里培养成长的，所以都应该怀有一颗感恩的心。只有学会感恩，才会知足，才能保持宽广的胸襟，才能不断激发领导干部自身的责任感和事业心。

敬畏心。党的十八大以来，习近平总书记多次强调领导干部“要心存敬畏，手握戒尺”。敬畏是正确处理人与人、人与社会、人与自然关系的心理基础。有敬畏之心，一要敬畏制度。在制度面前，领导干部要怀有敬畏之心，做遵守党纪国法的表率。那些目无党纪国法、藐视法律制度尊严者，那些中央已经三令五申但还不停手还在伸手的干部，他们的问题不是不懂法律，而是藐视法律，视法律制度为儿戏，对党纪国法的漠视酿造成政治生命的终结。二要敬畏权力。我们常说权力是人民赋予的，但在个别领导干部眼里，权力是自己得来的，有了权力忘了人民，借助权力在老百姓面前狐假虎威，侵吞民脂民膏，利用权力胡作非为。应当说，权力既是一把双刃剑，更是试金石，对待权力的态度就是对待人民群众的态度，只有心怀敬畏之心，才能殚精竭虑，把人民交给的事情办好，赢得百姓的信赖拥护。三要敬畏历史。一个干部是否清正廉洁，既要看现实表现，更要看历史长河的评价。许多英雄人物、模范干部、优秀党员作为人们学习的榜样，因为他们身上凝聚着民族优秀品格，承载着历史赋予的光环。但也可以看到，有的贪官污吏同样会载入历史的耻辱册，被千人所指，万人痛恨，遗臭万年，遭受无情的鞭挞。敬畏历史，就是要对自己的过去、现在和将来承担责任，珍惜领导生涯的难忘岁月。把美好的追求与光辉的岁月结合起来，谱写人生的美丽华章。

应当强调的是，领导干部的“清正”既是政治品格的要求，也是领导身心和谐发展的标志。社会心理学及相关研究也表明，人有物质追求之外的精神追求，如仁慈、责任心、美德、自我意志、积极体验等积极心理品质，它是一种心理资本，这种内在的宝贵资本会渗透在人的整个生活空间，产生长期的积极影响。2004年，美国学者运用积极心理学的成果在组织行为领域开发出了心理资本的概念，使积极心理学的实践在创造效能方面更进一步，并将心理资本与财力、人力和社会资本并列为高效能组织的四大资本。他们把心理资本描述个体在成长和发展过程中表现出来的一种积极心理状态，具体表现为：（1）在面对充满挑战性的工作时，有信心（自我效能）并能付出必要的努力来获得成功。（2）对现在与未来的成功有积极的归因（乐观）。（3）对目标锲而不舍，为取得成功在必要时能调整实现目标的途径（希望）。（4）当身处逆境和被问题困扰时，能够持之以恒，迅速复原并超越（韧性），以取得成功。它具有孵化个体和团体的竞争优势，对于促进个人成长和绩效提升具有重要作用，且具有持续开发价值。提升心理资本可以激发和培养潜在的心理能量，是提高领导效能的重要保障和前提。研究表明，只有紧紧围绕信仰目标、兴趣导向、精神需要、成就动机、自尊、自信心、忍耐和心态健康八个方面的核心要素来加强修炼，才能有效提升领导干部的心理资本，进而改善工作满意感和幸福指数，不断提高核心竞争力和胜任水平。

13. “葛朗台式”贪官怕什么

巴尔扎克笔下的守财奴——葛朗台，具有吝啬和贪婪两大典型特征。为了达到大肆敛财的目的，他不择手段，甚至置父女之情和夫妻感情于不顾，彻底沦为金钱的奴隶。在今天全国上上下下的反腐浪潮中，既出现了一批大老虎，也不乏一些小苍蝇。这些贪官有的明目张胆，大肆进行权钱交易；有的非常隐蔽，善于表演、擅长伪装。后者中有一类以“节俭”为主要表现形式，常被称之为“葛朗台式”贪官。

● “葛朗台式”贪官的特点

极端的拜金主义。葛朗台弥留之际，神父把镀金的十字架送到他唇边，给他亲吻基督像，他却做了一个骇人的姿势想把十字架抓在手里。爱财如命的他让很多人印象深刻。“葛朗台式”贪官经常利用手中的权力进行交易。他们认为金钱是万能的，时时刻刻想着怎么不择手段得到尽可能多的钱。因此，出现“小官巨腐”的现象也就不足为奇了。

节约表象。“葛朗台式”贪官，又称“节约型”贪官。这类贪官表面给人的印象就是非常节俭甚至有点小气。比如，国家能源局煤炭司原副司长魏鹏远平时穿衣朴素，常年骑一辆破旧的自行车上班，最后被查出家中藏有大量现金。镇江市民防局原局长朱冬生，受贿百万仍不舍得花钱，平时坐公交车下乡买豆腐，还经常穿掉色破损的旧衣裳。这类贪官不管是否主动为之，显然要比那些高调张扬的贪官更具隐蔽性。以朱冬生为例，其贪腐“生涯”之所以能够长达近十年之久，与其“节俭”的外在形象是分不开的。

贪婪内隐。实际上，“葛朗台式”贪官与其他挥霍无度的贪官在本质上并没有什么区别，都是一个“贪”字。但这类贪官贪而不露，更加隐蔽，常常伪装成“苦行僧”式的“廉洁干部”，类似生物学界中的拟态现象，通过模拟好干部的行为特征来隐藏自己，幻想达到“伸手不被捉”的目的。

● “葛朗台式”贪官的内心世界

首先，“葛朗台式”贪官更加贪图权力给他带来的满足感。他不是为了自己的吃穿享受，权力满足感是其贪腐的一个重要因素。其次，追求心理的平衡感。看到别的领导干部贪腐受贿，自己不贪点儿就好像吃了亏。为了寻求所谓的“平衡感”，一次次受贿甚至索贿也觉得心安理得。再次，“葛朗台式”贪官存在严重的安全感缺失。根据心理学理论，人的安全需要是建立在金钱、物质环境等要素基础之上的。这类贪官大肆进行权钱交易，占有诸多财富以后才心里踏实，充分反映了他们对把握未来的信心不足，缺乏足够的心理安全感。

● “葛朗台式”贪官最怕什么

“葛朗台式”贪官最怕金钱、财富缺失。巴尔扎克故事当中有两个经典片段。一是公证人克罗旭劝说葛朗台和女儿讲和，他说如果葛朗台的妻子死了，欧也妮就可以以女儿的身份继承母亲的遗产。葛朗台害怕财产被分走，立即把锁在房里的欧也妮放出来，并主动缓和父女关系。二是葛朗台在弥留之际，仍担心失去钱财，于是给女儿欧也妮留下一句遗言：“把一切照顾得好好的！到那边来向我交账。”这些都是“葛朗台式”贪官的例证或缩影。当然，这类贪官也很担心失去手中的权力，因为权力是他们能够捞到金钱的必要资本。

● “葛朗台式”贪官对社会的影响

“葛朗台式”与其他贪官一样，本质上都是贪，都是以侵吞集体和他人财产为己有，在贪婪的追求中获取个人物质和精神上的享受。“节俭”只是一种表现形式。事实上，“葛朗台式”贪官通常是抓大不放小，一点机会都不会放过，其实际危害性往往更大。另外，“葛朗台式”贪官给人以不奢侈、不张扬的假象，往往更具有欺骗性。他们既收了钱又为自己树立了“清正廉洁”的形象。由于其有假象遮掩着，所以往往更容易受到民众宽容，更容易蒙混过关，这就更需要社会引起足够的关注。

对于这类贪官，我们必须擦亮眼睛，更加警觉防范，绝不能让其蒙混过关，如不严厉查处，他们就成了潜在“葛朗台式”贪官的榜样，必将给社会造成严重的危害。节俭是中华民族的传统美德，应该加以提倡。但是，我们要不被节俭表象所迷惑、所欺骗，更不能把节俭当成衡量清官的唯一标准。

● 法律和制度对贪官的约束

充分发挥“个人有关事项报告”等既有制度的作用，健全干部财产申报制度和权力运行监督机制。在“从严治吏”大环境下，进一步加大领导干部个人事项报告的审核力度，通过公开领导干部权力运行图和风险防控点，让权力在阳光下运行。唯有把权力关进“笼子”里，才能让那些疯狂敛财却省吃俭用的“葛朗台式”贪官们不能腐。

健全完善领导干部考察机制，着重考察其官德品行。通过扩大谈话交流对象，将工作中的上下级、重要家庭成员、服务主体、受益对象等纳入，则有助于全方位了解领导干部的德行表现，从而有效预防和甄别“葛朗台式”贪官。组织部门也要炼就一双火眼金睛，严把选人用人关，多渠道、全方位地考察干部，听其言、观其行，有效防止考察失真、失实。

要充分发挥群众监督的力量。群众的眼睛是雪亮的，可以借互联网人多力量大的特点，探索“草根”的网络反腐机制，追踪“葛朗台式”贪官的蛛丝马迹，使得贪官们无处遁形。另外，群众监督要与党内监督、行政监督等方面进行有效结合，优势互补，形成合力，着力清除权力滥用的缝隙，不给“权力寻租”者机会，让权力在阳光下公开、公平、公正地运行，让“节俭”贪官在阳光下现形。

14. 提升自我认知力

自我认知是自我调节和人格完善的重要前提。如果一个人不能正确地认识自我，看不到自我的优点，觉得处处不如别人，就会产生自卑，丧失信心。相反，如果一个人过高地估计自我，也会骄傲自大、盲目乐观，导致工作上的失误。因此，恰当地认识自我，实事求是地评价自我，提高自我认知能力，对个人的发展至关重要。

● 客观观察，找准位置

要想得到发展，定位很重要，只有定好位才能找准方向，才能做出正确选择，进而有所作为。领导者的定位对于找准发展方向，减少挫折失误至关重要。善于客观观察，准确定位，要学会“三看”。一看职责认同度。领导者的自我认知心理成熟水平，首先表现在如何看待自己所处的岗位职责，岗位的性质是什么，岗位胜任需要具备什么知识，需要具备什么样的能力，需要具备什么样的职业道德，等等，都直接影响着领导者在岗位上的工作表现力。只有在对岗位职责深刻理解并高度认同的基础上，才能找准位置，更好地扮演领导者角色。二看自己的工作态度。工作积极性源于对职业的理解与热爱。领导者的爱岗敬业，首先要看自己对事业是否真诚热爱。领导岗位是领导者事业发展的基石，有位才能有为，而有为的关键在于是否有爱。爱讲究的是责任心，关注的是热情与投入，推崇的是奉献精神。有了深切的关爱态度，领导者必然焕发出旺盛的工作热情，就会对自己的岗位倍加珍惜，对未来的发展充满自信与期待，也对自己的下属和群众越加关爱，就能拥有更多的追随者和拥护者。三看自己是否有能力。领导者绝不是无能之辈，即便是那些能力看起来一般的领导者，在他身边也少不了“能者相助”。所谓“一个好汉三个帮”“众人拾柴火焰高”就是这个道理。有时候，领导者的“德”本身也是一种“能”，是一种能够让大家聚集起来共创辉煌的“能量体”。所以找准位置，需要提升领导者如何看待自己能力水平的观察判断力，因为领导者是始终走在前面的人，是带领大家克服困难战胜黑暗走向光明的人。为此，找准位置既要从客观环境往外看，更要透过责任要求向内看，要内外结合，才能准确定位。

● 认知价值，树立威信

价值目标是事业追求的内在驱动力。从价值取向上来看，领导者的价值取向主要表现在以下几个层面。

一是生命价值的认知。也就是说如何活得有意义，活得有价值，活得有尊严，得到世人的尊敬爱戴。为此，在对生命价值认知上，领导者的生命价值除了个体生命之外，还要考虑延续自己的政治生命。领导者的政治理念、政治抱负、目标信仰、政治力量等是其生命价值的重要组成部分，一个领导者如果忽视了积极维护并发展自己的政治生命，个体命运不能与国家、民族的命运融为一体，不能与群众百姓的生存利益息息相关，就已经在事业发展上失败了。

二是经济价值的认知。如何看待财富，如何看待金钱，衡量着领导者的人生品格与职业道德。社会心理学研究告诉人们，成功人士的一个重要特点是重成就轻金钱，重精神需要的追求，轻物质利益的满足。如果把金钱作为衡量人生价值的尺度，就会陷入“金钱至上”的圈子，人的灵魂必然被腐蚀，人就变成了金钱的奴隶。那些贪官污吏之所以中箭落马、为人唾弃，一个重要原因是为物所累、为钱所害。因此，在对待金钱问题上，领导者更要重视精神层面的无形价值，领导者的自我形象和精神追求比金钱更加宝贵。“金杯银杯不如老百姓的口碑”就是写照。

三是权力的价值的认知。权力是领导者发挥影响力的一个重要因素。权力大小与领导者影响力的大小密切相关。但拥有权力并不能证明个人事业上的成功，关键是如何对待权力。有的领导者把拥有权力作为人生追求的最大目标，为得到权力不择手段，出现行贿受贿、跑官要官等种种腐败违纪现象。有的卖官鬻爵、以权谋私，最终遭受牢狱之灾。其实，权力本身并没有过错，而是对待权力以及掌握权力的人出现了严重问题。因此，领导者应当清醒地认识到权力既能把人推上天堂之巅，也能把人送入地狱之门。权力犹如一把双刃剑，如果不能正确对待权力，必为权所伤。正确的态度应当是权力与责任要一致，有权更要尽责，珍惜名誉比得到权力更加重要。

● 悦纳自我，增强自信

积极地悦纳自我是形成正确自我认知的核心。有作为、有影响力的领导者总是在充分肯定并悦纳自我的同时，积极追求自我完善，努力实现自我价值。悦纳自我就是要坦然地接受自己的一切，无论是好的或是坏的，成功的或失败的。要平静而理智地对待自己的长短优劣，要乐观开朗，以发展的眼光来看待自己；既不消极回避自身的现状，自欺欺人，更不以哀怨、自责甚至厌恶来否定自己。在此，肯定自我是建立在对自我充分了解的基础上的。领导者要对自己的需要、愿望、能力、知识以及性格、品德有一个比较客观全面的认识，在自我悦纳中，培养自信、自立、自强、自主的心理品质，从而发展自我、更新自我。为此，肯定自我，积极地悦纳自我，需要注意从多个角度、多个侧面来客观评价自我。一方面，既要进行纵向比较，将现实的自我和理想的自我做比较，看到自己的差距；同时，也要将现实的自我与过去的自我做对照，看到自己的进步。另一方面，又要进行横向比较，与超过自己的，与自己相似的、比自己稍差的人做比较。要将上述各个方面获得的信息综合分析，以获得较为客观的评价。在肯定悦纳自我当中要注意克服自我贬低、妄自菲薄的不良心理倾向，更要防止和矫正在个别领导者身上存在的狂妄固执、过度迷恋等心理障碍。

● 自我激励，自我控制

自我认知的一个重要作用就是领导者的自我激励。一个人的成长进步，光有他励是不够的，他励只是一种外力，而真正起关键作用的应当是自励。在平常工作中，有的领导者自加压力，采用压力激励的办法鼓舞自己的斗志，使自己在困难压力面前知难而进，奋勇当先。有的以事业发展目标激励自己，使自己的行为始终与目标保持一致。在此，自励与事业心、进取心密切相关。一个事业心强的领导者，总是怀有远大目标和坚定志向，严格要求自己；一个进取心强的领导者，总是不满足于现状，力求能够有所改变。

自我控制是指个人积极主动、定向地改变自我观念、态度、习惯与行为的心理作用过程。能够自励的人，一般是自我控制力强的人。对自我的有效监督和控制，离不开激励的力量，只有有效的激励才会做到对自我的有效控制。具体来讲，自我激励与自我控制需要从自珍、自重、自省、自励四个方面努力。一是自珍。珍惜自己的人生选择，珍惜自己获得的业绩成就，珍惜自己的价值追求，珍惜职业生涯的宝贵岁月。二是自重。尊重自己的人格，尊重自己的地位名誉，在工作中既要重感情，更要讲原则，言谈举止与自己的身份相吻合。在人际交往中，既要尊重别人，又要维护人格尊严。在领导工作中分清是非曲直，既要拿得起，又要放得下，为人公正无私，处事光明磊落。三是自省。自省就是自我反省，养成“吾日三省吾身”的习惯，经常反思检点自己的言行，及时发现并改正缺点错误，虚心接受别人的批评，赢得下属和群众的支持和信赖。四是自警。自警就是自己警示和告诫自己。自警有两种方式：一种是警告提醒自己不要违背政治原则和职业道德，要遵守道德规范；另一种是拿别人的教训来告诫警示自己，提醒自己不要重蹈覆辙。这两种自警方式，对于一个领导者提升自我认知能力来说都是重要的。

● 寻求帮助，得到宽慰

“以铜为镜，可以正衣冠；以史为镜，可以知兴替；以人为镜，可以明得失。”正是因为人无法完全做到自知，于是还需要借助别人来帮助了解自己。《第三意见》一书的作者指出，现代领导者需要懂得找寻适当的专家、顾问或导师，和他们建立情谊，并善用这些人的智慧和协助。知名企业顾问理查德·柯克在他的畅销书《80/20法则》中建议读者，可以试着拟一份“盟友名单”。这些人是你需要重视的人，是你最重要的人际关系。柯克指出，拟出盟友名单后，要设法和他们建立5种属性的关系：“喜欢对方”“互相尊重”“分享经验”“有福同享”“互相信赖”。当这些关系建立了，这些盟友就成为你的潜在贵人。“他们能适时地提供你所需的帮助，与你一起谋求共同利益。”因此，领导者提升自我认知能力，还需要善结人缘，通过身边的同事朋友、群众和亲属经常提醒自己，劝诫自己，帮助指导自己，注意倾听各个层面的声音，及时调整自己的认知偏差，使自己的认识更加客观全面。

15. 掌握心理健康的金钥匙

心理健康是整体健康的一个重要方面，是身心健康的核心内容，是一个人获得人生快乐、追求理想乃至成就事业的根本保证。对于领导者而言，心理健康有其更为特殊的意义。领导者的身心健康不但是个人职业生涯关注的事情，更是组织健康、社会健康的基本要求。世界卫生组织对健康的定义为“健康是生理、心理、社会适应和道德健康等几个层面的统一。”从世界卫生组织对健康的定义来考量，一个人即便身体健康，但是没有良好的心理素质，没有很强的社会适应能力，没有优秀的道德意识，也算不上是一个健康的人。因此，衡量一个人的心理健康，不是孤立地看待，而是要从身心素质、社会适应和道德层面上全面考量。领导者心理健康调适能力对领导者的事业发展、生活幸福、人际关系都会起到很重要的作用。如何才能增进领导者心理健康调适能力，主要有以下几个方面进行调整。

调整自己对现实的心态。心理学家研究成功者有十种心理品质：现实的自我觉察、现实的自我尊重、现实的自我控制、现实的自我动机、现实的自我期望、现实的自我意想、现实的自我觉察调节、现实的自我修炼、现实的自我范围、现实的自我投射。为此，要正确地面对客观现实，承认并接受现实选择。许多人对现实生活的认识是肤浅的，当主观愿望与现实的要求发生冲突时，更多的是埋怨现实、误解现实。有这样一则印度寓言：两个人面对一杯喝了一半的水，一个人说：“我已经喝掉了半杯水。”另一个人说：“我还有半杯水没喝。”前者的话语中，透露出的是无奈和苦涩，而后者的话语中则充满了希望。人到中年，恰似那已经喝掉了半杯的水。既然剩下的那半杯水迟早要喝干，是满怀愁绪、恋恋不舍地缅怀已喝掉的那半杯水，还是以快乐的心态去计划该如何享受剩下的半杯水，答案就在每个人自己的手中。可是，有不少中年领导者在面对自己所处的地位和境遇时，常常是以前者的心态来应对的。在美国有位探险家，他曾是美国一家知名媒体的电视工作者，35岁时身患绝症，通过骑自行车对抗病魔，已实现环球骑行4次。这位探险家在70多岁时，还一直致力于一些救助事业和倡导绿色环保的低碳生活。在中国，他由青藏线进入西藏全程4800公里，成为世界上第一个骑行到珠峰的高龄骑手。对于一个70多岁的老人来说，每天清晨，半躺在沙发上享受美味的食物，或坐在铺满阳光的院子里，等待孩子送来一杯牛奶，可谓幸福。“……而我却是个例外，我的幸福在西藏泥泞的土石路上，在头痛欲裂的高原反应中，在藏族孩子的郎朗读书声里，在气喘吁吁地登上海拔5000多米的山口看群山跌宕，风光无限里……”这位探险家对待现实的积极态度改变了他的人生。

调整正确对待自我的认知心态。认识自己的能力越强，人的自我认知能力就越高。能够接受他人评价的人的心胸世界是很宽容的，心境体验是比较明朗的。如果一个人连别人的评价都听不进去，那么这个人就容易自我封闭，会造成心理世界得不到有效的互动。在对待自我意识方面，主要有5种类型：一是自我肯定型，评价认识自己很客观，自己肯定自己，自信心很强很乐观，心理世界很完整，这种领导者占85%。二是自我否定型，过于被现实所压迫，无限扩大挫折和失败，否定自己的理想，否定自己的工作事业，否定自己的存在。三是自我矛盾型，一会儿觉得很有理想，一会儿又觉得这个理想太远大，在理想和现实中左右徘徊。四是自我混乱型，这种领导者要么目标太远大，往往不切实际的幻想，总是沉浸在幻想当中，自我安慰、自我陶醉地打发日子，要么就陷入低落当中。五是自我萎缩型，不想干活，害怕出事，不想创造，浑浑噩噩。

调整自己对工作的心态。一是积极面对压力，要能把压力变成动力。对于工作如果能够胜任就很快乐，不能胜任就会感到痛苦。这时，要学会分析原因，学会学习，把压力变成动力，把工作中遇到的难处、不顺心的事情和矛盾变成自己攻克难关的一个新挑战。二是泰然面对挫折，虽然失意但绝不失态。人生中要面对很多挫折，在挫折面前虽然失意但不能失态，失意表示暂时受到一些冷落，一旦失态的话就说明自己心理上的承受能力需要加强。三是认真面对责任，能做好就尽量去做好。工作责任心太差往往造成各种各样的挫折，最后导致心里很困惑，因此要认真面对责任，能做好就尽量去做好。尽管不一定非要做得那么尽善尽美，但是一定要做到无愧于心，一定要做到尽心尽力，这样心里就会感觉比较舒坦。四是自然面对荣誉，拥有一颗宁静平常心。当工作小有成绩得到表彰夸奖时，一颗宁静的平常心更加珍贵，荣誉都是短暂的、都是过去的，平常人生才是久远的，在平常中才能见到自己的真正的品质，才能清楚自己哪些方面是最宝贵的。五是冷眼面对诱惑，不属于自己的那份额外都有危险。对于外界的诱惑我们要深刻领悟老子那句话——五色令人目盲，五音令人耳聋。要在五彩斑斓的颜色中很好地进行鉴别，不然会看不清哪种才是真正美好的景色。

调整自己对生活的心态。心理健康的人乐于与人交往，不仅能接受自我，也能接受他人，悦纳他人，能认可别人存在的重要性和作用。人的交往活动能反映人的心理健康状态，人与人之间正常友好的交往不仅是维持心理健康的必备条件，也是获得心理健康的重要方法。美国著名心理学家马斯洛提出，心理健康的人在对待自己和他人方面，具备15个方面的“自我实现型人格”特质：（1）对现实有卓越的洞察力并能和现实保持适宜的关系。（2）对自我、他人和客观事物表现出最大限度地认可和接纳。（3）行为方式自然真实地流露，表现出朴实、纯真的美德。（4）以问题为中心，而不是以自我为中心，视野宽阔，常常关注各种社会问题。（5）具有超然独立的特性和离群独处的需要。（6）意志自由，不受文化和环境的限制、约束。（7）具有清醒不逊的鉴赏力。（8）能够产生某种神圣意义上的神秘体验和高峰经验。（9）更多地具有全人类的共性，爱人类并认同自己是全人类的一员；（10）拥有持久而精粹的人际关系。（11）具有民主的性格结构。（12）具有强烈的伦理道德观念，绝不为达到某种个人目的而不择手段。（13）具有良好的发展性的非敌意的幽默感。（14）具有创造革新的思想和能力。（15）能够抵抗消极的适应现实的社会文化类型，具有处世独立的内在品质。在现实生活中，人们感到痛苦时，常从三个方面获得安慰：大自然、社会和朋友。每个人可根据自己的个性、爱好或习惯形成自己的保健方法。此外，心理学家给出了达到个人最佳健康状态的10个处方：（1）有规律地进行锻炼。（2）保持饮食的营养平衡。（3）保持适当的稳定的体重。（4）确保每天7～8小时的睡眠时间。（5）每天都要适当休息和进行放松。（6）有安全意识，如开车系好安全带。（7）烟不沾，酒适量。（8）性行为正常。（9）定期检查身体和牙齿。（10）保持乐观的情绪，发展友谊。上述方法可根据自己的兴趣特点灵活掌握应用，一个持久的有效健康促进方法，可以使我们受益终身。比如，对音乐和艺术的追求，既可以陶冶我们的情操，又可以使我们从众多的紧张和压力当中解脱出来。欣赏音乐时，我们能够体验到美的享受，带来心理上的快感。常用的情绪心理保健有如下几个方法，根据自身实际情况自我采用。

宣泄。宣泄法不是哭闹打斗，有的人理解为哭闹完了就宣泄完了，宣泄包括外在宣泄和内在宣泄，它主要是对情绪进行疏导，让自己的心理世界逐渐归于平静，内在的宣泄是什么呢？如自我暗示、影响、想象。外在的宣泄就是活动，登山、划船、健身、打球、游泳等，这些宣泄与人的体力活动有关。做任何事情应该是心情愉快地去做，如果心情烦躁地去做这件事情，效果就不一定好了。比如有的人散步登山咬牙切齿、满心怒火，这样登山上去就很难受。再比如喝酒，借酒浇愁愁更愁，有些人以为喝酒以后会得到一种宣泄，其实不然。据有关专家研究，当你生气的时候，喝酒对人的身体系统损害更大，所以一定要心情愉快地做自己喜欢做的事情，这样的宣泄才是有益身心健康的。

投射。把不愉快的事情投到、联想到别的事情上去。当你遇到挫折、遇到打击的时候，应该看看生活中还有比你遭受挫折更多、更重的人，相比之下发现自己遭遇的这些挫折可以忽略不计，那么心理世界就可能得到安慰，这种投射办法比较好。

淡化。不要把任何事情都看得太重，生活中我们该做的事情很多，人生经历的风雨也很多。遇到一些重大的问题、重大的挫折时尽量把它淡化，适当地给自己宽宽心，退一步海阔天空，任何事情都是物极必反，生活中有很多事情没有必要那么苛刻，需要放缓和放宽一下。

转移。对不愉快的事情进行转移，转移后会得到一些缓解。比如愤怒，专家研究，愤怒一般不能超过5分钟，如果超过5分钟可能产生不良的结果。有个实验报告发现如果愤怒超过5分钟，血液里的化学成分会发生改变。用两组小白鼠做实验，在实验室里小白鼠没有受到外界的干扰，它们的心理反应是一样的。这时科学家们就创造了一种情景，一组人放在实验组里边，一组人放在对照组里边，对照组里边的人比较愉快，实验组里提供的是一种生气的环境，然后把两组人领到旷野当中对着雪堆呼气，呼出的气体被采集回实验室制成蒸馏水。把在愉快组采集的蒸馏水注射到小白鼠身上，小白鼠没什么反应；把在愤怒组采集的蒸馏水注射到小白鼠身上，小白鼠受不了了，全体生气，有几只特别容易生气的小白鼠在几分钟之后被气死。人一生气，血液里产生的化学反应确实会对人的身体产生不良影响，所以有关专家建议生气不要超过5分钟，远离生气的环境。实在离不开怎么办？专家给出一个转舌头法，舌头在嘴里转10个圈就可以了，这样也会缓解生气。

升华。做有意义的工作、学会社交、学会创作等其实都有升华的作用。通过劳动，通过创造，忘我地工作，做自己感兴趣的事情，会让自己的情绪情感世界得到力量滋润，增强自己的身心健康水平。有关专家研究，增加幸福的14条基本原则与我们的心理保健也有关系：（1）要活跃起来保持忙碌。（2）扩大社交圈。（3）做有意思的工作。（4）条理化。（5）不要焦虑。（6）降低期望和渴望。（7）积极与乐观。（8）关注当下。（9）培养健康的个性。（10）做一个外向爱交往的人。（11）做回自己。（12）抛弃消极的感情。（13）培养亲密的关系。（14）幸福优先。人生楷模，学界泰斗，曾获中共中央、国务院、中央军委颁发“两弹一星”功勋奖章的钱学森院士，用毕生精力实践着科学报国信念的奋斗历程中，淡泊名利，人品高洁，充分展现出一位科学大师的高尚风范。钱老说道：“我作为一名中国的科技工作者，活着的目的就是要为人民服务。如果人民最后对我一生所做的工作表示满意，那才是对我最高的奖赏。”2009年9月，钱学森被评为“100位新中国成立以来感动中国人物”。

16. 保持宽容豁达心态

豁达是宽容的外在表现和必然结果，能做到宽容的人必然豁达。豁达绝非圆滑世故，不是刻意逃脱，也不是放纵闲适，豁达是人生的高境界、大追求，豁达亦即放达、旷达、通达，豁达贵在有“达”，豁达能成就光辉的人生和事业。自古以来，宽厚的品德、宽容的心态为世人所称颂，心胸狭窄被认为是一种病态。

所谓宽容的心态就是以宽阔的胸怀和包容的心态，去面对身边的人和事。宽容本身包含着谦逊。古人说：“满招损，谦受益。”一个人如果不能虚怀若谷，就不能有效地吸纳有利于自身发展的精神营养。只有具有海纳百川、有容乃大的心态，我们才能学习他人的长处，弥补自己的短处，充实、拓展、成就自我。宽容不仅是一种与人和谐相处的素质，一种时代崇尚的品德，更是吸纳他人长处充实自我价值的良好思维品质。一个人要想成功，只有处处为别人着想、将心比心、设身处地、宽容别人，才会得到更多人的理解和支持，梦想才会更容易实现。试想一下，在现代社会中，在谈判桌上，每一方都互不相让，无法宽容对方，都想赢得更多的利益和实惠，结果往往会造成僵持、不欢而散的局面。针对一个与你观点不一致，或者你认为是与你唱反调、不配合你的人，只要你对他拥有一颗宽容善待的心，并加以正确引导和启发，则往往会使他转向为“始是敌人，终是朋友”的立场，说不定还会成为你成功道路上的知心朋友和伙伴。

唐代狄仁杰非常看不起娄师德，但实际上娄师德并不计较这些，而且推荐狄仁杰当宰相，后来还是武则天捅破了这层窗户纸。有一天，武则天对狄仁杰说：“娄师德贤能吗？”狄仁杰回答说：“作为将领只要能够守住边疆，贤能不贤能我不知道。”武则天又问：“娄师德能够知人善任吗？”狄仁杰回答：“我曾经与他共事，没有听说他能够了解人。”武则天说：“我任用你就是娄师德推荐的。”狄仁杰听了非常惭愧，尽管自己经常对娄师德嗤之以鼻，但他仍然能以宽厚、公平的心对待自己，对此狄仁杰深深地感叹：“娄公德行高尚，我已经享受他德行的好处很久了 。”

世界上的人和事，各有各的妙用，任何事物都可以活用，都可以协调。俗话说，人上一百，形形色色；树林子一大，什么鸟都有。彼此的和谐相处需要彼此都拥有宽容的心态，坚持自己的个性，也承认他人的脾气。面对千差万别的现实世界，宽容是我们现代人适应时代社会的必备素质，是我们的必然选择。对于所谓的“异己”，在不涉及大是大非的前提下，不是打击、贬抑、排斥，就是置之死地而后快，只能徒添烦恼。

“升沉不过一阵风”“宠辱不惊，看庭前花开花落；去留无意，望天上云卷云舒”，展示的是一种豁达精神。“不谦恭、不和睦的人，不但会遭受物质的损失，且将失去生活的情趣。”莫泊桑的名言揭示了一个朴素的道理，凡事看开点，超脱一点，得到的无疑是潇潇洒洒、轻轻松松的生活。欧阳修的“读苏轼书，不觉汗出，快哉快哉！老夫当退路，放他出一头地也”，这是一种长者的豁达；王维的“行至水穷处，坐看云起时”，是一分超然的豁达；“只要人活着，就是美好的”，这是乐观者的豁达。

孤独，是一种常见的心理状态。孤独感在人的思想上、行为上的体现，有两种情况：一种是因为客观条件的限制，长期脱离人群的“有形”的孤独；另一种是身处人群之中，但内心世界却与周边生活格格不入而造成的“无形”的孤独。第二种孤独感是十分有害的。一个长期被孤独感笼罩的人，精神受到长时间的压抑，不仅会导致自己的心理失衡，影响自己的智力和才能的发挥，也会引起人在心理上、思想上的一系列变化，造成思想低沉、精神萎靡，失去事业的进取心和对生活的信心。

大多数有孤独感的人，并不是自己情愿离群索居、孤身独守的。他们有的是在坎坷难行的人生路上遇到了伤人肺腑的痛苦，因而或嗟叹人生艰难、埋怨命运刻薄，或痛恨世态炎凉、咒骂人心虚伪；有的是感到自己怀才不遇，知音难觅，得不到别人的理解，因而也不愿去理解别人，不如独处一隅洁身自好；也有的是自己看不起自己，不相信自己，在人群中见别人风流潇洒、知识渊博，因而自惭形秽，悲观自己才貌平庸、才智低下，不敢也不愿与人交往。要解除孤独感受，首先要做一个达观者。所谓达观，一是对不顺心的事要想得开，拿得起，放得下。二要乐观，尤其在逆境中，在困难多的情况下，要有一点乐观主义精神，一方面眼睛要看得远些，另一方面步子要迈得再扎实一些。生活自有它发展的规律，不会随着人的主观愿望而转移，更不会因为人的消极回避、等待而自然而然地变得好些。倘若每遇到不顺心的事，都想不开，都拿不起、放不下，恐怕什么也干不成。

要有勇气改变自己的不良性格和坏习惯。生活中，“金无足赤，人无完人”，没有人是完美无瑕的，而自己也必须敢于承认并改正自己的弱点。一个人过于清高，往往让人敬而远之；过于高傲，让人望而生畏；小肚鸡肠也往往让人看不起；自私、刻薄、小气，也会招人厌恶。

自己有什么缺点，应乐于接受别人的建议、帮助与忠告。有了改正自己缺点的勇气和行动，就能吸引朋友来帮助你，就能创造好的人际关系。同时，对别人这样那样的毛病，也应该热心帮助，不能因此把人看扁，嫌而弃之，离而远之。

抑郁是一种很复杂的情绪，是痛苦、愤怒、焦虑、悲哀、自责、羞愧、冷漠等情绪复合的结果。它是一种广泛的负情绪，又是一种特殊的正常情绪；抑郁超过了正常界限就变为抑郁症，成了病态心理。由于每个人的心理素质不同，抑郁有时间长短、程度强弱之分。抑郁心态也是可以调整的。从深层看，如果能积极而正确地对待，抑郁会升华出精明又清醒的生存智慧。通过痛苦的心理历程，在承受苦难的漫长过程中，以惊人的韧性和耐力，把自身的能量节省下来、保存下来，把苦难耗掉，使自己存活下来。这无疑带有悲剧色彩，是一种“阴性”的悲剧。它与面对环境的不如意而反抗的“阳刚”的悲剧相比，更有深度和力量。

现实生活中，每个人都与周围环境保持着不同性质的联系，或者是非对抗性的、一致的联系，或者是对抗性的、对立的联系。在后一种情况下，当环境的力量如此巨大，无法抗拒，更无法改变时，个人愿望因环境的限制而无法实现或充其量只能部分或推迟实现时，失败是不可避免的。而为了生存下去，人在任何时候都不能没有理想、信念、希望等精神支柱，也需要与环境之间达成平衡，哪怕只是虚幻的心理平衡。当人们不可能改变环境以调整客体关系时，则不得不抑制改变环境的愿望，也不得不对自己在现实社会的位置、境况重新加以解释与评价，而把理想、信念、希望等精神支柱保存下来。既适应环境、面对困难，又保存自己、节省能量，从而调整主客体关系，达到心理平衡与主客体平衡，即于心造的幻境中虚构出某种“胜利”，以冲淡或掩盖事实上的失败，由此缓解在强大的环境面前的压力，掩饰巨大的痛苦。自欺欺人，自我安慰。另外一种平衡则是清醒的、理智的选择，即面对现实的苦难与环境的重压，经过精心地分析和仔细地比较，不做无谓而徒劳的抗争，而是自我克制、卧薪尝胆、积蓄力量、励精图治，暂时压抑自己的愿望，等待力量对比的变化，以求有朝一日足以战胜环境、改变现实。这反映在心理状态上，便是韬光养晦。它实乃是一种精明的战略选择，体现出阴柔胜阳刚的人生智慧。

17. 挫折失败也是关爱

挫折是一种很普遍的心理现象，是指人的心理需求不能得到满足，或者意外受到伤害打击以及个人期待目标难以实现而产生的痛苦、悲伤、沮丧、郁闷，甚至绝望的一种体验。现实生活中，不可能事事如意，经常伴随着挫折。“人生之难，胜过逆水行舟。”生活经常事与愿违，“不如意的事常有八九”，理想与现实常困惑着每个生命，现实生活中，挫折比比皆是。挫折几乎伴随着人的一生。生老病死、颠沛流离都是挫折。我们只有接受挫折，善待挫折，才能战胜挫折。如何面对挫折，最大限度地减轻挫折带来的负面效应，是人们经常谈论的话题。

● “梅花香自苦寒来”

仔细研读一下四大名著之一的《西游记》，我们会发现通篇只写了两件事：跋涉与挫折。路途顺利时，师徒四人观山景，讲笑话，轻松自得；有妖魔鬼怪出现的时候，大难临头，紧张苦斗，不得安宁。如果光写取经走路，这书写得没趣味，可妖怪出现了，师徒四人怎么对待，书的价值就有了。可以说遭遇到无数意外的挫折打击和师徒四人的内外交困是书的“主旋律”。

唐僧师徒四人，加上白马，原来都是神仙，都有职位。后来，都因犯了错误被贬下凡。唐僧原来是如来佛祖的二徒弟，地位不低，名唤金蝉子。因为不听说法，轻慢了如来佛祖，贬金蝉子之真灵，转生东土，投胎状元陈光蕊夫人腹中，出生之后，父亲被强盗所杀，母亲被强盗所占，经历磨难，后入佛门。孙悟空原来乃是齐天大圣，也被委以弼马温职位，虽是个职高无权的闲职，总是玉皇大帝亲口所封，在天宫任职不论怎么样也算是个官儿。后因大闹天宫，被如来压在五行山下，官职取消。猪八戒原是天河里的天蓬元帅，总督水兵。只因酒醉撞入广寒宫调戏嫦娥，被重责两千锤，放生贬出天庭，投了猪胎。沙僧原是灵霄殿下的卷帘大将。因在蟠桃会上失手打碎了琉璃盏，被打八百，贬下界来，在流沙河当了妖怪。那白马也是大有来头，原是西海龙王敖闰之子，因纵火烧了殿上明珠遭诛。五位失意落魄之人，最后都奋发自强，积极有为，以西天取经为己任，虽饱受磨难而矢志不渝，终于修成正果。

陈毅同志曾在一首诗中写道：“应知天地宽，何处无风云？应知山水远，到处有不平。”诗中阐明了一个简单的道理：挫折本是人生常态，每一个人都会遇到。在挫折面前能做到心态平衡，正确对待挫折不平，是一个人心理成熟的主要标志之一。

● 莫以成败论英雄

事之成败，决定于多方面的因素，胜负不足为怪。成败并非一世注定，今日成败，并非明日成败。事之失败，不意味着人格、人品失败，也不意味着精神之败。在挫折和困难面前，成功者并非都是英雄好汉，失败者并非才智低下。从挫折的起因上来讲，引发挫折的原因多种多样，概括起来无非两类，即外因和内因。由于人的基本生活主要是社会生活，因此相对于自然原因而言，社会原因所造成的挫折不仅更多，而且更重。它不仅阻碍人的行为，使其心理需要得不到满足，而且还会使人因失败而内疚直至损伤自尊。

挫折固然是消极不利的一面，它使人沮丧、痛苦、焦虑，易引起粗暴的消极对抗行为，导致矛盾激化，还可能使某些意志薄弱者自暴自弃。但是，挫折又有积极有利的一面：一是能够使人警惕。挫折实际上是对人的认知偏差和行为偏差亮出的一面红牌，往往能促使其清醒过来，重新认识环境和困难，放弃不切实际的想法。二是能增强情绪反应的力量。挫折是一种强烈的心理体验，它的反弹往往能产生巨大的克服困难的勇气和爆发力，出现“置之死地而后生”和反败为胜的奇迹。三是能增强对挫折的耐受力。一个人在生活中如果经常身处逆境，遭受的挫折多，一般而言对挫折的耐受力就会增强。相反，生活一帆风顺，就容易产生消极情绪。四是能提高认识水平。人们面对挫折，往往会总结经验，吸取教训，从而改变策略，最终实现目标。许多成功人士认为，正是挫折的这些积极作用，最终造就了未来的成功。

● 知足加不知足等于常乐

一味强调知足，就会迟滞人类进步发展的动力。所谓知足加不知足等于常乐，是告诉人们，在物欲上知足，而在精神上、知识上、人生境界上要不知足。有了这种不知足，则会使人积极努力，为丰富人生而拼搏进取。《道德经》里就说过：“祸莫大于不知足；咎莫大于欲得。故知足之足，常足矣。”当面对难以满足的挫折时，何不试着用“甜柠檬”的自我安慰法？甜柠檬心理是指个人知道自己眼下的境况很不理想，却强迫自己说：“这不是挺好的吗？”也就是经常说的知足常乐。这个比较法很简单，即和自己过去比、和自己比、和收获不如自己的人比，而不要和高于自己、强于自己的他人比。比方你总觉得你的收获不如付出的多，那你就应该和付出比你更多、获得比你更少的人比，这样你就知足了。看来，知足与否无非涉及物质与精神两方面。倘能在物欲上知足常乐，又能在精神上不知足以常自更新，到了这种知足与不知足的境界，想有一次心理失衡都很不容易。由此便得出一种人生感悟：知足加不知足等于常乐。

● 战胜困难走向成功

挫折能够左右人的情绪，挫折也能使人的心理承受能力得到锻炼，还能激发人的潜力。所以，挫折不是魔鬼，挫折也具有价值。人的一生若无一些大大小小的挫折交错在厚厚的几十本日历中，就不免多了几分平淡，少了一些壮烈。许多人都有这样的体验，一个频道的电视节目不精彩，我们懂得换另一个，今天的节目不好，我们就等明天。太阳每天都是新的，面对生活中的挫折，我们又何尝不该如此呢？

有位颇有成就的人已拥有亿万资产，事业已达辉煌。当有人问他成功的秘诀时，他沉思了片刻说：“那就是要忍受挫折。”大凡成功者，都会受到比常人更多的磨难、更多的挫折。邓小平在漫长而又充满传奇色彩的革命生涯中，困难与挫折对于他早已是寻常之事。“三落三起”“三下三上”便是其个人坎坷经历的集中概括。在一次又一次的挫折与打击中，他竟能多次东山再起，究其根本原因就在于邓小平具有科学的挫折观：坚定的信念是其战胜挫折的根本原因；顽强的意志是其战胜挫折走向成功的关键；敢于斗争、善于斗争是其战胜挫折的主要策略；在挫折中反思，在挫折中创新，是其战胜困难、走向成功的智慧源泉。

有人厌烦挫折，喜欢顺利。希望一生不绊一块石头，不流一滴眼泪，不出一点病痛，没有一点危险，这可能吗？倘若可能，这一世有味吗？挫折不是魔鬼，顺利也不是天使，它们都是我们的人生旅伴，伴随我们走完一生，就像伴随《西游记》中的唐僧师徒走完取经路一样。在人生道路上，挫折与困难总是难免的。有的人在挫折面前屈服了，有的人在困难面前却步了。领导者与一般人相比，具有承担更大风险、遭遇更大挫折的可能性。有些领导者缺乏失败的心理准备，一旦挫折降临，往往束手无策，惶惶不安，甚而一蹶不振。为此，如何应对失败，及时化解对自己不利的因素，在挫折中锤炼自己，这对一个领导者走出逆境，进而获得成功，至关重要。要想成为一位成功的领导者，在挫折面前一定要做到以下几点。

敢于面对。领导者必须强化对抗挫折的心理承受能力。承受力又称耐受力或容忍力，主要是指在遭受挫折时免于行为失常的能力，即对挫折的适应能力。心理学的研究表明，人们对挫折的感受程度和战胜挫折的能力是存在明显差异的。有的人能忍受严重挫折，在挫折面前不仅毫不灰心丧气，还能勇敢地向挫折挑战，百折不挠，迎难而上；有的人则知难而退，在轻微的挫折面前也会意志消沉，甚至一蹶不振等。这充分表明了个体对挫折承受力的不同。

许多年轻干部大都上进心强，渴望实现自己的人生价值，成功的欲望比较强烈。但由于对可能出现的挫折缺乏足够的心理准备，一旦愿望不能实现，他们就容易陷入自责、愤懑、埋怨、急躁的泥潭，看什么都不顺眼，甚至把自己的失败归咎于他人与自己过不去，因而对周围的人冷言相加、恶语相伤。这种失去理智的行为，无疑会使自己的成长环境更加恶化。发泄、抱怨、悲观只会使事情变得更糟，正确的选择是理智。主要是面对挫折不气馁，能够接受“已经失去的不再回头”的事实，从心理、意志、精神上体现出自信、冷静和惊人的抵抗力。要沉住气，不论遭受多大的打击，都要处变不惊。要相信自己能够克服暂时的困难或承受暂时的失败，相信自己能够超越环境和自我，相信失败或挫折的后面就是成功。在挫折中的表现通常是组织考验一个干部的关键点。有些干部畏惧挫折，忍受不了一点委屈，这实际上是心理素质脆弱的表现。试想，如果连小小的挫折都受不了，又怎能经风雨、见世面、担重任呢?

善于反思。挫折最能考验人，检验一个人的思想境界。俗话说“金无足赤，人无完人。”每个人都会有缺点，当人处在顺境时，对自身的问题不能引起警觉，对来自别人的批评往往当成耳旁风。但在遭遇挫折时，却容易因受到强烈刺激而清醒和进行反思。能不能做到严于解剖自己、善于自我批评，也是领导者自身素质的重要体现。在遇到挫折时，应少找客观原因，多从主观上找原因；少指责抱怨别人，多进行自我反省，这有利于改变自己的处境和形象。只有敢于面对、善于反思，才能避免同类挫折再次发生。正是从这个意义上讲，挫折犹如一面镜子，透过它可以发现自己身上的“污点”。领导者要善于利用挫折给自己带来的刺激，认真反思，清扫灵魂深处的“灰尘”，不断提升自己的能力、激发自己的潜能、完善自己的人品。尤其是在遭受挫折后，要主动承担责任，为组织成员解除后顾之忧；同时，也不要对自己过于苛刻，更不必跟自己怄气，而是要想开些，向前看。为此，不妨参加一些娱乐活动转移或放松一下，等情绪高峰期过去，心情平静下来以后，再从长计议。

走出阴影。人生的道路坎坷不平，困难与挫折在所难免，对挫折怎样进行调节，对人的一生影响极大，甚至会决定一个人的前途命运。为了强化对挫折的承受力，必须在生理、心理、思想观念和社会环境等方面，提高自己、理顺关系，以健康的身体、良好的心境、开朗的性格、广泛的兴趣、豁达的气度、稳定的情绪、坚强的意志去面对挫折，并善于从中汲取经验和教训。这样，即使挫折突然发生，也不会惊慌失色、手足无措，从而为及时有效地采取措施奠定良好的基础。

善待成功。“非淡泊无以明志，非宁静无以致远。”善待挫折，更要善待成功，珍惜来之不易的成就和荣誉，关键要拥有一颗宁静的平常心。古人谓之平常心，现代人则称之为良好的心理素质。古人讲修炼，讲君子要得道，而何谓道，最通俗的解释是平常心。亦即得意时不张狂盲目、忘其形，不肆意妄为；失意时不自暴自弃、落其魄，不怨天尤人。在成功面前容易得意忘形。在成绩面前要正确看待已有的成就，做到不骄不躁，喜中思忧，始终保持清醒的头脑，并勉励自己探索不息。重点要解决好“虚”“轻”“傲”。虚，即虚荣心，虚荣心导致的结果是私欲膨胀、追求浮华。一旦产生虚荣心，就离挫折与失败不远了。轻，即掉以轻心，其实也代表过分的自信。在成功的光环下，人往往容易放松对自己缺点的警觉，过分地相信自己的能力，如果这样，那么就已经进入了挫折的“埋伏圈”。傲，即骄傲自满。盛气凌人，目中无人，把自己孤立于下属、群众之外。“虚”“轻”“傲”必然会导致挫折，只有常想、常思、常省、常警，才能解决好这个问题。既要赢得起，也要输得起，能上能下，来去自如，这才是为人和从政之道。

18. 坚持忍耐

现代领导科学研究表明，在一些优秀的取得卓越成就的领导者身上，都有常人所不具备的一些重要品质特征。有的为人谦和，待人真诚；有的自律严谨，艰苦奋斗；有的勤奋好学，追求进步；有的不畏艰难，刚强坚韧。正是这些宝贵的品质特征，才使得他们在平凡中不平凡，在普通者中卓尔不凡。领导科学研究认为，领导者取得成功需要具备的因素固然很多，但关键的是以下要素：一是目标坚定。要拥有远大志向和奋斗目标，并能够为之长期坚守。二是拥有激情。要热爱生活，热爱所从事的事业，具有良好的精神状态。三是要坚持不懈。要矢志不渝，坚持努力，不畏艰难，勇于攀登。

意志品质是影响领导者心理健康的重要因素。优秀的意志品质具有自觉性、坚韧性、果断性、自制性等特点，而盲从性、动摇性、寡断性、冲动性则是不良意志品质的基本特性。盲目冲动、优柔寡断以及缺乏自制力等都会影响心理健康水平，成为失败挫折的心理诱因。为此，要想做一个优秀领导者，就要不断锤炼优秀品质，成为一个拥有自制力的人。

● 顽强坚忍，避免动摇

意志的坚忍性是指一个人能持之以恒地把做出的决定进行到底，不达目的誓不罢休的意志品质。古人说，天行健，君子以自强不息。锲而不舍，金石可镂。只有意志坚定的人，才能做出超凡的贡献。明末史学家谈迁经过20多年呕心沥血写作的明朝编年史《国榷》，不幸被小偷偷走。但年过六十，两鬓花白的他很快从痛苦中崛起，再用10年新写了一部一百零四卷、五百万字的《国榷》。清代蒲松龄屡试不第，便书联自勉：有志者，事竟成，破釜沉舟，百二秦关终属楚；苦心人，天不负，卧薪尝胆，三千越甲可吞吴。他终于成书传世，《聊斋志异》在世界上被誉为“汉学精品”。陶行知也讲过类似事例，鼓励人们创新作为。他说：“遭遇八十一难之玄奘，毕竟取得佛经；粮水断绝，众叛亲离之哥伦布，毕竟发现了美洲；冻饿病三重压迫下之莫扎特，毕竟写出了《安魂曲》。绝望是懦夫的幻想。歌德说：没有勇气一切都完。”

坚韧性对领导者十分重要。周恩来在《怎样做一个好的领导者》一文中，提出了领导者的六条标准，其中有一条就是“要有坚韧的奋斗精神”。前途是光明的，道路是曲折的。作为领导者，身上的担子和压力比普通人要重，身处逆境时，更当自强不息、坚韧不拔，经历“山重水复”，才能换来“柳暗花明”，正所谓风雨之后见彩虹。当然身处顺境时，也不能得意忘形，“大意失荆州”。著名作家王蒙在《我的人生哲学》中记述了这样一个故事：解放初期，一次毛泽东和周谷城谈起了革命的曲折性过程。毛泽东深刻体会到“失败是成功之母”。周谷城便说：“但是‘成功也是失败之母’。”毛泽东问什么意思，周谷城便说：“成功者易于骄傲、腐败、争权夺利呀。”毛泽东沉吟片刻，连说“你讲得对”。半个多世纪过去了，这些话语仍然发人深省。

● 积极自觉，避免盲目

自觉性是一个人清楚地意识到自己行动的目的和意义，并依此主动调节、支配自己行动的意志品质。那么，这种自觉的意志品质来自何处呢？它来自人们坚定的理想和信念，具有坚定信念的人的精神状态和行为状态具有稳定性和执着性。确实，当一个人抱有坚定的信念时，他就会在态度上对自己的事业充满高度的热情，在行为上坚定不移、矢志不渝。具有自觉性的人在意志行动中，能够独立地发现问题，不用别人太多暗示，就能主动提出目的，找到实现目的的手段，并积极采取他所需要和能采取的正确行动。

日本著名管理大师畠山芳雄在《这样的干部辞职吧》一书中谈到干部具

备的目标指向力问题时，认为从干部所处的状态来看，将干部分为三种。

第一种干部，为每天工作所迫，对工作感到力不从心。在自己负责的部门，完全不能按照自己的方式工作。或者由于自己总是糊里糊涂的，上司要求解决的问题层出不穷，为了解决这些问题他就忙得不可开交。

第二种干部，虽能胜任工作，但没有一个要尽自己全力达成的主动目标。从某种角度来看，这一类人看起来非常安稳。他本人也想通了，认为“这就是工薪阶层的生活”，既不紧张也不激动地打发着每天的日子。

第三种干部，自己能够抓住所在部门的实质性问题，决心“到什么时候”要达到“什么样的状态”，并为达到目标而不懈地追求。这种人不是被动地工作，而是积极地驾驭工作。

从干部意志品质的角度看，第一种干部的意志品质具有盲从性的特点，他对所有事情都持一种防御态度，工作总是要上级牵着鼻子走。而第三种干部明确目标，知道自己该做的事情，意志品质具有自觉性，所以他工作并快乐着。

果敢果断，防止寡断

果断性是指一个人能够及时做出有根据的决定并决然实施的意志品质。在实际生活中，常常会出现一些始料不及的紧急或危急情况，要求人们迅速做出决断并立即予以实施。在这种情况下，具有果断性的人能够沉着冷静、临危不惧、审时度势、当机立断，不失时机地迅速采取行动，即使需要冒一定风险也绝不迟疑。与果断性相反的意志品质是寡断性。优柔寡断是指在做决定时顾虑重重，犹豫不决，一直处于矛盾状态而迟迟做不出决定。就心理动机斗争的形式来说，会出现四种冲突。

第一种是“双趋冲突”。也就是说，一个人同时面对“鱼和熊掌”，“鱼，吾所欲也；熊掌，亦吾所欲也”，在二者不可兼得的情况下如何取舍？马克思青年时代就显示出他在数学方面的特质。有人曾假设：假如马克思不选择社会科学的研究而专攻数学，那么，他一定会成为伟大的数学家。然而，在马克思看来，虽然专攻数学可能会取得一定成就，但在当时的社会环境中，它不如从事社会科学研究更能拯救全人类。所以，马克思毅然决然放弃了专攻数学的尝试，走上了专心研究社会科学的清苦艰巨的人生道路。

第二种是“双避冲突”。指一个人同时遇到两个威胁性的事件，但又必须接受其一才能避免其二时的内心冲突。遇到这种情况，在选择时往往左右为难。对此，我国古代思想家墨子早有过精辟的论述，他在《大取》中说：“害之中取小也，非取害也，取利也。”“其所取者，人之所执也。遇盗人，而断指以免身，利也；其遇盗人，害也。”“利之中取大，非不得已也。害之中取小，不得已也。所未有而取焉，是利之中取大也。于所既有而弃焉，是害之中取小也。”墨子阐述了人们在现实中面临的两“害”之中进行权衡选择的一般标准、方法：如果两“害”必取其一，则行为人将被迫选取小“害”，避免大“害”。他还列举了一例说明，如果一人在深山老林遇到一群劫路的强盗，这本身是一种“害”，但这时若能在“断指”与“亡身”之间选择，人们都会选择“断指”这一小“害”，而避免“亡身”的大“害”。从一定意义上讲，就应该不是取害，而是取利了，是趋利避害的结果。

第三种是“趋避冲突”。指一个人面对同一目的同时产生两种对立的动机，一方面好而趋之，另一方面恶而避之的矛盾内心冲突。东汉杨震，为官清廉。有一次，他途经昌邑县，县官王密深夜给他送来黄金十斤。杨震说：“作为老朋友，您怎么这样不了解我呢？”王密神秘地说：“夜深了，没人知道这事的。”杨震哈哈大笑说：“天知、神知、我知、子知，怎么能说没人知道呢？”王密只好拿着黄金走了。这“四知”的故事生动地刻画了杨震在名誉和利诱的趋避冲突中的正确抉择，显示了杨震廉洁奉公的品德。

第四种是“多重趋避冲突。”指一个人面对两个以上的目的，每种目的都具有吸引和排斥作用，而不能简单地选择一种目标，回避另一种目标，必须进行多重的选择而引起的内心冲突。

优柔寡断的人在面临上述不同动机冲突时，往往思想分散、情感矛盾，在各种动机、目的、方法之间摇摆不定，时常对自己已做决定的正确性抱有怀疑。在紧急或危急情势下，患得患失、犹豫不决、反复再三，以致常贻误时机，与机遇失之交臂。

自制自律，避免冲动

自制性意志品质是指一个人善于根据预期目的或既定要求，控制自己的心理活动和行为的意志品质。在意志行动过程中，碰到的困难、受到的阻挠及遇到的诱惑，常常会使人产生各种不利于实现预期目的的心理起伏和行为冲动。具有自制性的人，能够克服自己的一切有碍实现预期目的的欲望、情绪、言语和行为，能够忍耐外界不利因素的侵扰及其给自己身心造成的痛苦，尽力不使自己做出失当或鲁莽的举动。

与自制性相反的意志品质是冲动性。具有冲动性的人，缺乏自控能力，心理活动和行为凭一时的痛快，往往不顾后果地草率行事，要么急躁莽撞，要么轻率任性，以致成事不足，败事有余。仔细分析近年来的腐败案件，一些领导者自制性差，不能忍受持久的、艰苦的工作，对行为缺乏控制是重要的原因之一。正如一身正气的好干部范匡夫所言："人生中，没有比拥有自己的精神家园更重要的了，环境再变，心灵不能浮躁；诱惑再多，步子不能乱套，任何时候、任何情况下，都要保持坚定的理想信念、非凡的道德勇气和经得起考验的人格力量，始终坚守共产党人的精神家园。"对每个领导干部而言，唯有自觉接受组织和人民群众的监督，自觉修炼自身、提高自我，才能挺起自己的脊梁，也才能铸就抵御腐败的铜墙铁壁。

中国自古以来就有重视个人修养的优良传统。在自制性方面主要强调克己、自省、慎独。孔子有一句名言："克己复礼为仁。"意思是说，每个人都应克制自己不正当的欲望、冲动情绪和不正确的言行，自觉遵守社会道德规范，即"礼"的规定，做到"非礼勿视，非礼勿听，非礼勿言，非礼勿动"，使自己的视、听、言、行，一举一动都符合社会道德规范的要求。孔子还教导弟子要自省，他还把是否做到自省看作是区别君子小人的主要标志之一，"君子求诸己，小人求诸人"（《论语·卫灵公》）。孔门弟子曾参还有一段关于自省的著名论述："吾日三省吾身，为人谋，而不忠乎？与朋友交，而不信乎？传不习乎？"（《论语·学而》）慎独是古代儒家学者提出的另一种道德修养标准。《礼记·中庸》中说："莫见于隐，莫显于隐。故君子慎其独也。"

中国共产党非常注重对古代传统修养理论的继承和发展。在思想道德修养的目标实现方法问题上，我们沿用了儒家的“慎独”“自省”等概念。刘少奇在《论共产党员的修养》中指出，作为一个党员“即使在他个人独立工作，无人监督，有做各种坏事的可能的时候，他能够慎独，不做任何坏事”。“三严三实”专题教育的重要性，就是希望我们每一个党员领导干部不断提升自制力，加强个人身心修养，培育塑造顽强坚忍的意志品质，才能做到忠诚、廉洁、担当。

19. 如何赢得下属的理解和尊重

领导者的欢乐在于集体的欢乐。拥有下属及追随者是领导者情感愉悦的迫切需要。领导者最担心的不是能力恐慌，而是下属的众叛亲离。领导力不是领导者的个人能力，是上下呼应的团队情感世界，拥有下属的鼎力支持是领导力的必然要求。赢得下属支持的方式很多，但核心问题是赢得智慧和感情方面的支持。这不仅可以使其为领导工作提供智力支持，还可以使下属对组织产生归属感。这两个方面是相辅相成的，归根结底表现为下属心甘情愿地工作。因此，领导者必须着眼于工作目标的实现，通过各种方式，在下属智慧得以充分释放的同时，不断增强组织凝聚力。

● 了解下属

人的行为是受动机支配的，而动机则是由需要决定的。从这个意义上说，人的需要就是人的行为的动力，而需要的满足则成为其工作的重要目的。因此，领导者必须对追随者的需要有个准确的了解和把握，并努力满足其合理需要。

在如何满足追随者合理需要的问题上，领导者应注意以下问题：一是把对下属需要的满足和对下属的激励有机地结合起来。人的需要具有多样性和层次性的特点，并不是所有需要的满足都对人有激励作用。在有些情况下，对下属某些需要的满足并不能调动其工作的积极性。因此，领导者在充分考虑下属需要的同时，更应该考虑哪种需要的满足能最大限度地对下属起到激励作用。只有做出正确的判断和选择，才能达到激励的目的。二是领导者不要轻易对下属许诺。许诺的一个重要特点，就是必须兑现，只有这样才能对下属产生激励作用。因此，领导者的许诺必须适度，即在现在或将来的条件下能够兑现。如果超过一定的限度，一旦兑现不了，就会挫伤下属的积极性。三是要善于在沟通的过程中取得下属的理解。在任何条件下，下属的需要不可能都得到完全满足，虽然这其中有些需要带有合理的成分，但现实不具备满足的条件。这就需要领导者给予解释和说明，使下属理解领导者的难处，并放弃某些需要。

● 关爱下属

作为领导者，只有尊重和理解下属，才能最终赢得下属的理解和尊重。唐朝的任迪简，在军中做官。一天，他参加了大将李景略的宴会。因为迟到，他被罚酒三杯，军吏错把白醋当酒，给他满满斟上。任迪简深知李景略为人严酷残忍，如果知道有人以醋当酒，肯定会处死斟酒的和管酒的人。于是，他一声不吭，把三大碗白醋全都灌下，不一会儿，任迪简翻肠搅肚，大口吐血，差点儿要命。李景略知道他把醋当酒喝的原因之后，有所感悟，也就对斟酒和管酒的人手下留情了。将士们得知此事后，都感动得流下了泪水。李景略死后，将士们便拥戴任迪简为主帅。事实表明，人们喜欢和拥护的是那些爱护下属、情感丰富、严于律己、宽以待人、富有人情味的领导者。

关爱下属就应广纳谏言。领导者善于听取各种意见，特别是那些与自己的想法有出入的意见，这不仅是为政之道，也是为人之道。如果领导者能经常深入实际，接近下属和群众，乐于听取不同意见，并能对正确的意见予以考虑和采纳，下属就会对其产生好感与信任，就会坦率地提出更多好的意见和建议。

关爱下属就应慎用批评。领导者爱护下属还表现在慎用批评上。工作中，下属总有出岔子、犯错误的时候。此时，领导者就应对其进行批评指正。但批评毕竟是一种负面、消极的行为，因此，运用批评应讲究方式、方法，不能伤害下属的人格和尊严。不讲方式的批评是人际关系的大敌，它会使人怒发冲冠、反目成仇，严重损害上下级关系。具体说，批评应注意时间、场合和方式。当然，对于犯了较大错误并造成不良影响的，为了警示有必要提出公开批评。但一般情况下，对于一般性的缺点错误，宜私下指正，不宜公开渲染。另外，批评的语言表达要委婉含蓄。虽然古人曾说忠言逆耳利于行，然而，作为一种领导艺术，为了收到良好的批评效果，难道就不能做到忠言不再逆耳？批评之前，如果先肯定下属的长处和优点，给其以人格尊严，再指出其不足和缺陷，那么效果会更好。总之，要成为具有人格魅力的好领导，需先学会做人，学会对下属的尊重、理解和爱护。只有那些知人善任、明辨是非，尊重下级、平易近人，爱护下属、宽严相济，既有能力又有品行的领导者，才能赢得下属真正的拥护和爱戴。

关爱下属就应给下属表现自我的机会。每个人都有表现自我的欲望。究其原因，就是下属试图通过施展才能，在证明自己价值的同时，得到社会和领导者的认可。同时，下属也只有在表现自我的过程中才能使自己的智慧转化为推动工作的力量。但是，下属表现自我既需要自身的主观努力，更需要领导者为其提供施展才能的舞台和机会。领导者为下属提供自我表现的条件，主要包括三个方面：一是建立合理的用人机制，二是努力挖掘下属的潜力，三是给予下属适度的责任和权力。

● 公平对待下属

公平是人际关系的黏合剂。特别是领导者对下属公平与否，直接关系到下属的情感因素能否转化为积极的工作动力。从下属比较普遍的心理来看，既希望领导者坚持公平原则，同时又能偏爱自己。这就给领导者提出了要不要坚持公平和如何坚持公平的问题。作为领导者，固然知道坚持公平的重要性，但是，在现实的领导活动中，有些领导者受下属这种心理的影响，往往会将感情因素带进工作关系中，自觉不自觉地偏爱部分下属，结果就会使另一部分下属感到不公平，由此导致他们对待工作的态度不积极，甚至逃避工作。特别是在下属之间发生矛盾的时候，领导者如果不能坚持公平，不仅会加剧下属之间的矛盾，而且领导者和下属之间也会产生矛盾。在复杂的矛盾关系中，人际关系紧张，组织的凝聚力和向心力就会大打折扣。因此，领导者要使下属心甘情愿地工作，就必须公平地对待所有的下属。只有这样，下属才会形成合力，组织目标才能顺利实现。

从领导者对待下属的态度来说，公平主要是指领导者在客观评价下属的基础上，对工作的安排和利益的分配都能依据下属的能力和贡献的大小，做到一视同仁。具体说，一是对下属工作岗位的安排有利于其能力的充分发挥，即因岗设人，而不是因人设岗。二是为所有的下属提供平等的工作条件，使他们能够在同一起跑线上进行竞争。三是利益的分配要依据下属对组织的贡献，体现出应有的差别。

领导者坚持公平应注意以下问题：一是把下属作为相互联系的群体来对待。二是让下属在承认差别的前提下感受公平。公平是相对的，不公平才是绝对的。因此，领导者坚持公平，不是要否认下属之间的差别，如能力、贡献等，而是要使他们看到和承认差别。只有这样，下属才会通过主观努力缩小差别，实现公平。三是领导者要特别严格对自己身边人（在感情上或工作上关系较近的人）的要求。客观地说，领导者和下属之间的感情并不是毫无差别的。但为了实现公平，领导者绝不能以感情作为评价和激励下属的依据，尤其是对自己身边的人，更要严格要求，否则，一旦陷入感情的误区，就会加剧不公平，导致一部分下属产生消极行为，贻误工作。

● 让下属获得信赖感

赢得下属的信赖与支持，是关乎领导者形象的重要因素。对于下属来说，领导者形象就是组织的一面旗帜，它代表着组织的未来和希望。从这个意义上说，下属对自己工作的选择，就是对领导者形象的选择；下属对待工作的态度，取决于其对领导者形象的认可程度。这是因为，值得信赖的领导者形象，由于其接近下属的期望，对下属也就拥有凝聚力和吸引力，下属也就会心甘情愿地工作。如果下属不认可领导者的形象，工作热情就会大打折扣，甚至还会寻找其他的发展空间。那么领导者如何塑造自己的形象呢？一是表里如一。领导者要塑造下属喜欢和信赖的形象，就应该做到襟怀坦荡、表里如一。如果领导者当面一套，背后一套，就会使下属产生被欺骗的感觉，其结果是不言而喻的。二是真实可靠。塑造领导者形象，是领导活动主体（领导者）和客体（被领导者和领导环境）相互作用的过程。领导者固然要考虑下属的要求，但领导者如果完全放弃自己的个性特征，其形象同样不会为下属所喜欢。没有个性的领导者肯定缺乏应有的魅力。三是学习提高。素质是领导者树立良好形象的基础。特别是随着下属素质的不断提高，对领导形象的要求也越来越高。领导者只有不断提高自身素质，才能够使自己的形象日趋接近下属的期望。

20. 扮演好自己的角色（上）

莎士比亚在《皆大欢喜》中写下了这样一句著名的台词：“全世界是一个舞台，所有的男男女女不过是一些演员；他们都有下场的时候，也都有上场的时候，一个人一生中扮演好几个角色。”中国人早就有“人生如戏”的说法，并且进行了深刻的描述：“尧舜生，汤武净，桓文丑末，古今来几辈角色；云霞彩，日月灯，风雷鼓板，天地间一大戏台。”人们习惯于形象地把社会比作大舞台，将社会中的人比喻为舞台上的演员。人在生活中像演员演戏一样扮演着许多不同的角色。如一位领导干部，在家中为人夫或为人妻，为人父或为人母，在单位是领导者，面对上级领导者，又是被领导者。由于处于复杂的纵横交错的社会关系中，人被赋予了各种角色。不同角色对人有不同的要求和期待，这些不同的要求和期待往往会产生很大的矛盾和冲突，也就是角色冲突。有时处理不好就会引起心理紧张，产生很大的心理压力，损害人的心理健康。伍子胥当年曾面临着为臣和为子之间的巨大矛盾，前者是尽忠，后者是尽孝，两种角色的矛盾冲突难以调和，使其身心受累，一夜白头。

● 治国勿忘齐家

有这样一个故事：一位领导干部整天忙于工作，几乎没有双休日。偶尔一次空闲待在家，妻子发现他沉默不语、坐立不安、踱来踱去、若有所思。只见他抓起电话打给办公室，问道：“今天有什么会议？”从这个故事我们可以看出，这位领导干部在工作上非常敬业，但在家庭中的表现就不是那么令人满意了。他能够很好地扮演领导角色，却算不上一个好丈夫、好父亲和好儿子。也许家人都理解他：毕竟他太忙了，顾不过来。但这理解里总有一丝无奈和期待，他们期待他在干好工作的同时，能够抽出时间和家人一起分享天伦之乐。的确，作为领导干部这样重要的角色，工作任务重、责任大，经常事务缠身，时间非常紧张。但还是应该在百忙之中抽出一点时间给自己的家人，因为只有同时演好几个角色，人生才是丰满、完整和多彩的。

有位县委组织部部长在这方面做得很好，值得借鉴。他平时工作很忙，但再忙，只要晚上9点前回来，总要去看望年事已高的父母，风雨无阻，雷打不动。有时出差在外确实不能赶回来，他也要打电话问候一下父母。晚上只要在家他都和妻子一起去散步，对孩子的学业他也一贯全力支持。对父母来说他是一个好儿子，在妻子眼里他是个好丈夫，在孩子心目中他是位好父亲。

事业和家庭是可以兼顾的，成功的领导干部应该在家庭中扮演成功的角色。正如诸葛亮所说的“外则事君主，内则事父母”，亦即所谓尽忠尽孝。在家庭里除了要孝敬父母，也要爱护自己的妻儿。领导干部同时兼任几种社会角色，不同的角色往往赋予不同的义务，从而形成义务间的冲突。问题的难度不在于一人同时兼任几个角色，而是这些角色义务之间发生冲突，无法统一，自古就是忠孝难两全。这种义务之间的冲突实质上是利益冲突，并且是属于同一价值体系内部的冲突，是善善冲突。忠和孝都是善价值，但有时为了忠于党和人民的利益，就尽不了孝，只能舍小家为大家。

但一部分领导干部既不是为孝也不是为忠，而只是为了家人的私利而绞尽脑汁处以难以决策的境地。当“为公”与“为私”两者产生冲突时，孰轻孰重，一定要拈准。不少正值人生大好时光的领导干部，因为两者的位置没有摆正确，断送了自己的前程。国家能源局原局长刘铁男“一切都是为了儿子”。刘铁男的堕落，起因是儿子，帮助儿子成就事业，利用权力为家人大敛不义之财，但却忘了作为领导干部的责任与义务。领导的角色不仅包含着权力，更意味着责任和义务。领导干部在家庭和事业中的多个角色，如果处理好了并不矛盾，而是统一的，相互促进的。中国古代就有“齐家、治国、平天下”的说法，说明家庭是事业的基础。领导干部不能因工作忙而顾不上家，即使再忙也应抽出时间陪陪家人。在单位工作兢兢业业，做个好领导。

在家里对父母嘘寒问暖，细心侍奉，尽到儿女的一片孝心；对配偶要关心体贴，分担家务；对子女要严慈有加，多沟通，多指导。现代领导要把和睦的家庭和成功的事业作为自己的目标，要统筹兼顾，扮演好家庭和事业中的多个角色。

● 当好兵头，做好将尾

一般情况下，领导干部都担当着既领导他人又受别人所领导的双重角色，具有领导者和被领导者的两重性。领导者，指一个群体内负责决策、指挥、协调和引导的人；被领导者，是一个群体内接受指挥、协调和引导的人。二者是互相对应的两个基本概念和范畴，是对立统一的关系。两种不同的角色要求不同的角色行为，如果对上、对下采用同样的交际行为模式，就会闹出大笑话。试想，一个领导者如果将对上级的服从改为对下级服从，对下级发号施令改为对上级发号施令，其领导角色究竟能扮演多长时间，不言自明。

成功扮演好两种角色是一种艺术，是所谓“运用之妙，存乎一心”的东西。为批评人们的缺点错误，作为领导者时，对下级可以直言不讳，有时甚至还能严厉一些；而对上级，为了不伤害相互间的感情和取得批评的积极效果，下级则往往要在如何“进谏”上讲究一番技巧了。

古时冒死进谏者无数，成功失败者皆有。这除了因君王的性情不一，可能还有进谏策略的高低。春秋时楚国的一个令尹孙叔敖用寓言、典故劝楚庄王纳谏，以至后人评为“楚国不殆，而晋以宁，孙叔敖之力也”。晋时的桓伊用音乐进谏，让孝武帝因自己轻信谗言而惭愧。邹忌讽齐王纳谏，也是耳熟能详的。而魏徵对唐太宗的进谏艺术，更是家喻户晓。

当今的领导者在与上级交往中，也应熟悉上级的心理特征，进行正常心理交流，但不应当怀有个人动机，投其所好，以达到取悦上级的目的。面对下级时当然无须像进谏一样，熟虑各种策略，但也不能趾高气扬，不可一世。谦虚是成功扮演领导角色的一个重要策略。对待出类拔萃的下属切不可如古语中所说“勇略震主者身危，功劳盖世者不赏”。日本有的企业规定，提拔、重用、考核人的标准，其中一条就是看他能否培养出跟他一样或比他更强的人。如果有人培养的人比自己高明得多，他将得到公司的最高奖赏，受到全体职工的尊重。正如清代郑板桥的一句名言："君有奇才我不贪。"

如何同时演好领导者和被领导者两种角色，是领导干部历来所关心的。在此提出两点：第一，以变应变原则。领导者与被领导者这两个角色，在领导活动中，活动的范围、内容、方式、方法是不尽相同的，它们各自有其内在的、必然的和本质的联系。也就是说，角色变了，领导干部的职责任务、领导方法、领导艺术，思维方式等也得随着角色的改变而改变。一旦缺乏这样的适应性，以一个模式去从事两种不同的活动，就难免发生工作的错位现象。第二，以不变应变原则。既然领导者和被领导者两个角色之间存在某些共性的东西，那么也就存在领导干部在充当任何一个角色时都应遵循的共性活动规律。这些规律在任何情境中都得认真遵从，如果随心所欲地加以改变，领导活动也会陷入误区。主要有：一是人格上的误区。有的领导干部，作为领导者时，视自己在政治上和人格上高人一等，对下级和群众趾高气扬、不屑一顾甚至专横跋扈；但是，当他作为被领导者时，转过脸来又对上级笑容可掬、察言观色、奉承巴结。二是自律上的误区。要廉政勤政，严于律己。可是，有的领导干部作为领导者时，在下级和群众面前说话办事还算谨慎，但是作为被领导者时，又将自己混同于一般老百姓，向上级领导提出种种不合理要求，不达目的就工作消极或是牢骚满腹。三是权力的误区。有的领导干部，认为手中的权力是自己辛辛苦苦"干"出来的，是实绩之花"结"出来的，是在对手林立中"争"来的，是上级关心"送"来的，他们工作只向上级负责，利益只对自己负责，负担只对群众"负责"。这些人中，有的人作为领导者时，对下要求集中越多越好，下级对自己必须"完全听话"；可是，当其作为被领导者时，对上又要求民主越多越好，甚至有令不行，有禁不止，阳奉阴违，口是心非。

20. 扮演好自己的角色（下）

领导干部在职务发生改变时，如不能适应新岗位的要求，往往会产生心理冲突，所以，领导角色必须随职位或岗位的变化而改变。

● 人依职变，心随位移

普通工作人员被提拔到领导岗位以后，他的职责就不仅仅是忠于职守、完成任务了，还必须统筹全局、正确决策。遇到该下决心的时候瞻前顾后，犹豫不决，或不敢承担责任，就无法履行领导者的任务，从而在内心形成冲突。有的干部初到领导岗位，就像“刘姥姥进大观园”“陈奂生上城，摸不着头脑”。面对这种冲突时，要注意以下几点：一是重新为自己定位；二是分清事情的轻重缓急；三是不要过于追求完美；四是树立信念，增强自信心。

从一般领导到高级领导也会产生角色冲突。职位不高的时候，习惯唯命是从，以服从上级的命令为己任，甚至有只对上级负责、不对下级负责的现象。有的领导干部跃居高位后，利用更高的权位更好地为人民服务，而有的领导干部则以高权位来发泄在低权位上的受压情绪，利用职权谋私利，泄私愤。第一种更好地为人民服务的心态较好地进行了角色的转换，自觉从低权位角色转为高权位的角色，给自己定了更高的标准来履行责任和义务，从而较好地调和了角色冲突；而后一种心态不仅存在激烈的角色冲突，且导致了心理失衡，根本背离了领导职位赋予的角色。当领导干部被任命为高一级职位时，意味着权力大了，责任大了，肩上的担子重了，工作难度也相应增加了。

● 各司其职，无为而治

吴东峰在《开国将军多轶事》一书中谈及：陈再道作战有瘾，闻枪声即心痒。尤其是枪对枪、刀对刀、面对面拼杀。担任师长、军长后常擅离指挥部位置，亲赴前沿冲锋。故每战前，徐向前下作战命令时，必补充一句：不许陈再道打冲锋。这个例子说明领导干部应找准自己的位子，也就是角色定位的问题。有的领导干部以为事必躬亲就是深入实际，殊不知，这种事无巨细插一手的做法，该管的没有管，不该管的却一揽子揽到身上，结果是人也吃了亏，戏又不好看，挫伤了同级和下属的积极性，久而久之，就会形成领导角色之间的冲突。还有的单位，领导班子中一些人总摆不正自己的位置，甚至找不到自己的位置，有的副手固执己见，我行我素；有的主要角色独断专行，个人说了算。

《老子》中说："道常无为而无不为。"提倡无为而治。汉文帝时，宰相陈平在管理中就贯彻了"无为而治"的思想。汉文帝一次问政府的税收数字，右相周勃答不出来，急得汗流浃背。宰相陈平上前代答，说："各有主者。"意思是让文帝去问专管其事的人——治粟内史。文帝听后很不高兴，便问陈平：各事都各有所管，那你这宰相干什么？陈平回答："宰相者，上扶天子，理阴阳，顺四时，下遂万物之宜，外镇抚四夷诸侯，内亲附百姓，使卿大夫各得任其职也。"这就是历史上有名的"宰相职权论"。这种无为而治的思想要求领导干部施行开明、自由的领导方式，不要蛮干妄为，粗暴干涉。

领导干部要找准自己的位置，明确自己的角色，是主角还是配角，主角配角不要相互争戏。也就是说，配角要明确自己的权限，不要越权办事，当然，属于自己权限的事也不要推脱责任。主角也不要独揽大权，主角配角一起演，以免引起矛盾和冲突。

● 俏也不争春，只把春来报

"十个指头有长短，荷花出水有高低"，这是客观存在的现实问题。一个领导班子和各个领导层次中，能力各有大小，水平各有高低，性格各有差异，在工作中很容易发生角色冲突。如果冲突不能及时解决，就有可能形成领导班子的不团结，各拿一把号，各吹各的调；互不买账，各自为政；就有可能导致领导干部之间钩心斗角，争权夺利，相互抱怨，矛盾丛生，等等。

领导干部要想解决角色冲突，应做到以下四方面：第一，学会宽容。海纳百川，有容乃大，壁立千仞，无欲则刚。宽容是气度，是胸怀，是心态。适度的宽容，会有效地化解矛盾，解决角色冲突，有益于身心健康。而过于苛求别人或苛求自己的人，必定处于紧张的心理状态之中，危害身心健康。第二，停止抱怨。相互抱怨只能使小事扩大，矛盾加剧，怨恨加深。笑对青山山亦笑，哭对碧水水亦哭。种瓜得瓜，种豆得豆。种下怨恨的种子，你将收获怨恨，种下尊重的种子，你将收获尊重。所以，与其诅咒黑暗，不如点亮灯盏。第三，求同存异。古人云：君子和而不同。是说要求同存异，大事讲原则，小事讲风格。对一个领导班子而言，每个领导角色都应牢固树立顾全大局、求同存异的思想观念，坚决杜绝各自为政，针插不进、水泼不进现象的滋生。领导干部不能为一些鸡毛蒜皮的事情斤斤计较、扯皮吵架、大动干戈，更不能为了私利和个人恩怨在小异之处耿耿于怀，搞旧账新算。否则，领导角色冲突将无法得以解决。第四，自我调节。解铃还须系铃人，充分发挥领导角色的自我调节作用。应当肯定，每个领导班子或领导角色都具有一定的自我调节功能，各位领导干部都应积极主动地想办法解决问题，把矛盾消化在内部，把冲突解决在自我，这是解决领导角色冲突的有效途径。当然也不能因此而掩盖某些矛盾和冲突，一旦到了自我调节不了的时候，就应该不可回避地把矛盾揭露出来，以求得上级组织的及时帮助并加以解决。否则，长期搁置，悬而不决，领导角色冲突将更加难以解决。

● 与时俱进，紧跟时代

面对新时代的发展，许多领导干部深有感触地说，现在发展变化太快了，而且要求越来越高，刚刚适应，又提出了新的要求。的确如此，随着经济社会的不断发展，政府职能也在不断调整，给新时期的领导干部提出新的更高的要求。政府由原来的计划管理更多地转向公共管理和服务。时代在变，政府职能在变，对领导角色的要求也在变。一些领导干部习惯高高在上、发号施令，开会，讲话，发文件，却没有在如何更好地服务上下功夫，尽管很辛苦，但结果事与愿违，政绩不佳，老百姓也不满意。所以感到非常困惑，心中充满矛盾冲突。有不少领导干部常常从早到晚赶会，有位县长一天赶了八九个会议，工作落实会、总结表彰会、信息发布会、座谈会、吹风会、务虚会、公司挂牌、大厦落成、工程奠基等。领导干部忙得身心疲惫，工作效果却很不理想。有的地方的领导干部工作热情非常高，大张旗鼓地招商引资，出台很多优惠政策，构筑很好的基础设施，但商难招、资难引，主要是软环境不好，服务水平不高。还有的领导干部经常下基层调研，看似有很强的服务意识，但往往是开着车子转、隔着玻璃看，不解决实际问题，还会引起下级的抱怨，工作很难做好。

归纳以上种种现象，都是在发展过程中，由于领导干部不能很好地适应时代赋予其新的角色要求所面临的角色冲突心理问题。这些问题应及时解决，否则，不仅影响各项工作的开展，还会损害领导干部的心理健康。解决这些问题要做到以下几个方面。

第一，不断学习，接受新鲜事物。通过各种形式的学习，使自己了解新信息、掌握新知识、接受新鲜事物。现在经常提到的学习型社会、学习型组织、学习型政府等，实际上就是要求人人学习、终身学习。领导干部尤其要加强学习。只有不断学习，才能增强适应发展变化的能力和心理调节能力。

第二，转变观念，树立公仆意识。有一个典故：唐太宗对魏徵说，自己为老百姓做了很多好事，但还有人骂他，他非常生气。魏徵说，要想当一个好皇帝，就要有一个思想准备：你做得好，老百姓说是风调雨顺；你做得不好，老百姓就会骂你。所以，想做一个好官是不能要求回报的。高明的领导干部懂得领导是公仆，只有真心实意为群众办实事、办好事，才能得到群众的爱戴和拥护。

第三，摆正心态，拥有一颗平常心。宠辱不惊，看庭前花开花落；去留无意，望天上云卷云舒。真正拥有一颗平常心，淡泊名利，就会把新旧角色统一起来，内心的矛盾就会减少，心理冲突一般也不会激化。

21. 身心修养的着力点

身心修养，重在养心。古人讲究修身养性，提倡厚德载物，推崇“内圣外王”。这里的“内圣”就是心理修养，“外王”就是行为表现。要实现“内圣外王”，需要把“心”的问题解决好。只有“正心”，往下才能一步步实现“修身、齐家、治国、平天下”的奋斗目标。身心修养，源于领导者的美好心理体验。条件艰苦、道路曲折、环境恶劣的情况下，为什么有的人依然满腔热情、精神抖擞、心情愉快呢？这是因为其内心世界有理想、有信念、有追求。一个人的富有，不完全是物质上的享受，而是心理上的愉悦与满足。一个有威望的领导者，之所以得到拥戴和称赞，主要在于具有良好的个性品质和健康的心理世界。

● 自信自尊

古往今来，对于自信有过种种描述。科学家说，物竞天择，适者生存。医学家说，感觉到自己的重要和存在的价值，充满自尊和自信。诗人则吟诵，“垂头自惜千金骨”“老骥伏枥，志在千里”……自信是金。“凭谁问，廉颇老矣，尚能饭否！”热爱生活、乐观自信，这是人需要活出的一种形象，是由始至终需要保持的一种精神。纵观历史，在事业上有成就的领导者大都是非常自信的。三国时期的诸葛亮把自己比作战国时期的管仲、乐毅，自信有安邦定国之才，故而协助刘备从容不迫地处理了数不清的军机大事。他的自信体现在他的一切活动中：草船借箭、借东风、空城计、七擒孟获——没有一件是缺乏自信的领导者所能做到的。自信激发才智，才智又增强自信，在这种相辅相成的发展中，领导者走向成功的巅峰。高尔基也曾指出："只有满怀自信的人，才能在任何地方都把自信沉浸在生活中，并实现自己的意志。"自信之所以能在人才成长中起着这样大的作用，主要在于自信是一种精神力量。通过正确认识自己的力量，建立起必胜的信念，就会把自身各方面的力量调动起来，使大脑皮层暂时的神经联系处于兴奋状态，注意力格外集中，精力格外旺盛，思维也会格外敏捷，各方面的能力都能得到充分发挥。相反，如果缺乏自信，就无法调动自身的积极性，甚至会认为反正不会有什么好结果而放弃必要的努力。这样的领导者是不会得到成功的。

● 包容沉稳

常言道："良言一句三冬暖，恶语伤人六月寒。"人生不如意之事十之八九，事事大度容人，才是一种适应社会的表现。领导者更要有海纳百川的"容忍"气度，"会当凌绝顶，一览众山小"，胸中装得下五颜六色的事、容得下各式各样的人，才能团结别人，联系别人，才能顺利地开展各项工作。周恩来曾说，要做领导者，必须团结他所不喜欢和不愿接近的同志，然后抓紧他们，称赞其对的方面，批评其坏的方面，然后才能改造他们，同时也就改造了自己的领导。要做到这一点，宽容大度的性格品质是不可缺少的。当前，人才流动已成为深化改革的重要课题，作为一个领导者要想真正地选贤任能、广招人才，必须培养自己这种宽容大度的性格品质。

领导者要胸怀坦荡、宽容大度，这是个性力量在现实生活中的重要表现。领导者应有容言、容事、容人的气魄和雅量，不能以自己的性格特点和个人好恶为标准去看别人、选干部。容言，就是要闻过则喜，不要闻如未闻，或闻过则怒。要从谏如流，善于听取各方面的意见，特别是不同的意见和逆耳之言。容事，就是在职权范围内敢于授责以权，让人放手工作，做到敢于挑担子，不推卸责任，不争功诿过，不计较个人得失。领导者对待党内生活应有大将风度，有意见讲在当面，讲在明处，论在有理。当个人利益没有达到满足时，也不要把自己的某些不良情绪、不健康的意识在群众中散布传染给部属，否则领导者的形象就会受到损害。容人，就是理智清醒，宽容待人，能举人所长、扬人之善、谅人之短、容人之过。与同级肝胆相照，对同级、下级暖如一团火，明如一面镜。要容得“五湖四海”，团结大多数。人在政坛，不如意的事常常有，现实生活中由于种种原因，组织或某个领导者误解下属或不公正对待干部的情况还是会发生的。碰到这种情况，领导者要拿得起，放得下，具有“宠辱不惊，看庭前花开花落；去留无意，望天上云卷云舒”的胸襟。一名领导者如果被个人恩怨所左右，妒贤嫉能，婆婆妈妈，芝麻绿豆大的事也都要去计较一番，失败也就是必然的了。领导者特别是一把手要识大体、顾大局、讲团结，观察处理问题要有宽阔的胸襟，待人接物要有恢宏的气度。要大事讲原则，小事讲风格，这样才能在人民群众中以气度服人，使自己的人格力量得到公众的认同。

● 正直有为

孔子曰，“其身正，不令而行，其身不正，虽令不从。”凡是要求别人做到的，自己首先做到，禁止别人做的，自己坚决不做，否则就没有威信。领导者的权威很大程度上取决于光明磊落、一身正气的人格力量。领导者做人要堂堂正正、老老实实，对党对人民“表里俱澄澈，心迹喜双清”。只有具备这种人格的纯洁与真诚，才有强烈的感召力和亲和力，才能以高尚的人格取信于民。古往今来，正直者，广为人们传颂。文学家、史学家、思想家司马迁，他的正直表现为两个方面，一是敢说真话，写真史，写出了被鲁迅称之为“史家之绝唱，无韵之《离骚》”的千古不朽的《史记》；二是敢于直言，屡屡厉言进谏，使霸气十足的汉武帝十分不满，并遭同僚小人的嫉恨和陷害，直到遭宫刑。还有屈原的忧国忧民、岳飞的精忠报国、邓世昌的誓死战倭寇、林则徐的虎门销烟——他们都是一身正气，留下了可歌可泣的故事。由此可见，正直是领导者必备的重要品质之一。

● 自励自重

自励自重是领导者个性修养的重要途径。孟子曾对“大丈夫”提出的“富贵不能淫，贫贱不能移，威武不能屈”，既是自励的期盼，更是自重的表现。自励，就是自我激励、自我勉励、自我鞭策。它要求领导者在自律基础上不断进取，知难而进。在困难中磨炼毅力，在有了成绩的时候不飘飘然，以饱满的热情、再接再厉的精神去建功立业。自重，就是要时时注意自己的身份，注意自己的言行，珍惜自己的名誉，尊重自己的人格，待人处世端庄厚重，与自己的身份相吻合。既不狂妄自大，也不自轻自贱，更不能自己放纵自己。邹韬奋说过：“自觉心是进步之母，自贱心是堕落之源，故自觉心不可无，自贱心不可有。”人与人的关系，在工作上有职务高低之分，在能力上有大小之别，但在人格上是平等的。因此，能够尊重别人、尊重人民、尊重同志，才能得到人民的尊重，以达到自重。尊重别人，但不低三下四这也是自重的重要内容。为了达到某种目的，阿谀奉承、溜须拍马，既不能得到人民的尊重，又损害了党的威信。

● 知人善任

清代大思想家魏源说过：“不知人之短，不知人之长，不知人长中之短，不知人短中之长，则不可以用人，不可以教人。”领导者要知人善用，知人不仅要知人之长，而且要知人之短。只有全面客观地了解一个人，才能根据一个人的个性特点，准确地用一个人。扬长避短，用人所长，这一点很好理解，也容易做到。而要做到短中见长，善用人短，却不那么容易。清朝有位将军叫杨时斋，他认为军营中没有无用之人。将失聪者安排在左右当侍者，可避免泄露重要军事机密；派失语者传递密信，一旦被敌人抓住，除了搜去密信之外，再也问不出更多的东西；跛足者，命令他去守护炮台，坚守阵地，他很难弃阵而逃；失明者，听觉特别好，命他战前伏在阵地窃听敌军的动静，担任侦察任务。杨时斋的用人之道虽然有点夸张，但却诠释了这样一个道理：任何人的短处之中肯定蕴藏着可用的长处。高明的领导者，不是企求只有优点没有缺点的“完人”，而是要扬长避短、短中取长。“明主之任人，如巧臣之制木。直者以为辕，曲者以为轮，长者以为栋梁，短者以为拱角，无曲直长短，各种所施。明主之任人亦由是也。智者取其谋，愚者取其力，勇者取其威，怯者取其慎，无智愚勇怯而用之，故良将无弃才，明主无弃士。”唐太宗李世民的这番话道出了短中取长的用人之术，值得领导者借鉴。

22. 感知快乐，赢得快乐

拥有快乐才能拥有幸福。快乐究竟是什么？角度不同，答案也就不同。哲学把快乐看成是生命精神的升华，心理学把快乐视为身心的协调和谐，文学艺术把快乐看作美好生活的愉快体验等。品尝快乐、追求幸福是人类的天性，是人们普遍向往的人生目标。心理学研究认为，快乐是一种主观感受，是愉快美好的心理体验。美国心理学家戴维·迈尔博士把快乐幸福归结为10个要素：健康的体魄、目标期望切合实际、自尊、控制感情、乐观、豁达、合群、挑战性的工作与活动性的消遣、益友、团队意识。从上述要素来看，快乐是一种积极心理状态，是工作上的激情、认知上的积极肯定和人格上的健全完善。

人们如此渴望快乐，还有一个重要因素是健康人生的追求。快乐能带来健康。纵观世界各国长寿地区的调查情况，虽然存在人种、气候、食物、习俗上的差异，但有一点却是相同的，即长寿地区的老者乐观开朗、心地善良、为人随和。有人曾对400多位百岁老人进行研究，得出了一条惊人结论：百岁老人不是生活条件好，而是心理健康及行为习惯好。生活态度积极、性格外向、乐观随和、社交广泛成为百岁老人的典型行为特征。2009年诺贝尔生理学或医学奖得主伊丽莎白等总结出的长寿之道：人要活百岁，合理膳食占25%，其他占25%，而心理平衡的作用占到了50%。

著名影星秦怡生于1922年，她说得好：“人的一生心态最重要。遇事要想得开，尤其是在磨难面前，要学会心理调节，调节得好就能挺过来，否则就可能被压垮”。秦怡先后生过4次大病，开过7次刀，患过脂肪瘤、甲状腺瘤，摘除了胆囊，还得了肠癌，但她并没有被病魔压倒，反而成功地降伏了病魔，还被选为“抗癌明星”。秦怡告诉我们，人有四种年龄：自然年龄、生理年龄、心理年龄和社会年龄。出生和生理年龄不能选择，人的年龄逐步增大是不可抗拒的，但心理和社会年龄可塑性很大，人的精神状态不能因为年龄增大而松垮下来。无论什么情况下，都要尽量保持开朗、乐观。50岁时，设法保持三四十岁时的精神状态；60岁时，要努力体现四五十岁的精神状态。一个人倘若精神上乐观就会始终充满青春的活力。杨绛先生出生于1911年7月17日，早年毕业于苏州东吴大学，曾留学英法诸国，回国后曾在上海震旦女子文理学院、清华大学任教。杨绛先生93岁出版了随笔《我们仨》，96岁出版了哲理文集《走到人生边上》，102岁出版250万字的《杨绛文集》八卷。她在《一百岁感言》中感叹道：“我们曾如此渴望命运的波澜，到最后才发现，人生最曼妙的风景，竟是内心的淡定与从容。”要做到淡定从容，很不容易，没有良好的修养和积极健康的心态很难实现。如果说人的身体能量是一个静态系统，而心理状态就是一个充满活力的动态系统。实现动静结合的最佳状态就是心情宽松，能量互补，内外协调，和谐自然。

毋庸讳言，盼望快乐，渴望幸福是人生的普遍追求。但快乐幸福不会从天而降，生活的快乐与幸福，与身心状态密切相关。诚如所有禾苗都在期盼雨露，有的得到雨水滋润茁壮成长，有的却无法承载雨水能量日渐萎缩。一片庄稼地并不是所有的禾苗都青翠一片，总有一些禾苗难以成长发育。赢得欢乐幸福亦是如此。环境改善或外力赐予只是一个必要的方面，内在特征甚至比外在的环境条件更加重要。现实中，有的为官不快乐，有的快乐难为官，除了环境不适应、工作压力大、知识水平限制以及人际关系复杂等因素之外，个人的主观因素是诱因所在。为什么同样的环境条件下有的干部健康积极、精神抖擞、艰苦奋斗，有的就纸醉金迷、贪赃枉法、心理扭曲？对这个问题的解释不能完全套用世界观、人生观或价值观，人的心理生活枯燥，缺少内生动力，欲望纠结是主因。有的领导干部把仕途官职和金钱财富视为成功标准，在外力驱使下艰难跋涉，其结果是越往上攀登，就愈加感觉挫折艰难，最后造成苦闷压抑。仕途坎坷不是台阶太高太陡，而是心理不平衡，纠结太多，欲望太强烈。如果失去了内心的淡定从容，就难以欣赏沿途的美妙风景。为此，只有感知快乐，才能赢得快乐。以下几点尤为重要。

其一，快乐是一种有目标有意义的生活。有目标就有希望，有希望就会有追求的动力。生活中是否有目标，不仅决定了人的精神状态，还决定个人的成就和愉快感。领导干部的价值就在于是有目标追求的人。“领”就是目标方向，“导”就是为了实现目标而得出的主意和办法，也称“智慧”。有了目标和智慧才能称之为“导师”。围绕目标如何开展工作，实现组织目标，是领导干部快乐的主要因素。如果失去了目标，领导干部就失去了目标方向感，就会存在焦虑疑惑，心理上就难以畅快。因此，快乐领导，首先是有目标的领导。

其二，健康快乐需要激情人生。激情是一种对生活热爱的表征，是身心健康的积极状态。激情不是情绪喧嚣盲目冲动，而是对人生目标追求的旺盛进取心和拼搏精神。有激情就有斗志，有激情就不畏困难，有激情的人生才是丰富的人生。人生乏味不是因为生活负担重、环境枯燥，而是缺乏激情人生的追求动力。领导干部的激情更多表现在思想上的沉稳，行动上的敏捷，生活的光明磊落，人生的满腔热情。

其三，快乐领导需要亲和力。心理学家马斯洛总结的人生需求，从低级到高级，依次为生理需求、安全需求、社交需求、尊重需求和自我实现需求。除生理需求外，均和人际亲和力有关，领导干部不是孤家寡人，人际亲和使领导干部情感温暖，心情愉快，更加具有力量感和重要感。此外，亲和力也是健康快乐人生的需要。美国一位精神病学家经过一项长达25年的“人格与心脏关系”跟踪调查发现：心胸狭隘、名利心重、敌视情绪强的人，死亡率高达14%；而心胸开阔、助人为乐、性格随和、有亲和力的人，其死亡率仅为2.5%。心脏病的发病率，前者也是后者的5倍。

其四，快乐领导需要有威望。领导干部的威望本质上是一种影响力。威望的心理基础来源于领导的能力素质，还在于领导干部与追随者的心理吸引力。快乐领导不是个人的自娱自乐，而是大家共同快乐。领导干部的威望不是建立在权力控制的基础上，而是积极营造宽松健康的环境，让大家心情愉快。

其五，快乐领导要积极有为。事业是干出来的，不是想出来的。“积极有为”需要良好的精神状态和扎实积极的行动力，要具备迎难而上、开拓创新的精神品质，要有旺盛的进取精神。那种缺少进取精神，思想保守，怕担风险，怨天尤人，懒散怠政的人难以获得真正快乐。

其六，快乐领导需要真诚付出。研究表明，与人为善，常做好事，真诚付出，心中常会产生一种难以言喻的愉快感和自豪感，进而降低压力激素水平，促进“有益激素”的分泌，使自己更加快乐健康。为此，增进身心健康，就要把真诚付出、无私奉献作为人生的精神品格追求，真诚付出的领导更加快乐。

人生道路不平凡，既是艰难曲折的跋涉之路，更是积极愉快人生的难忘体验。领导干部的人生亦是如此。领导在任时间虽然短暂，但快乐人生则是持久的期盼。历史总是进步向前的，只要人活着，就要积极努力，就要为社会贡献力量。领导干部重任在肩，这个重任不是危途负累、烦恼忧愁，而是旭日东升，是充满希望与欢乐的旅程。因此，要把快乐的钥匙握在手心，踏歌前行，做到“仰不愧于天，俯不怍于人”，这才是领导干部最大的幸福快乐。

23. 创新重在激发心理动力

满怀信心，锐意进取，坚持与时俱进，积极探索实践，是增强改革创新本领的基本要求。在党的十九大报告中，习近平总书记强调：“增强改革创新本领，保持锐意进取的精神风貌，善于结合实际创造性推动工作，善于运用互联网技术和信息化手段开展工作。”本文关注的焦点不在于宏观层面的改革与创新，或领导干部究竟需要哪些创新知识技能，而是在微观层面就创新深层因素予以考察，以期揭示创新本领的心理成因，从而能对人们深入认识和探讨创新心理机制有所借鉴启发。在此，需要强调的是，创新本领既是观念思维和态度行为的体现，也是其心理动力及精神状态的显著特征。面对错综复杂的社会经济形势，面对日趋严峻的市场经济挑战与压力，坚持改革创新需要坚守目标，登高望远，开阔视野，积极转变观念；需要满怀豪情，不屈不挠，具有旺盛的进取心和敢于挑战自我的信心勇气；更需要励精图治，奋发有为，主动适应新时代新发展新要求的良好精神状态。

2004年，美国著名学者弗雷德·卢桑斯等提出了心理资本的新概念，将心理资本与财力、人力和社会资本并列为高效能组织的四大资本之一。心理资本是促进个体或组织成长和发展过程中表现出来的一种积极心理状态，是在所有资本领域唯一可以增值的资本。心理资本具体表现为以下特征：一是面对充满挑战性的工作压力时，有信心（自我效能）、有办法通过积极努力来获得成功；二是满怀希望，对现在与未来的成功乐观积极；三是锲而不舍，始终坚守目标方向，为取得成功主动行动；四是身处逆境时，能够持之以恒，面对现实超越自我。弗雷德·卢桑斯等人认为，心理资本是建立在人力资本与社会资本现有理论和研究基础之上，已经超越了人力资本与社会资本的范畴。自我效能（成功的信心）、希望、乐观、韧性以及认知与情感，构成了心理资本的核心内容。从心理资本出发，提升创新本领，需要转变观念、学习知识、积累经验、加强锻炼和提高技能，强烈的事业心、旺盛的进取心、清晰的发展目标以及乐观积极的精神状态和心理动力因素等对增强创新本领至关重要。

创新响应目标召唤。目标是事业追求的动力源泉，追求事业的成功就是追求目标的实现。任何组织行为都是围绕愿景或目标召唤产生的，没有目标就没有发展方向，组织就失去了内生动力。对于领导干部而言，转变思维，探索创新，引领变革，首先要有清晰明确的目标方向。领导创新意识与创新行为都是在组织目标召唤下的积极选择。如果目标不清晰或方向出现问题，创新就会失去探索前进的方向，就会成为毫无头绪的随机行为。党的十九大提出的新时代坚持和发展中国特色社会主义基本方略，建设富强民主和谐美丽的社会主义现代化强国。在这一目标召唤下，领导创新就有了强大的动力支撑。作为领导干部而言，以下方面尤为重要：一是要有定力。提升创新本领，重在坚守发展目标，保持旺盛进取心。坚守目标，要有“咬定青山不放松”的发展信念，面对发展中的各种困难挫折，具有“千磨万击还坚劲，任尔东西南北风”的宽广胸怀。二是要有耐力。创新既是一种现实结果，更多的是艰苦卓绝的探索过程。在推进创新创业进程中，要具有顽强执着的探索精神，只有不断探索才能发现机会；要有坚持不懈的持久忍耐力，只有坚持下去才能最终赢得成功。三是要有活力。坚定目标解决的是方向问题，但在具体方法措施上要考虑实际效果，要在目标引导下主动行动，善于应变。为此，要发扬自强不息的创业精神，把推进创新事业发展与客观现实需要紧密结合起来。

创新借力兴趣志向。兴趣是指一个人力求认识、掌握某种事物并经常参与这种活动的心理倾向，或者说兴趣是指人积极探索某种事物的认识倾向。这种认识倾向是指认识过程中带有稳定的指向、趋向的意思，并且这种指向、趋向在比较稳定的条件下，要能够持续较长的时间，才能构成人的兴趣。当一个人对某事物有兴趣时，会对它产生特别的注意力，对该事物感知敏感、记忆牢固、思维活跃、情感浓厚、意志坚强。兴趣是活动的重要动力之一，是活动成功的重要条件。兴趣是在一定需要基础上，在社会实践中形成的，兴趣实际上是个体需要的延伸。不管人的兴趣是什么，都是以需要为前提和基础的，人们需要什么也就会对什么产生兴趣。人的需要是在不断发展变化的，当已有的需要产生并获得满足时，新的需要又相继产生和发展，且丰富和加强。受需要的影响，人的兴趣在获得满足时，新兴趣又会产生和发展。

兴趣是一种强大的精神力量，它可以使人集中精力去获得知识，并创造性地开展工作。古今中外著名的科学家、艺术家、文艺家，他们之所以能对人类做出贡献，莫不是由于他们的创造兴趣和他们对事业的责任感相结合，凝成一股强大力量，推动他们不懈地努力而取得成功的。当一个人对某种事物发生兴趣时，他们就能调动整个身心的积极性；就能积极地感知、观察事物，积极思考，大胆探索；就能情绪高涨，想象丰富；就能增强记忆效果，增强克服困难的意志。反之是不会取得好效果的，当然也就不可能充分发挥一个人的聪明才智。心理学研究表明，兴趣可以提高人的工作效率。一个人对某一工作有兴趣时，枯燥的工作也会觉得丰富多彩、趣味无穷。兴趣使工作不再是一种负担，而是一种享受。兴趣可以调动身心的全部精力，以敏锐的观察力、高度集中的注意力、深刻的思维和丰富的想象投入工作，从而有助于工作效率的提高。多方面的兴趣可以使人从容应对多变的环境，如需变换工作，只要自己感兴趣，就能很快熟悉适应新的工作。

创新来自成就动机。人类的本性中，有一种强烈的倾向，就是希望能变成自己想象中的样子。爱默生说：“一个人的个性，便是他整天所想要做的那一种人。”人们的一切行动表现，完全是内在动机的结果。可见动机具有决定命运和结局的力量，这是一个普遍的真理。社会心理学研究表明，成就动机就是一种内化了的优越标准的成功需要。由成就抱负心理需要所诱发的成就动机，是一种特殊的人类动机，在心理学上又称为“A”动机。凡具有成就需要的人，都有以下的行为特征：一是事业心强，敢于负责，敢于寻求解决问题的途径；二是有进取心，也比较实际，甘冒一定的可以预测出来的危险，但不是去进行赌博，而是有进取心的现实主义者；三是密切注意自己的处境，要求不断得到反馈信息，以了解自己的工作和计划的适应情况；四是重成就、轻金钱，工作中取得成功或者攻克了难关，从中得到乐趣和激情，胜过物质的鼓励。报酬对人来说，是衡量进步和成就的工具。有成就动机的人，更多的是关心个人的成就，而不是成功后的报酬。现实中许多成功的人物之所以能够实现梦想，主要是因为他们将成就动机和抱负水准具体化、形象化，并矢志不渝顽强坚持的结果。

创新需要坚持忍耐。坚持力是人格中的重要组成因素，对创业成功有着重大影响。“天将降大任于是人也，必先苦其心志，劳其筋骨，饿其体肤，空乏其身，行拂乱其所为，所以动心忍性，曾益其所不能。”这段话生动地说明了坚持力对取得成功的重要性。心理学认为，坚持力是宝贵的意志品质。坚持力能反映一个人意志力的优劣、强弱和发展水平，人们习惯把具有优良坚持忍耐品质的人称为意志坚强的人，把具有不良坚持品质的人称为意志薄弱的人。优秀的意志品质具有自觉性、坚韧性、果断性、自制性等特点；反之，盲从性、动摇性、寡断性、冲动性则是不良意志品质的基本特性。在现实生活中，选择逃避的人比比皆是，而勇于坚持下去的人弥足珍贵。毋庸讳言，在推进创新的过程中，碰到的困难，受到的阻挠及遇到的诱惑，常常会使人产生各种不利于实现预期目的的心理起伏和行为冲动。在此，创新需要忍受孤独寂寞，具有良好自制力和坚持忍耐力，需要克服自己的一切有碍实现预期目的的欲望、情绪、言语和行为，忍耐外界不利因素影响干扰所造成的精神痛苦。

创新需要面对现实的勇气。创新不是盲目选择随波逐流，而是善于观察社会，面对现实挑战，深入研究问题，解决疑难杂症。创新既需要积累经验，更需要从现实需要出发，只有面对现实，才能赢得未来。为此，增强创新本领需要重视以下因素：一是要了解外界复杂形势。他山之石，可以攻玉。社会政治经济文化环境已经发生了深刻显著的改变，而自我设限封闭，对外界不了解就无法创新应变。二是把握现实需求。创新本领也是现实把握能力，没有对现实环境的洞察熟悉，对社会变化、组织发展、经济变革发展的规律及其变化特征不了解不掌握，就无法准确满足社会需求，引领发展潮流。三是遵循发展规律。创新不是短期行为，而是要遵循事物发展的基本规律，发扬工匠精神，一张蓝图绘到底。尤其要注意从社会发展、地区发展、组织发展以及人类发展的历史进程中获得智慧，汲取营养，切忌简单粗暴，图形式玩花样，搞劳民伤财的折腾。四是密切联系实际。在决策当中要深入实际，做好调查研究，通过与社会、组织、企业、媒体网络和群众的积极对话，听取意见建议，不断改进工作思路。同时，充分反映发展环境诉求和社情民意诉求以及媒体舆论诉求，做到信息准确，应变自如。

24. 做有“心”的快乐领导者

心为万力之本，“立德之本，莫尚乎正心”，做一个卓越的快乐领导者需要有“力”，更要有“心”。

● 责任担当心

责任担当在心理学上定义为个人对自己和他人、对家庭和集体、对国家利益和社会发展，所负责任的信念、认知和情感，以及与之相应的遵守规范、承担责任和履行义务的自觉态度。责任担当主要有三层含义：一是一种态度，是个体参与、感受、共享的积极心理体验。二是一种情感。责任心是对人生充满激情的渴望，是对群众利益安危强烈的关切和同情，是对国家民族深沉的爱。“为什么我的眼里常含泪水？因为我对这土地爱得深沉……”诗人艾青的诗句打动了无数人的心。正因为爱得深沉执着，焦裕禄在病危时慨然出声：活着没有把沙丘治理好，死了也要看着把沙丘治好。保山地委老书记杨善洲，退休后放弃省会安逸生活，跋涉大亮山林场植树造林，一干就是20年。三是一种担当行为。责任心的价值体现在担当行为上。勇于担当不仅是责任义务，更多的是困难和危机。领导干部在困难面前迎难而上，在利益面前为民做主，不是空喊口号，更多体现在实际行动上。基层群众反映强烈的一些领导干部“只想当官不出力、只想揽功不担责、只想谋权不舍利”的怠政懒政现象，纪检监察机关查处的大量失职渎职行为，并不一定都是领导干部思想观念或能力水平上的问题，很多是责任心不到位的问题。

责任担当就是要有对自己负责、对组织负责、对地区部门发展负责、对群众利益负责、对未来发展负责的精神，每一项规划设计，每一个重要决策发布之间，都要深入开展调查研究，既要能够解决现实迫切关注的重大问题，又要注重长远事业发展，以久久为功的敬业精神，一班接一班，一任接一任，一张蓝图绘到底。

● 感恩快乐心

“感恩即是灵魂的健康。”懂得感恩就懂得快乐。领导干部思想作风建设上出现问题，表面上看是监管不到位、纪律松弛上的问题，实质上是心理生活枯燥得不到滋养、欲望强烈对荣辱得失计较太甚造成的。拥有感恩心才能够使自己重新认识自己，寻找理性的回归。

对于领导干部，感恩快乐心主要体现在四个方面：一是感谢组织培养。个人成长与领导干部成长不同。个人成长离不开家庭亲情关怀，领导干部成长离不开组织培养教育。任何职位都是组织设立的，有了组织才有了职位。每一级别的领导干部，都是组织机构和政治制度发展的产物。正是因为有了组织的培养教育，在组织关怀下得到培养锻炼和提拔重用，获得了社会荣誉地位。因此，有感恩之心就会坚守岗位，做到心平气和。官大官小都是为国家效力，都是人生美好体验，都是为了完成组织交付的责任使命。二是感谢群众拥戴。没有群众就没有领导干部，领导干部是在群众拥戴中产生的，正所谓领导力来源于追随者。领导干部要做群众的主心骨，这个“主心骨”心里要有力量，要有目标和境界。力量从哪里来？来自群众拥护，来自集体智慧。有了感恩心会时刻不忘群众期待，就能够身体力行深入基层，从基层生活中汲取营养，从群众下属中得到支持帮助。许多领导干部的烦恼痛苦是因为把自己抬得太高、看得太重要。失去了感恩心，就失去了必要的社会情感支持。领导干部的冷漠心态可以折射出个人的健康生活态度。三是感谢亲情呵护。亲情使人得到温暖，情感得到慰藉。但亲情不是私情，私情会使人留恋缠绵，忘记了担当。亲情是一种比私情更加深厚的情感力量，是战胜挫折摆脱烦恼的心理驿站。有了亲情温暖，即便是山高路远，也能不畏艰难跋涉远方。感恩亲情呵护，就是要知道自己的一举一动不仅是为了自己，更要想到还有身后的目光期待，要为家庭朋友增加荣誉。四是感谢岁月沧桑。什么问题在岁月沧桑面前都是微不足道的。只有岁月沧桑才能说明一切。领导干部的仕途历程，是人生岁月的积极体验，但不是人生的全部内容。有的领导干部在升降去留中百般纠结苦恼，心情沉重，是因为被眼前的花草树木遮挡住了原野大山的风景。

大树理论告诉我们，千年古树都是饱经沧桑，一轮又一轮岁月留下的都是斑驳痕迹；它安静地生长，不为攀爬争抢有利位置所苦，凭借自身耐力逐渐长大；大树根深叶茂，从土壤里汲取营养物质和水分；饱受风雪侵扰，但始终不改变努力向上生长的方向，积极有为；它总是乐观自信、快乐成长，不消沉不气馁，每个枝杈、每个叶片都向着阳光尽情伸展，得到阳光雨露滋润。许多领导干部心态烦躁、焦虑苦恼，多是缺少大树智慧，把自己视同挺拔笔直的白杨，期盼抢占高位迅速长大，但因为缺乏定力，根基不稳，遇到风寒侵袭缺乏自持力，故终难成功。

● 组织忠诚心

组织忠诚，是一种心理契约。领导干部的优秀品格表现在对待组织、对待事业上的忠诚与坚守。忠诚远远大于能力。有的领导干部能力强学历高，但心术不正、阳奉阴违、不懂规矩、贪赃枉法，根本原因在于丢失信仰、缺少忠诚。没有忠诚心，就会肆意妄为、背叛组织，无视党纪国法，陷入贪污腐败的泥潭。中纪委打掉的上百个“大老虎”，社会上扑面而来的“苍蝇”，之所以猖狂无忌、以身试法，都不是能力业绩上的问题，而是忠诚度上出了问题。

领导干部的忠诚心，一是对国家的忠诚。不论身在何方，不论出于何种境地，对祖国的忠诚永远是领导干部的道德情操和行为准则。作为政府官员，只有情系祖国、无限忠诚，才能履行职责、不辱使命。公元前100年，汉朝中郎将苏武出使匈奴，被单于扣留。苏武被放逐北海牧羊19年，饱尝艰辛不改其节，其感人的故事传颂千年。二是对组织忠诚。对组织忠诚是领导干部的职业操守。党员领导干部要重温党章和誓词，就是要时刻提醒自己铭记党旗下的庄严宣誓，要忠诚组织，履行组织重托。三是对事业忠诚。国家公职人员，其政治使命和职责重要感要远高于其他社会组织成员。政府官员事业忠诚，凝聚着社会期盼和公民重托。玩物丧志、假公济私、奢侈糜烂等腐败现象之所以屡禁不止，不是能力经验不足的原因，而是事业心的失落。诚如一株病树一样，树干内部出了问题，仅靠提供阳光雨水是远远不够的。四是信仰忠诚。古人说，人无信不立。有了信仰就有了骨气，就能够挺直腰杆，不为金钱物欲诱惑驱使。信仰是清正廉洁的精神支柱，有了这个支柱，才能做到富贵不能淫，贫贱不能移，威武不能屈。南非前总统曼德拉被囚禁牢房27载，他之所以在苦难面前坚强不屈，是因为拥有坚定的人生信念和强大的心灵力量。

● 利他关爱心

积极心理学研究认为，利他行为是一种积极行为，是个人身心健康快乐的愉快体验。现实生活表明，个人关心他人所获得的快乐满足感要远远高于自己得到的快乐，这也就是许多人乐善好施的心理动机。利他关爱心蕴含着丰富的中国传统文化精神品格。《大学》开宗明义讲到“大学之道，在明明德，在亲民，在止于至善”。这里“明德”的目的，就是为了“亲民”。“亲民”需要利他关爱心，只有在利他关爱心得到满足的基础上，才能够达到“止于至善”的目标境界。

《孟子·尽心上》上讲：“古之人，得志，泽加于民；不得志，修身见于世。穷则独善其身，达则兼济天下。”在此，“得志”就是实现的抱负理想和所取得的显著成就。对于领导干部而言，仅考虑“得志”是远远不够的，最重要的是“泽加于民”，让大家分享收获的喜悦，共同体验成功的愉快感受。领导干部被称为“人民公仆”，作为“公仆”的重要使命就是以利他为行为目标，这样才能胜任“公仆”角色，不辜负这一崇高称谓。有的领导干部呕心沥血、一心一意为老百姓做实事，不是因为工资报酬有多高，而是体验到工作岗位的重要感和自豪感，最终是一种心理上的幸福感。正是缘于这种积极心态的影响作用，遂成为许多领导干部努力拼搏实现自我价值的内因。

由此，衡量领导干部的成功不是权力大小，也不是职位台阶的高低，而在于百姓群众的肯定与评价，诚所谓“金杯银杯不如老百姓的口碑”。领导干部有了利他关爱心，才会孕育出深厚强烈的民生情结，才能积极传播正能量，真心实意为群众办实事办好事，让群众感受到社会和组织的温暖。

● 积极进取心

为什么有的人积极向上取得成就成功，有的却无所事事甘于平庸？究其原因，缺乏进取心是一个重要因素。进取心是一个人不甘落后、积极行动、努力工作获得成就的心理动力。缺乏进取心，主要表现在被动适应。在工作和生活中自怨自艾、消极被动，没有主动积极精神，没有求得突破的气魄，被动地适应往往失去发展机会。

缺少激励。心理学研究表明，人在缺乏激励的时候，只能发挥潜能的20%～30%；在良好的激励环境下，人的潜能能发挥80%～90%。要使一个人积极进取，保持良好精神状态，激励是一个重要因素。激励包括物质激励，也包括精神激励，要掌握激励的艺术，把激和励紧密地结合起来。

兴趣索然。有的领导干部认为工作枯燥没有乐趣，是因为对工作对生活失去了热情，感觉百无聊赖，平庸乏味。从积极心理学的角度而言，人的精神健康快乐来自丰富的精神生活。造成领导干部“职业心理枯竭”的主要原因是对未来产生了迷茫以致造成了怀疑、紧张乃至忧虑，失去了进取的精神追求。

心理沉重。生活当中，有的人总是与过去较劲，觉得过去的日子苦不堪言，反悔过去做过的事情。还有的人不能投入积极的现实生活，不能真正理解“活在当下”的积极价值，不能适应现实，不能接地气顺应时代潮流，不能在当前的职位上尽心尽力，而是与现实生活要求格格不入。有的人对未来感觉恐惧担忧，现在的路没有走好，对未来的路失去了信心。现实生活中的一些浅薄之词充斥耳目，不时造成人的心理烦躁。比如“不能输在起跑线上”就让许多国人焦虑，还有在仕途上的诳语等，严重污染了政坛风气，毒害了领导干部稳定、和谐的健康从政心理。

● 敬畏自律心

敬畏顾忌之心是正确处理社会经济发展中人与人、人与社会、人与自然关系的心理基础。

敬畏制度。在规矩面前，领导干部要怀有敬畏之心，做遵守党纪国法的表率。中央已经三令五申但还不停手还在伸手者，问题的实质不是不懂法律，而是藐视法律，无所顾忌，把自己的权威凌驾于法律规则之上，肆意践踏法律尊严。

敬畏权力。“立德之本，莫尚乎正心。”“正心”就是要有历史敬畏之心。权力是一把双刃剑，更是试金石，对待权力的态度就是对待事业人生的态度，只有心怀敬畏之心，才能殚精竭虑，在权力面前诚惶诚恐。春秋战国时代，宋国有个人捡了一个宝玉，献给齐国大夫子罕，子罕却谢绝了这个宝物，说你的宝我不要，因为我以不贪为宝，你送来的宝是真宝，结果把我的宝丢掉了。在个别领导干部眼前，追逐权力荣誉成为一种病态需求，权力已严重异化，成为贪图享受敛财致富的工具。习近平总书记提出领导干部要“严以用权”，首先要敬畏权力，珍惜权力，才能用好权力。

敬畏历史。现实不能证明历史，而历史能够证明现实。只有经过历史的检验才是最公正的评价。现实中，有的领导干部只对官帽负责，而不对历史负责，主观武断，不惜浪费国家财力物力，不计成本后果，罔顾人民利益，大搞脱离实际的“政绩工程”和劳民伤财的“形象工程”。有的好大喜功，热衷虚假浮夸，追求表面业绩。这种病态政绩观所酿成的恶果，玷污的是政府形象，损害的是执政党的威信。

25. 基层干部面对压力怎么解

心理学研究认为，压力是压力源和压力反应共同构成的一种认知和行为体验过程。良好的压力应对能力是评价一个人素质健全和健康发展的重要能力指标。面对困难、压力等不良情境时，基层领导干部如何很快把自己的情绪调适到良好的状态，不仅关乎事业的发展，更关乎他们生活的幸福指数。本研究采用问卷调查法对173名基层领导干部进行实证调查，在了解压力源的情况下提出了一些应对压力的对策建议。

● 基层领导干部压力状况评估

整体来看，基层领导干部工作压力较大，认为压力较大及压力过大的基层领导干部共占39.18%，有压力但能从容应对的基层领导干部占57.89%，很轻松、没有压力的基层领导干部仅占2.92%。

相关研究发现，存在工作压力已经成为基层领导干部的常态。能从容应对的基层领导干部占比较高，占一半以上。这说明他们对于岗位的适应性较强，面对压力的情绪调整能力较为突出。压力较大或者压力过大的感受群体近40%，需要及时予以关注。

压力来源。按照基层领导干部的实际，结合访谈资料，笔者设计了人际关系复杂、工作内容烦琐复杂、领导不信任等9个压力来源指标。通过调查发现，基层领导干部的压力来源排名前三位的分别为工作内容烦琐复杂（65.9%）、福利待遇低（53.76%）、社会误解没有自豪感（34.1%）；排在后三位的分别是家里不支持（1.16%）、领导不信任（9.25%）、加班时间过多（10.40%）。

由此可以看出，基层领导干部的最重要压力源为工作内容、福利待遇以及社会期待三个方面。因此，工作内容丰富化、对等的薪酬待遇和消解社会认同偏差是消除压力源的主要途径。

压力应对方式。总体看来，基层领导干部缓解工作压力的方式主要为健身锻炼（42.8%）、读书和听音乐（42.8%）、休假（41.6%）。最为少用的方法是心理咨询（仅占2.3%）。

锻炼身体、读书和听音乐、休假是常见的缓解工作压力的方式。这些都是个体行为的压力应对，没有涉及组织关爱层面。此外，尚有11.6%的基层领导干部不知道如何缓解工作压力，需要引起高度重视。因此，很有必要建立组织关爱机制，并需要从个体、家庭、组织等各个层面去寻找合理的应对压力策略。

● 基层领导干部压力原因剖析

由调查得知，基层领导干部的压力感比较明显，在工作内容、物质待遇和社会认同方面产生的压力比较突出，究其原因如下。

工作内容繁杂，自主性偏弱。基层领导干部在基层一线，面对群众的办事需求和上级单位布置的繁重工作任务，以及各种考核压力，工作内容的复杂程度非常高，有时候甚至没有人、财、物来保障去完成一些工作任务。同时，基层领导干部在工作自主性上缺乏足够的空间，刚性的工作规范和纪律要求使他们在实际工作中倍感压力。

时间管理缺乏，规划性偏少。时间管理能力是有效利用时间，减少时间浪费，在最短时间内完成既定目标的能力。由于基层领导干部整天忙于日益繁重的工作任务，他们容易过高估计时间流逝的速度，总是感觉很匆忙。有些基层领导干部反映，他们的工作常态是“五加二、白加黑”，根本没有时间去规划工作，以及对工作中的各种经验进行总结和凝练。因此，很多时候，基层领导干部极易采用短期的观点或一种危机处理的心理，出现短视行为，急功近利，缺乏对长期影响的考虑。

酬劳不平衡，社会关注度高与认同度偏低。多年来，基层领导干部面对较少的晋升机会，等来了国家实行的职级并轨政策，可以说一定程度上解决了薪酬待遇的提升问题。按照亚当斯的公平理论，个体仍会对自己的付出和所获得的报酬进行对等性评估，酬劳不平衡是一些基层领导干部选择辞职的重要原因所在。另外，基层领导干部在社会上易受其他群体的关注，一些基层领导干部的负面形象被无形放大，出现晕轮效应，社会误解增多，认同度下降。

惯性思维工作，信息交流渠道窄化。面对各种工作任务，基层领导干部常常固执于问题的一种解决办法，按照惯性思维的方式，即先看上级怎么要求的，再看别人怎么做的，最后看以前怎么做的，去寻找问题的处理办法。最终的结果是工作没有创新，没能结合本地本单位的实际，工作业绩不良。此外，基层领导干部常常忙于日常事务，较少“走出去”和“请进来”，对涉及群众工作的问题解决没能充分沟通，不能主动寻求咨询和倾听他人的意见，与外界缺乏沟通，总是按过去的习惯来处理当前的情景，最终使产生创造性思想和独创性问题解决方案的能力下降，导致群众认可度和满意度较低。

● 基层领导干部压力应对策略

提升压力的积极感知水平。压力无处不在，是让压力成为动力还是成为健康杀手，取决于对压力的认识水平和对待压力的态度。心理学研究表明，人在不同时期会面对不同的心理发展冲突。因此，需要寻找积极的压力应对方法。笔者对基层领导干部进行调查时发现，他们日常舒缓压力的方式较为单一，具备一种和两种缓解压力方式的基层领导干部最多，均为32%。三种及以上缓解压力方式的基层领导干部共占46%。而且舒缓压力方式种类的多少与基层领导干部压力状态成反比，缓解压力方式的种类越多，基层领导干部的压力越小；缓解压力方式的种类越少，基层领导干部的压力越大。压力的感知越是积极主动，所采取的方法就越灵活多样，达到舒缓压力的目的就越明显。基层领导干部是社会管理者阶层，他们的自我概念与广大群众的心理和谐有着密切关系。他们如果能够形成良好的自我认知，在实施对社会生活的管理和影响中，就会做到亲民、爱民、为民，才能对社会心态产生积极的引领、感召和凝聚作用，并进而带动起和谐向上的社会风气。

增强基层领导干部的情绪调整能力。情绪是主观认知经验的通称，是多种感觉、思想和行为综合产生的心理和生理状态。情绪稳定性反映了基层领导干部的情商高低。当基层领导干部面对各种压力，除了很好地感知压力之外，还应该对自己的情绪进行调整和管理。首先，用责任感击败坏情绪。把压力和责任紧密联系起来，站在使命感和道德感的高度去抚慰民情，体察民苦，以为民服务的心态对待迎面而来的各种压力。其次，完善社会支持系统。一旦压力带来了情绪波动，除了用责任来“堵”之外，还应进行“疏”，做到堵疏结合。基层领导干部通过与亲戚朋友特别是家人很好地沟通，可化解压力带来的情绪问题。最后，努力营造积极健康的人际氛围。基层领导干部要把压力理解为不是一个人在面对，而是一个团队。如果把坏情绪传染开来，周围的同事、下属会因此受到影响。通过团队成员的精诚合作，激起大家共同面对压力挑战，树立战胜压力的必胜信心。倘若把自己受到的压力挫折变成了对群众的不满和攻击行为，必然激起干群关系紧张，影响社会的稳定与和谐。

提高基层领导干部的时间管理水平。时间管理的四象限法则表明，按照任务的重要性和紧急性进行划分，可以把任务分为重要紧急、重要非紧急、非重要紧急、非重要非紧急四大类。对照各种工作任务，基层领导干部要找出重要的事，通过建立日清日结表单、项目管理表格等来安排具体时间下的工作内容、完成时间点以及未完成的原因说明，使工作条理化、明晰化。研究表明，当一个人面对的任务存在模糊性和不确定性，他的内心就会充满焦虑。另外，基层领导干部不仅要把自己工作任务的思路理清楚，还要针对一定的工作任务进行合理授权。通过合理的授权之后，基层领导干部就可以抽出时间来观察下属的工作台账，了解工作进展情况和其中存在的问题，适时地介入指导，提供自己的意见。

发挥基层领导干部的离场管理能力。无为而治是一种高超的领导艺术。基层领导干部需要彻底摆脱烈士情结、完美情结、权力情结，完成自我超越，而不要陷入细节的泥潭中。在现实工作中，有一个现象就是高层做中层的事情，中层做基层的事情，领导干部都忙得不可开交，而基层人员却无事可做。因此，要谨防工作中各种“背猴子”的陷阱。自我领导理论认为，个体完全可以根据自身情况确定奋斗的方向和目标，确定目标的优先顺序，确定自己前进的步骤和策略，甚至确定工作的时间和地点。所以，基层领导干部在带头示范、做表率的同时，要注意把自己“藏”起来，发挥自己的离场管理能力，通过制度安排和规范设计，让下属清楚如何做、做好的标准是什么，以及反复训练与修正。这样既能增强下属的责任感和工作信心，又能突出上下级信任氛围的营造。

26. 建设领导干部心理健康服务体系

2018年5月，中共中央办公厅印发《关于进一步激励广大干部新时代新担当新作为的意见》，强调要满怀热情地关心关爱干部，要在心理上关怀关注其健康。文件的出台在干部队伍中引起积极反响。

政治生态与心理生态是相互呼应、相互促进的。新时代加强心理健康服务，重在呼应政治生态建设，优化领导干部的心理生态，及时解决干事创业过程中因心理压力过载、心理冲突过多等导致的心理动力不足的现实问题，激发新时代新担当新作为的成就动机，培育自尊自信、理性平和、积极向上的从政心态，促进领导干部实现能力与心力的融合发展。为此，应该紧密围绕新时代的历史使命，聚焦促进政治生态建设，加快构建领导干部心理健康服务体系。

推进领导干部心理健康工作的政策细化与政策执行工作。近年来，领导干部心理健康问题越来越受到重视。2011年中纪委、中组部、监察部联合印发《关于关心干部心理健康，提高干部心理素质的意见》，2013年中央国家机关工委印发《关于进一步推进中央国家机关职工心理健康服务工作的意见》，2016年至今，中央部委相继出台了一系列关于加强心理健康服务体系方面的文件，有力地推动了全社会心理健康活动的开展。然而，在具体执行中，却并未形成很好的政策执行力，领导干部心理健康服务工作仍需在更加清晰具体的政策指引下进一步推进。为此，需进一步细化领导干部心理健康服务的政策，建立健全制度，逐步完善工作机制。在党校（行政学院）设立心理训练中心和配备心理健康专职教师，组建和培训兼职心理辅导员队伍，各级行政单位内部设立干部心理减压室，引入第三方心理顾问服务，定期的心理健康体检与心理疗养等进行明确的政策规定，同时明确各级单位具体的负责机构和专项的经费支持，确保领导干部心理健康服务工作有据可依、有序开展，真正把新时代党对各级干部的关心关爱落到实处。

构建以党校（行政学院）为主阵地的领导干部心理健康研究体系。发挥党校（行政学院）密切联系各级领导干部的独特优势，建立起以心理训练中心为依托的领导干部心理健康研究基地，开展分级分类的调查研究和有针对性的理论应用研究，形成真正贴近领导干部需求和促进领导干部心理生态优化的心理健康研训体系。通过大样本研究、参与观察、座谈访谈等方式方法，加大对各级领导干部心理状况的分析研判，精准评估各级领导干部的心理状况，识别各级领导干部在心理健康服务上的需求，定制开发有针对性的心理培训课程。建立各级党校（行政学院）心理训练中心的联动研究机制，加强数据信息共享，定期开展全国性的领导干部心理健康抽样调查，形成全国性的领导干部心理健康调查报告，为领导干部心理健康工作的政策制定提供决策依据，并据此有针对性地向各级领导干部进行心理健康知识科普，同时也为各级党校（行政学院）的心理培训课程更新提供重要的参考资料。

加强党校（行政学院）系统心理健康培训的师资队伍建设和课程体系建设。目前，党校（行政学院）系统心理健康培训不同程度地存在宽泛化、鸡汤化、游戏化、同质化的情况，因此与领导干部心理健康的“痒点”“痛点”“兴奋点”等严重脱节。领导干部在心理健康方面的需求旺盛且迫切，但对心理培训课程的学习兴趣不高，这成了一个真实存在的悖论。针对这种情况，将党校（行政学院）作为领导干部心理健康服务的主阵地，推进心理健康服务体系建设，需要以师资队伍建设为抓手，推进心理健康培训课程体系建设。首先，要加强心理健康师资培训，把师资队伍建设摆在加强领导干部心理健康服务的突出位置，通过师资培训提高各级党校（行政学院）心理健康教师的心理学专业理论素养和培训教学胜任力，使各级党校（行政学院）的心理培训课程能够帮助学员切实化解心理困扰和提高心理调节能力。其次，加强精品课程、优秀师资、学科带头人的评选，用名师名课服务好领导干部心理健康工作，同时带动整个师资队伍的发展。再次，加强心理培训课程体系建设，建立包括压力管理、情绪调节、心态管理、职业心理健康维护、心理资本提升、从政心态优化、廉政心理建设、领导与管理心理能力提升等在内的系统、实用的心理培训课程体系，将课程切分清楚，把课程内容做细做实，确保学员能够真正体验到心理培训课程的实用价值。与此同时，还要加大教学形式的创新力度。通过团体心理辅导为领导干部创设更好地融入体验，并获得更多的心理支持；通过生物反馈技术、脑波干预技术等先进技术手段的运用，创设人机交互的心理调适场景体验，以即时反馈强化心理调节的效果。通过师资队伍建设和课程体系建设，真正让心理培训在领导干部心理健康服务中发挥先导性、预防性作用，力争能在心理培训中化解心理困扰，提高心理自助的意识和能力，激活和增强新担当新作为的心理资本。

开发和推广以自主测评和自助服务为特色的在线心理服务系统。《关于关心干部心理健康，提高干部心理素质的意见》中强调要“积极借鉴现代科技手段，大胆探索有效途径，把握工作规律，建立长效机制，不断提高干部心理素质”。对于大多数领导干部而言，不愿意主动寻求心理服务。为此，应聚焦领导干部心理调适的现实需求，运用科技手段，开发领导干部在线心理服务系统，使领导干部能够通过手机、电脑等移动通信和办公设备，随时随地登录使用。将心理测评自评、身心健康监测与预警、减压放松与身心调节、心理培训课程、在线心理咨询等功能集于一体，为领导干部提供一款定制化的在线心理陪护系统，让领导干部能够在需要的时候即刻获取便捷的心理服务，通过培育日常心理调节的好习惯增强心理调适能力。同时，使心理健康服务能够大规模覆盖各级领导干部，让更多人受益。

构建以权威机构和专家为依托的心理咨询、心理危机干预和心理顾问服务体系。为保证心理健康服务的专业性、中立性、保密性，需要在党校（行政学院）之外，探索建立依托权威机构和专家的全国性领导干部心理健康服务中心。加大对中心工作的支持力度，推动该中心在心理健康知识普及、心理培训课程研发、心理督导体系构建、心理健康图书出版、心理健康产品研发等领域发挥实质性的作用。推动建立专业的心理咨询师队伍，健全心理咨询网络，提高电脑、网络等途径的心理咨询热线的知晓度，确保领导干部在需要的时候能够及时获取心理咨询服务。同时，形成完善的心理危机干预工作机制，健全心理危机干预制度和工作流程，梳理需要开展心理危机干预的情形等。在领导干部遭遇重特大事故、自然灾害、家庭重大变故、职业发展挫折或疾病等危机事件并导致心理行为异常时，能够及时介入，化解当事人的心理危机；在因抑郁自杀或因公殉职等不幸事件发生时，及时对其家属和同事进行心理危机干预，将负面心理影响降到最低。此外，还需要进一步建立针对心理健康服务专业人士的督导工作体系，提高心理健康服务人员的专业水准和实操能力；建立针对领导干部及所在单位全体干部职工的心理顾问服务体系，让心理顾问服务成为干部队伍建设和思想政治工作的重要抓手，为更多的干部职工提供心理健康服务。

推进以政工干部为主体的日常心理疏导工作体系建设。加强和改进新时代的思想政治工作，要继续坚持和完善谈心谈话制度，将谈心谈话作为干部心理疏导的重要手段。为此，应着力加强政工干部的心理工作能力建设，研发政工干部心理疏导技能专题培训项目，有计划地开展政工干部轮训，提高政工干部灵活运用心理学的理念、技术、方法开展思想政治工作的能力，使政工干部能够真正把准干部的思想脉搏和情绪反应，耐心听取干部的利益诉求，及时帮助干部调整心态、排解困难、疏通心结，将心理健康隐患及时消除。在机构改革、岗位调整、提拔任用、退居二线、受党纪政纪处分等特殊时期及时开展心理疏导工作，为干部职工化解思想疙瘩，为领导干部的工作提供心理支持。此外，还可以依托政工干部建立并落实兼职心理辅导员制度，在单位内部开展好心理健康科普、定期心理健康体检、团体心理辅导、心理培训设计与组织实施、心理减压室建设与日常使用维护等日常心理健康服务工作，帮助干部职工缓解压力、焦虑、抑郁等心理问题，预防心理疾病的发生，使更多的干部切实受益。

27. 加强心理能力建设

加强党的干部队伍自身建设，不仅包括思想建设、作风建设、组织纪律建设，还应当包括心理能力建设。我们党的干部队伍，不仅要政治过硬，本领高强，还要心理健康。习近平总书记指出，打铁还需自身硬。这个“自身硬”既包括信念坚定、思想领先、作风顽强，还包括心理能力过硬。“心理能力过硬”体现为一种健康积极的心理状态，一种坚毅顽强的性格特征，一种愈挫愈勇的意志品质，一种奋发向上的理想情怀。如果干部队伍中出现各种悲观失望、情绪低落、意志懦弱现象，不仅会影响组织内部活力，也为个人发生心理疾患埋下潜在危机。为此，把心理能力纳入加强党的干部队伍自身建设中，对于增强党的凝聚力与战斗力，对于激发各级领导干部心理活力，营造风清气正的良好政治生态环境，都至关重要。

心理能力本质上就是一种心理能量，是一种面对现实、追求目标、克服困难、完善自我、积极向上的内在力量。积极心理学研究认为，乐观向上的精神状态、主动积极的工作态度、认真负责的专业精神、知难而上的信心勇气、矢志不渝的奋斗追求等是组织与个人取得成就或成功的根本所在。

在管理培训中，著名的“大树理论”富有哲理，给人以深刻启发。原始森林中的一棵参天大树，树干粗壮、枝繁叶茂、受人瞩目，从中可以感受到大树的生命活力。大树从树干到根基都充满生命能量，每一个叶片、每一个枝杈都奋发向上，共同构成了大树鲜活的生命特征。从大树的成长壮大过程中，可以发现其具有的“能量特质”。

一是经受考验。经受考验的标志就是一圈圈年轮，那是岁月留下的斑驳痕迹。大树的成长不是朝夕之间的事情，而是经历了寒冬酷暑，漫长磨炼。千百年的风霜雨雪，饱经沧桑，历久弥坚，所有的不凡经历都印刻在树干纹理之中，人们看见大树的时候，无不产生历经沧桑、久经考验的强烈感受。

二是坚守目标。大树不论处于高处还是洼地，不论生长在何处或者遭遇何种处境，都保持超强定力，不会放弃目标，左右移动。无论是大山之巅，还是悬崖峭壁，大树都挺拔不动，顽强成长，正是这种执着坚守，不仅成为一种信仰，还是一种生命力的象征。

三是根基牢固。大树善于汲取营养，从天地间得到能量。树冠有多大，枝头有多高，大树的根系就有多长。参天大树盘根错节，硕大树干依附于土地，正是这种扎根泥土的务实精神，使大树营养丰富，经络畅通，生机盎然。

四是向上长。向上长是大树枝繁叶茂的原动力，也是彰显大树追求光明的生命价值所在。大树的枝叶有一个共同特征，就是片片树叶往上伸展，接受阳光雨露与新鲜空气，得到能量滋润。

五是阳光。大树的成长是欢乐的成长历程，充满了乐观自信。在大树身上，人们感受到乐观的品格、达观的态度和积极向上的精神。坚守不是苦守，而是热情地迎接每一缕阳光，承接每一滴雨露。大树心情美好，追求光明，在困难压力面前没有焦虑忧伤，依靠自我能量得到了发展。

如果把我们的党比作一棵茁壮成长起来的参天大树，在党的发展历程中，同样可以发现所具备的大树一样的典型特质：目标坚定、拥有信仰、饱经磨难、执着坚守、扎根人民、奋发向上、积极有为等，这些重要特征是党得以战胜困难取得成功的根本原因。正是由于各级组织和党员领导干部具有强大的内在心理动力，不屈不挠，斗志昂扬，才使我们的党焕发出旺盛的生机活力，形成了坚不可摧的伟大力量。

在加强干部队伍自身建设中，重视理论学习、实践锻炼、教育培训、纪律约束等方面的要求是必不可少的。但如何外化于行，内化于心，是取得建设成效的关键所在。把外在的组织营养变成自我心理能量，并由此转化为推进组织事业发展与个人健康成长的心理动力，这是当下干部队伍自身建设面临的新任务。

总的来说，干部队伍是奋发向上的，许许多多的领导干部意志顽强，满怀信心，满腔热忱投入工作，为百姓群众所称赞。但现实中我们也不难发现，有的干部情绪烦躁、心情郁闷，精神状态萎靡；有的心理失衡，心理负荷加重，存在多疑、紧张、焦虑、孤独、抑郁等心理障碍，甚至患有不同程度的心理疾病。对于这些问题，表面上看是心理健康状态欠佳，实际上是心理能量不足，缺乏良好的心理健康适应能力。

当下的许多干部学历水平高，能力强，实践经验丰富，可谓能力卓越，见多识广。但能力强、学识水平高，未必心理能力就强。归纳起来，心理能力不足主要有如下六种心理表现：一是挫折感强，认知失调，承受力脆弱，稍微遇到不如意的事情就情绪波动大，心情极端烦躁；二是争强好胜，喜欢自我吹嘘表现，虚荣心强，敏感多疑，不能与他人和谐相处，陷入孤独苦闷之中；三是心态消极，缺乏兴趣，工作上被动应付，生活上百无聊赖，失去工作和生活的热情；四是角色困惑，不能清楚地了解和认识自己，自我萎缩，心理压抑；五是目标失落，对未来感到迷茫，找不到方向，看不到希望，萎靡不振，信念动摇；六是抑郁苦闷，自怨自艾，自卑自怜，缺乏灿烂阳光，经常陷入抑郁痛苦之中难以自拔。

上述心理问题对干部队伍的健康成长都会产生潜在的负面影响及干扰作用，表面上有的问题是所谓的“本领恐慌”，实际上是心理营养不足，心理能力缺乏。为此，要把心理能力建设纳入干部队伍自身建设之中，重视干部群体存在的各种心理问题，积极创设良好的心理发展环境，把心理能力建设与干部队伍自身建设结合起来。这不仅是加强党的建设的客观要求，也是营造风清气正的政治生态环境的迫切需要。

28. 提升领导干部心理能力的着力点

把心理能力建设引入党建视野，从心理资本入手，进而增强领导干部的心理能力发展水平，开辟了党建研究的新视角。习近平总书记指出，对干部政治上激励、工作上支持、待遇上保障、心理上关怀，让广大干部安心、安身、安业，推动广大干部心情舒畅、充满信心，积极作为、敢于担当。心理能力建设作为领导干部队伍政治建设、思想建设、道德建设与作风建设的重要内容之一，是党的干部队伍自身建设不可或缺的重要组成部分。提升领导干部心理能力，需要从以下方面入手。

明确目标，坚定信念，为心理能力建设展现方向。乐观自信、坚持忍耐、积极向上的心理能力品格的养成，是基于信念的坚守，是组织忠诚目标激励催化的结果。在干部成长发展中，理想信念是第一位的，没有信念支撑，目标追求就将失去方向，就会失去前行的动力。为此，要把实现中华民族伟大复兴和“人民对美好生活的向往，就是我们的奋斗目标”作为党员领导干部矢志不渝的理想追求和努力方向，并在思想上保持统一，在心理上高度认同，在行动上积极融入，把党的目标内化为自己的行动，把忠诚、责任、担当作为政治素质过硬的基本要求，把乐观积极投入作为心理能力的重要指标，以奋发有为的精神状态投入各项工作当中，把组织忠诚与积极肯干、勇于担当结合起来。

激发成就动机，彰显时代精神，为心理能力建设增加动力。改革开放40多年的现代化发展道路，也是40多年的心理变革历程。总结40多年的光辉业绩，更重要的在于提炼出40多年改革开放的时代精神，并为此确立合乎时代精神和社会规范的价值标准，通过讴歌宣传时代精神先进人物，激励干部群众干事创业的工作热情。同时，对符合时代精神的行为，社会各界包括新闻媒体、网络宣传应给予热情支持和积极评价，对做出突出业绩的领导干部予以表彰奖励，激发强烈的社会成就动机，让创业者、干事者都能体验到尊重厚爱的情感体验，创造一个人人奋发向上、个个勇于争先的良好社会心理氛围，营造积极肯干、风清气正、自强不息的政治生态环境，使社会充满阳光和正能量。由此，使干部队伍的积极心理能量得到引导与充分释放，增强为党和国家现代化伟大事业献身的自豪感、自信心。

培养职业兴趣，提倡爱岗敬业，为心理能力建设注入活力。古人云：“知之者不如好之者，好之者不如乐之者。”职业兴趣是指个人对环境中的人、事、物的喜好程度以及与职业有关的活动，主动接触参与的积极心理倾向。具体到领导干部的职业兴趣，则是指对党政事业的极大热情并积极主动地投入其间的心理倾向。职业兴趣在人的职业活动中起着重要的作用，当个人的职业兴趣特点与职业环境所要求的职业类型相匹配时，就可以促进人的职业定向和职业选择、开发人的智力、激发人的探索与创造欲望、增强人的职业适应性和稳定性。为此，要把兴趣培养作为提升心理能力的重要途径。一是倡导学习激发认识兴趣。研究表明，当个人不具备职业活动所需的某些方面的知识时，就难以产生这方面的兴趣，必要的知识与技能是提高和丰富人们的职业兴趣所不可缺少的条件。二是增加实践的乐趣。丰富的实践把职业活动内容纳入反映的对象，从而实现主客观的统一。三是通过目的来激发兴趣。对于基层干部而言，大多数从事的是事无巨细、默默无闻的工作，其职业兴趣在多数情况下也是间接兴趣，即对自己工作的结果发生的兴趣。为此，确立明确的工作目标往往会引导干部对工作本身产生兴趣，从而有助于养成良好的职业习惯。四是在激发培养职业兴趣当中，要注意防止职业枯竭现象。为此，要开展多样化的职业教育，读书、辩论、调研、讲座、写作、文体活动等都能增加工作生活乐趣，减少职业倦怠现象。

重视角色定位，倡导积极适应，为心理能力建设树立标准。在领导干部角色扮演中，如何明确角色位置并适应角色，减少、避免角色冲突，考验着领导干部的政治思想素质，也检验着领导干部的政治胜任力。在众多角色从里，政治角色、公众角色、组织角色、社会角色、家庭角色、个人角色，构成了领导干部的角色图。居于第一位的是政治角色。强调忠诚、责任、担当就是对领导干部政治角色的起码要求，也是衡量政治素质过硬的重要指标。百姓群众的角色可以是个人角色、家庭角色、社会角色、公众角色、组织角色、政治角色。对百姓的要求不全是政治上的要求，多数是生活中的角色期待，比如长幼有序、男女有别等都是个人生活或家庭角色的要求。正是因为角色位置存在差异，领导干部作为“公家人”，就要时刻不忘自己是党的人，是组织培养的人，不仅具有个人生命，更重要的是组织生命和政治生命。只有明确政治角色，才能知道什么是政治素质，才能把“四个意识”变成领导干部遵守的行为准则。有的领导干部角色混乱或角色模糊，遂成为个人心理压力增大难以适应岗位要求的主要原因。

夯实根基，疏通血脉，为心理能力建设提供能量保证。心理能力培育发展不是朝夕之间达成的，而是持续不断地提供营养，浇灌根基，能量补充逐渐养成的结果。在这一过程中，需要根基血脉，需要加强营养，需要源源不断的能量补充。为此，要拓宽能量来源渠道，广泛吸收营养，从中得到教育启迪，提升心理涵养力。

一是从民族文化血脉里吸取营养。优秀传统文化是维系民族生生不息的根基，在上下五千年的历史长河中，孕育了灿烂多彩的民族文化，中华民族自强不息的精神、坚忍不拔的民族品格、博大精深的思想智慧，为领导干部的心理能量注入了强大动力，是领导干部心理能力建设的得天独厚的营养大餐。

二是从群众智慧中来。毛泽东说过：“群众是真正的英雄，而我们自己则往往是幼稚可笑的，不了解这一点，就不能得到起码的知识。”领导干部不是群众的先生，而是群众的学生，要真心诚意地拜群众为师，向群众学习，向群众求教。如果脱离了群众，就会成为无水之鱼，无本之木，就失去了营养根基。为此，要转变观念作风，做任何事情都要从维护群众的利益着想，把人民群众高兴不高兴、满意不满意、答应不答应落实在行动上。只有群众衷心拥护，我们的内心才温暖无比，才充满信心力量。

三是从人生阅历中来。人生道路不平凡，领导干部的人生亦是如此。俗话说，铁打的营盘流水的兵。组织常在而领导者却不常在，这是历史使然。领导干部在任时间虽然短暂，但铁肩担道义则是持久的期盼。历史总是进步向前的，只要人活着，就要积极努力，就要为社会贡献力量。领导干部重任在肩，这个重任不是危途负累、烦恼忧愁，而是旭日东升，是充满希望与欢乐的旅程。

四是从社会实践中来。空谈误国，实干兴邦。实践出真知、实践长才干，实践增智慧，实践加能量，“纸上得来终觉浅，绝知此事要躬行”。为此，要倡导实践之风，坚决杜绝形式主义、虚无主义，在实践中获得真理并检验真理，在实践中获得知识增加心理能量。

五是从心理感悟中来。旺盛的生命力源自强大的能量系统。大自然之所以生机盎然，在于获得了丰富营养的滋润。毛泽东在24岁的时候，写了一篇《心之力》的雄文。在这篇洋洋洒洒8000多字的文章里，集中探讨了心理能量及其重要作用。文章讲道：“天之力莫大于日，地之力莫大于电，人之力莫大于心。阳气发处，金石亦透，精神一到，何事不成？”文章强调“心为万力之本”，要高度重视“心”的作用，要拥有健康向上的积极能量，只有把“心”的问题解决好，才能谈得上“力”的表现，这是维护每个人发展成长的重要保证。为此，在干部教育培训中，要把从政智慧与心理感悟作为学习交流的重要话题，在专题培训中将心理健康的积极心态作为必修课。在干部选拔中，要把心理健康纳入考核的主要内容，通过各种形式的行之有效的教育培训与反思感悟活动，获得积极心理能量，提升人生智慧，增强领导干部的心理健康能力。

29. 诚信贵如金

“诚信者，天下之结也。”诚信，作为基本的道德规范，是为人处世之道、安身立命之本。对于领导干部而言，诚信则显得更为重要。“一个干部一面旗”，只有有了诚信的组织文化，才能有诚信的社会文化。领导者有本事，更要靠得住。

● 人无信，则不立

诚信在我国有着悠久的历史传统和重要的社会意义。《论语》中多处提到“信”字，“信”是信誉、信任、诚信的意思。孔子认为“信”是人之所以称为人、人如何做人的基本条件。“人而无信，不知其可也。”孔子用了一个形象的比喻来说明这一问题，“信”之于人，就如轴之于大车和小车，人无诚信便不能称其为人，不能立于天地之间，这正如没有轴的车不能前行一样，人无信，则不立。如果从人的外在具体行为表现来说“信”，则人的每一句话都应该是诚信的，只有当人做到表里如一，内在本质和外在行为统一时，人才可以真正称为有“信”之人。

就人与人之间的交往，孔子认为遵循“信近于义，言可复也”的原则，通过诚信使人与人之间的“言”成为值得信任的交往和沟通工具。就君与民之间的社会公共关系来说，为政者“宽则得众，信则民任焉”，就是说宽厚就会获得群众的拥护，诚信就能得到人民的信任，诚信是为政者与人民、领导者与被领导者之间沟通的必要保障。

作为一种道德规范，我国古代的很多圣贤哲人对诚信进行过精辟的阐述。“君子之言，信而有征。”征，为证明、证验之意，“言之所以为言者，信也；言而不信，何以为言？”就是说人说话要算数。“诚信者，天下之结也。”意思是说讲诚信，是天下行为准则的关键。墨子也极讲诚信：“志不强者智不达，言不信者行不果。”老子把诚信作为人生行为的重要准则：“轻诺必寡信，多易必多难。”庄子也极重诚信：“真者，精诚之至也。不精不诚，不能动人。”庄子把“本真”看作是精诚之极致，不精不诚，就不能感动人，把诚信提高到一个新的境界。韩非子则认为，“巧诈不如拙诚”。古代的圣贤哲人无不看重诚信，把诚信作为一项崇高的美德加以颂扬。历史上有很多广为传颂的“诚信”典范。

曾子杀彘，讲述了曾子用自己的行动教育孩子要言而有信，诚实待人。曾子深深懂得，诚实守信，说话算话是做人的基本准则，若食言不杀猪，那么家中的猪保住了，但却在一个纯洁的孩子的心灵上留下不可磨灭的阴影。

《史记》中记载，齐国打败了鲁国，齐桓公和鲁庄公在柯地和谈时，鲁国将军曹沫突然以匕首相对，逼齐桓公归还鲁国的失地，齐桓公只好答应了。事后齐桓公心有不甘，打算杀掉曹沫，否定这个承诺。相国管仲劝止，说这样做会失去人心。齐桓公认为此言有理，便依照承诺归还了鲁国的土地。“诸侯闻之，皆信齐而欲附焉。”不出两年，齐桓公便被诸侯推举为霸主。齐桓公之所以称霸天下，除了军力强盛之外，守信用也是一个重要的原因。

诚实无欺、信守诺言的典故很多。但也有不讲诚信而自食恶果的例证。周幽王烽火戏诸侯，不讲诚信，失去了诸侯们的信任，最后落得被杀于骊山之下，为天下人所耻笑。

做人讲诚信，则广交天下朋友；做事讲诚信，则事事畅通无阻。一个人如背信弃义，定为人们所不齿，也就很难立足于社会；一个企业不讲诚信，制假售假，欺骗顾客，虽然能获得短期的利润，但绝不会得到长期的发展；一个地方政府，如果不讲诚信，朝令夕改，虚报浮夸，搞形式主义，不实事求是，那么必将失去人民群众的信任和支持。

诚信是交友之道，更是为人之道。人们在工作、生活和社会交往中面对许许多多的社会关系，这些关系多种多样、千变万化，但有一种关系是不变的，就是人与人之间的诚信关系。由于诚信关系是人际的基本关系，所以人与人相处首先应该建立在诚信的基础之上。这是做人的起码条件，也是处理人与人之间、人与社会之间关系的最起码的要求。讲诚信，有助于人与人之间、人与社会之间的沟通与协调，有助于人与人之间、人与社会之间合作和信赖关系的建立，有助于人际关系的融洽与和谐。否则，人们必将生活在一个尔虞我诈、人人自危的社会之中。这种社会信任危机一旦加深，必定会引起社会的动荡和不安。

所以，在人际交往中，应该恪守诚信原则，讲真话、说实话，对人以诚相待，坚持实事求是，真正做到“与朋友交，言而有信”，使诚信成为人们自觉履行的一项基本道德准则。只有那些诚恳老实、言而有信者，才能受到别人的敬重和爱戴，才能立足于社会；而那些巧言令色、虚伪狡猾、阳奉阴违、言而无信的人，则必然会受到世人的鄙视和痛恨。

《史记》卷三十一《吴太伯世家》记载，季札是吴国的宗室，在出使北方大国途中顺道拜会了徐国国君。徐君对季札的佩剑非常喜欢，却不好意思索要。“季札心知之，为使上国，未献。”等到季札返经徐国时，“徐君已死”。季札没有因此而改变自己内心已经决定了的赠剑的许诺，而是“解其宝剑，系之徐君家树而去”。面对随从的不解，季札说：“始吾心已许之，岂以死倍吾心哉！”从道理上讲，季札没有做出赠剑的明确承诺，不必非得赠剑不可。退一步讲，即使做过承诺，徐君已死也就不一定再需要践诺了。季札重诚信如此，难怪几百年后的司马迁要在他的巨著中重重地留下一笔。

政府讲诚信，就是要实事求是，有一说一，该让群众知道的就要公开，该让群众参与的就要引导群众参与，不故意拔高自己的政绩，不隐瞒存在的实际问题和困难，做诚信的政府。只有诚信于民，才会赢得群众的尊重和信任，才能得到群众的拥护和支持。政府不讲诚信，不树诚信之威，以权压人，那么必定会失去群众的信任和支持，导致信任危机，也将会为此付出沉重代价：经济生活秩序紊乱，甚至走向衰退和崩溃；道德风尚颓废，人心涣散；政治生活变异，腐败丛生；政府对社会的整合能力、对民众的凝聚力大大减弱，“言而不信，则民不附”。

● 怎样讲诚信

中国自古就有“民惟邦本，本固邦宁”“得民心者得天下，失民心者失天下”的明训，至今仍然是至理名言。普通老百姓不能做到诚信，主要是损害一己；为官者不能做到诚信，则无法取信于民，政令不通，上下欺瞒，那就是危害一方，损害的则是党和政府的形象及其所领导的整个事业。

诚信就是要敢于讲真话。领导者讲诚信就是要坚持实事求是，追求真理。认真学习掌握辩证唯物主义和历史唯物主义的科学世界观、方法论，认识和处理问题。坚持一切从实际出发，以马克思主义为指导，对客观情况进行深入调查、冷静观察和科学理性思考，遇事善于明辨是非利害，严肃认真，谨言慎行，求真务实；勇于坚持真理、纠正错误，敢于旗帜鲜明地同各种错误思想和行为做斗争，注意发现并勇于承认和改正自己的错误。我们所提倡的讲真话不是什么话都要讲，是在保守国家机密基础上的讲真话。

诚信要言行一致。“干打雷，不下雨”，说的就是我们一些领导者，光说不做，只喊空头口号，不兑现自己的诺言。朱熹说：“言不及行，可耻之甚”。一个领导者应具有的好作风就是言必信、行必果，说到做到，不讲空话。这里关键就是一个“行”字，“行”就是干。话一说出，就应雷厉风行，抓紧落实，对群众做出的政治承诺一定要兑现。1961年5月，周恩来总理到河北武安县伯延公社走访调查时，在一次座谈会上认识了农民张二廷，会后他特意到张二廷家里访问。张二廷希望周恩来以后还能来伯延，周总理表示，有机会一定来，如果自己不能来，也一定会派人来。周总理一连几年都派人看望张二廷。一个国家总理对一个普通农民坚守诚信，可见周总理崇高的人格品质。

在实际工作中，一要忌言出无行，说了不干，食言脸不红，说话不算数。二要忌言出行缓，拖拖拉拉，常常错过时机，耽误事情，是语言的巨人，行动的矮子。无“行”之“言”是空言，是妄语，是假话，是欺人之谈。行动迟缓也可能使“言”变空，达不到目标，以致失信于民，丧失领导威信。领导者说到做到，不只是指在大事和原则问题上说了算，定了干，即便是一些日常小事也应当言行一致。说了就干，要从小事做起，从现在做起，从自身做起。领导者由于其职业和地位的特殊性，对组织和社会有很大的表率作用和示范效应，直接影响着一个组织和社会的风气，领导者的个人品德对社会道德起着主导甚至是决定作用。

诚信要有修养。孔子认为，能行五者于天下，为仁矣。请问之，曰“恭、宽、信、敏、惠”。就是说，具有恭敬、宽厚、诚信、勤敏、恩惠的人才能称其为君子，这五种品行是作为“仁人”所必备的；怎样把理想的人格外化为现实的人？“子以四教：文、行、忠、信”，来教化和塑造最基本的人格。在此基础上，孔子进一步明确了它们各自的作用：“君子义以为质，礼以行之，孙以出之，信以成之，君子哉！”

“信”字在人格理想和现实教化中都占有一席之地，具有不可或缺的作用。诚信是个人的品质，对领导者来说，塑造完善的人格，须臾不可放松。每个领导者都要自觉地“正身”，在致力公共事务中，重在取信于民；在自我修养中要警钟长鸣，不断“思诚”，以逐步达到“至诚”的境界。孔子有言“德不孤，必有邻”，凡是追求诚信的人，必追求纯洁、高尚、理智的道德境界，他必然会获得无数的朋友和同伴，因为他不仅有益于社会，本身也充满了快乐，他问心无愧、内省不疚，他的人生在德行中一步步地提高着生命的质量。

领导“力”篇

1. 重新认识领导力

历史告诉我们，组织发展与领导力二者并不是同步的，组织规模强大，并不说明领导力随之强大；组织规模弱小，并不代表领导力的消失。有的组织诞生时规模弱小，但并不会早衰夭折，反而日渐坚强，逐渐壮大。回顾以往，中国共产党诞生之初寥寥数人，可谓影响甚微，随着其发展，犹如蓬勃而出的朝阳，光照四方。成功的秘诀在哪里？就在党的组织机构里，在每一个共产党员身上。拥有卓越的领导力，正是这一核心力量使党组织焕发出旺盛的生机活力，使党组织具有强大的凝聚力和向心力。

● 领导力的实质是影响力

领导力究竟是什么？以往人们习惯将领导力聚焦于权力，认为有权就有领导力，这种观点至今还停留在一些人的头脑思维中。这一片面理解认识限制了人们探索的视野。在此，需要强调指出的是，领导力与权力确实有着密切关系，但绝不是对等的关系。有权未必就有领导力，否则就难以解释个别领导“有权无威”或“众叛亲离”的现象。权力只是领导力的一种重要资源，而不是领导力全部。领导力内涵广阔而深刻，既包括组织领导力，也包括个体领导力，是领导者实现目标取得成就与成功的关键所在。应当看到，组织领导力是由个体领导力共同参与积极作用的结果，诚如百川终归大海的道理一样。现代领导科学研究表明，领导力首先是一个影响的过程。重视个体影响力，对于加强组织领导力建设至关重要。个体影响力主要包括胜任领导的能力、胜任领导的个性以及制约领导有效性的个人因素等重要层面。从胜任领导的能力上讲，需要具备业务、人际关系和战略思维三种不同类型的能力；从胜任领导的个性而言，需要激发培育领导欲望、领导行为风格、领导积极心态等个性心理品质；从领导有效性的个人因素来讲，需要领导者具备成就需要、变革创新、教育他人、组织群体以及有正确价值取向等基本条件。在此，个体领导力与组织领导力相互包容，高度融合，共同构成了领导力的核心内容。组织领导力及其发展水平，直接影响且决定着党的领导影响力。组织影响力的削弱，实质上是领导影响力的缺失。

● 信仰目标是内生动力

领导力存在于精神信仰、思想观念、规章制度等方方面面，最终体现在各级党员领导干部的能力素质上。从领导力的性质而言，加强和改善党的领导，提升领导力需要从“领”入手，由“导”贯通，需要“心”与“力”的积极融合。

目标信仰是组织成功的保证。没有信仰的组织是失去希望的组织，没有信仰的领导是精神空虚容易丢失灵魂的人。目标就是方向，信仰就是希望。我们党带领全国人民向着实现中华民族伟大复兴的中国梦目标前进，党之所以坚强有力首先是有方向感和使命感的，只有明确了方向，党的坚强领导作用才能充分发挥出来。为此，履行“第一力”的重要使命，需要把党的建设与远大目标和崇高信仰密切结合起来，要抓住精神世界的信仰问题不松手，最重要的是关注以下几点：其一，确保党组织拥有坚定正确的政治方向。拥有正确的政治方向是组织能够把握前进方向的必要条件。我们党究竟从哪里来，往哪里去，要达到什么状态，体现什么功能价值，对于这个问题是加强和改善党的领导始终面临的核心问题。一个不知道怎么起步的政党，一个没有方向感和使命的党就失去了号召力和凝聚力。其二，忠于职守，脚踏实地。党的领导不是虚幻的，既要从思想、组织、作风、制度上着眼，更要着重领导力的建设。领导力是把党的意志变成具体目标行动的能力，没有领导力的“领导”是虚弱的，这样的领导终将会失去追随者。为此，要求各级党组织既要做党的利益的忠实捍卫者，更要成为党的各项方针政策的贯彻执行者。只有这样，党的领导力才能充分体现。对于党员领导干部来讲，既要从思想上提高政治觉悟，更要在实践上勇于探索，充分调动社会力量的广泛参与，使党的奋斗目标变成全社会的共同追求。其三，坚持原则，身体力行。领导力体现在对组织原则利益的高度认同和积极维护上。要求各级领导者必须严于律己，忠于职守，懂规矩，讲政治，尤其当组织利益与个人利益产生矛盾的时候，要顾大局讲党性，以组织利益为重，自觉维护党的领导权威，做到令行禁止。

理念引领是突出特征。领导力凝聚着领导智慧，具体体现在行动理念上的引领。习近平总书记在党的十八届五中全会上提出创新、协调、绿色、开放、共享发展理念，是我国“十三五”时期乃至今后更长时间的发展思路、发展方向和发展着力点。凝聚着全党的智慧，是统一全党思想行动的指挥棒，全党在认识上务必要高度统一，行动上要协调一致。要从加强和改善党的领导的高度深刻认识其重要现实意义，从国家治理能力水平现代化的角度，从社会经济发展迫切需要着手，把发展理念积极贯彻到社会政治经济各项事业之中。对于各级党政领导干部而言，要把深入贯彻发展理念，正确履行职责使命作为衡量领导力水平的重要标准，对那些与发展理念不适应、不协调、不适宜甚至背道而驰的错误行为要坚决纠正。目前存在的观念陈旧、认识模糊、畏缩不前的懒政怠政现象，不单纯是从政态度上的问题，更重要的是领导力水平严重下降的问题。为此，要把领导力提升纳入领导干部队伍能力建设的重要内容，下大气力解决好这个问题。对于各级党政领导干部，要把发展理念的积极实践与提升领导力结合起来。一是要深刻领会理念精神实质。要了解和认识发展理念上的丰富内涵，按照理念的目标要求构思本单位本部门的发展规划，符合理念精神的要发扬光大，违背发展理念的要坚决避免。二是要坚持探索实践。领导力是推动经济社会的能力，只有在社会实践中才能验证领导力的强弱和大小。为此，积极探索、勇于实践是领导力发展的本质要求。在具体工作中，坚持实事求是原则，积极向实践学习，虚心向基层学习，在实践中提升领导力。

领导力是一个动态过程

领导力由领导者、被领导者以及所处环境三个因素组成。任何一个因素的变化都将导致领导力状态的变化。在此，领导的功能作用承载着领导力核心特征。主要表现在以下几个方面。

一是组织功能。领导者的组织功能是依靠组织管理机构去实现的。领导者在管理生产时对组织机构的总要求是清晰的职位层次、畅通的信息沟通、有效的协调合作系统、有力的指挥中心、高效的执行机构和准确的信息反馈。实现组织目标，是领导的最终目的。

二是激励功能。主要包括三个方面：第一，提高被领导者接受和执行组织目标的积极性和自觉性。人的行为由需要引起，由动机激发。被领导者的个人目标与组织目标，存在着正相关关系；统一程度越高，个体行为的积极性也越高；统一程度越低，甚至发生对抗，个体行为的积极性也越低。领导的功能就在于领导者把组织目标的实现和满足被领导者的需要统一起来，创造出一种环境，使被领导者增强对组织目标的感受性，从而提高被领导者接受和执行组织目标的自觉性。第二，激发被领导者实现组织目标的热情。领导者在领导的动态过程中占主导地位，满足被领导者的各种需要，尤其是心理需要。这是实现激励功能的关键。这里需要领导者对被领导者的心理感染力，要充分了解并尊重被领导者。第三，提高被领导者的行为效率。被领导者的行为效率，是指为实现组织目标所做贡献的大小，它是鉴定领导激励功能优劣的直接依据。被领导者接受和执行组织目标的自觉性和实现组织目标的热情，固然是构成被领导者行为效率的因素，但不是有效行为，只是为有效行为提供前提或条件。有效行为还有赖于被领导者的需要结构、知识技能、组织内人际关系、规章制度、领导作风与方式等。领导的功能，就是从各方面为被领导者创造有利于提高行为效率的物质环境和心理气氛，如采取措施鼓励被领导者自学成才，为被领导者提供表现才能的平等机会等。

三是协调功能。协调关系是领导者的重要职能。领导者在组织结构中担当一定的职位，这一职位是根据组织结构的性质和工作目标而设计的。领导职位不仅反映领导者个人的角色，而且还体现出职位的社会角色，具有社会期待价值。领导者的所有组织管理活动都要围绕工作目标展开。在实现组织目标当中，领导者的个人力量是远远不够的，需要组织机构成员、社会相关部门、领导集体之间通力合作，群策群力，共同努力完成。有时，协调关系比工作本身更加重要。如果领导班子之间存在隔阂，上下级之间难以沟通，相关单位左右牵制，要完成组织目标几乎是不可能的。如果领导者的职位较高，负责的工作较多，协调的任务将更加繁重。比如一项工作的完成，涉及规划、土地、财政、银行、税务、环保、质量检测等多个部门参与。如何与这些单位打交道，既体现出领导的工作作风，也体现出领导者的能力素质。为此，协调关系，调动各方面的力量共同参与，是组织目标实现的关键。协调作为一项重要的任务，伴随领导活动始终。

四是宣传功能。领导者要善于宣传自己的主张为群众所接受，并使之化作群众行动的推动力。领导者应当清楚地认识到，由于人们的认识水平、理解能力不同，组织的每一项目标让所有人心悦诚服地接受是相当困难的。在大家都不能完全理解接受的情况下，领导者有时还要忍受不被众人理解和支持的委屈与痛苦。为此，宣传自己的观点主张为群众所接受，是学会当领导者的一项基本任务。每一项政策的颁布实施，首先要进行宣传教育，做到心中有数。因此，领导者既是实践的引路人，也是理论的宣传者。领导者的宣传能力、教育水平，是衡量领导影响力的重要指标。

五是创设组织文化的功能。美国学者安弗莎妮·纳哈雯蒂在《领导力》一书中这样讲道："领导者特别是组织的创始人会给组织留下不可磨灭的印记，并代代相传。因而，组织事实上反映了创办人的性格。"领导者是组织中其他成员的表率，领导者现象就是组织文化的集中体现，下属的行为都与领导者行为有关。如果一个组织中的领导者对下属漠不关心、态度粗暴，下一级领导者将会模仿他的行为，冷淡地对待他的下属。反之，如果关心重视下一级管理者，下一级管理者也将会更加关心和重视他的下属。领导影响力来自对决策敢于负责，对组织的行为后果敢于负责，这是塑造组织文化的一个重要因素。

2. 营造有凝聚力的团队

团队凝聚力是团队赖以生存的基本要素。就像太阳系的各星球对太阳的向心力，太阳系一旦失去这一引力，它就会在宇宙中消失。同样，团队失去凝聚力，也就很快地瓦解消失。因此，团队的凝聚力受到人们的普遍关注。

● 团队凝聚力的评价

团队凝聚力是团队成员相互聚合程度的一种表现形式，它由每一个成员对其所在的团队产生向往倾向的总和构成。因此，我们可以通过一定的方式对其进行评估。在对团队进行凝聚力评估时，我们一般考虑以下四种因素：一是团队在成员心目中的地位。一个团队的成员如果把自己所在的团队放在一个不可替代的位置，成员自然就会关心他的团队，把团队的利益看得很重，时时处处都维护团队的形象和利益。二是成员对团队的向往程度。团队成员渴望参加团队活动，团队活动的出席率高，团队的凝聚力就强。要是成员无心向往团队，团队活动的出席率就低，团队的凝聚力就弱。三是成员接受和执行团队任务时的态度和积极性。成员积极地接受任务，工作卖力，不斤斤计较，说明成员希望继续生存和不断发展，愿意为团队达成目标而努力奋斗，团队的凝聚力就强。相反，成员不愿意接受任务，工作拖拉，斤斤计较，这样的团队的凝聚力就弱。四是团队成员相互间的态度。团队成员间相互尊重、互相维护成员的良好形象和名誉，当看到或听到有损团队其他成员荣誉或利益的事时，坚决制止，更不会做有损团队其他成员名誉或利益的事，时时处处都在维护团队其他成员的良好形象和利益，像这样的团队凝聚力必然是强的。

影响团队凝聚力的心理因素

团队凝聚力的大小受多种因素的影响。这些因素既有外部的，也有团队内部的。从外部看，影响团队凝聚力的首先是团队所处的环境。团队所处的环境不同，其成员相互接纳的程度就会有所不同。另外，团队所受的外部压力变化也可能引起团队凝聚力的变化。研究表明，在外来压力和威胁面前，团队成员会产生焦虑，渴望帮助，从而增强团队存在的价值，使团队成员关系更加密切。不过，也会有例外的情形。如果成员认为无论如何团队无法抵御外敌，对个体已无保护能力，则团队凝聚力并不会增加。如果成员认为威胁只是针对团队而非个人，如果解除团队威胁会自动消失，那么凝聚力反而会减小。

从团队的内部看，影响团队的凝聚力主要有六个方面。

第一，团队成员的同质性。如果团队成员有着相同的世界观、相似的兴趣和爱好、相近的知识水平等，他们彼此容易相处、加深了解，凝聚力就会很强。其中信念和价值观最为重要，它是产生共同一致目标的前提条件。

第二，团队的目标与成员个人目标的相关程度。团队的目标与成员个人的目标联系紧密，个人在为实现团队目标而工作的同时，容易看到个人目标的达成，团队对个体的吸引力就大。反之，只强调团队目标，员工看不到自己晋升、加薪的希望，团队对他们的吸引力就小。

第三，团队成员所获报酬的公平程度。亚当斯于1967年提出公平理论。该理论认为，职工的工作动机，不仅受其所得的绝对报酬影响，而且受到相对报酬的影响。也就是说，一个人不仅关心自己收入的绝对值（自己的实际收入），而且也关心自己收入的相对值（自己收入与他人收入的比例）。每个人都会不自觉地把自己付出的劳动和获得的报酬与他人进行社会比较，也会把现在付出的劳动和获取的报酬与过去相比较。比较的过程中发现与他人或过去相等，便认为是应该的、正常的，因而心情舒畅、努力工作。否则，就会产生不公平感，满腔怨气，影响工作。

第四，团队的规模。团队的规模能维持团队凝聚力，不要有很多替补队员。研究还发现，由单一性别组成的团队，规模越大，凝聚力越小；性别混合的团队，规模越大，凝聚力也越大。

第五，团队的领导方式。不同的领导方式对团队的凝聚力有不同的影响。心理学家勒温曾经做了一个领导方式及心理效果的实验，他将领导方式分为“民主”“专制”“放任”三种类型，实验研究表明，“民主”型的领导方式比其他两种更能提高凝聚力。在民主型领导方式中：群体成员具有较高的工作积极性，领导者不在场时也较少变化；在人际关系方面比较友好，具有集体主义精神，“我”字用得较少；成员的满意感较高；遇到困难时试图解决问题，表现出高水平的创造性；群体工作效率较高。

第六，团队对成员工作的重视程度和评价方式。大多数人都有趋利避害的倾向，都希望和喜欢得到别人特别是所在团队的领导及成员的重视、赞扬。如果团队能够满足成员的这种心理需要，成员对团队就有更强的趋向，凝聚力就强。

● 建设一个富有凝聚力的团队

建设一个学习型的团队。当今时代，我们面临的是知识经济时代，信息的爆炸和知识的更新，正在并已经把越来越多的人推向“无知”的边缘。因此，只有不断学习，才能与时俱进。彼得·圣吉在《第五项修炼》一书中指出：“团队学习至关重要，因为现代组织的基本学习单位不是个人，而是团队，即‘橡胶要满足道路的需要’。如果团队不是学习型的，那么组织就不可能是学习型组织。”由是观之，建设学习型团队是当务之急。彼得·圣吉还提出了一个精灵古怪的问题：“管理团队中每个人的智商都超过了120，怎么群体智商只有63？”但是优秀的团队不会出现这样的情况。一个优秀团队的智商一定会比成员的平均智商水平高，原因就在于团队学习的原则。彼得·圣吉认为：“团队学习是一个协调和发展团队能力的过程，这种能力能创造出团队成员真正期望的结果。团队学习建立在发展共同愿景的原则上，也建立在个人智慧之上，因为有才能的团队是由有才能的成员组成的。”如果团队中每个成员都能把自己掌握的新知识、新技术、新思想拿出来和其他团队成员分享，集体的智慧势必大增，就会产生1+1>2的效果。这样，团队的学习力就会大于个人的学习力，团队智商就会大大高于每个成员的智商，整体大于部分之和。

建设一个协作型的团队。个人虽然表现优异并拥有坚强的核心竞争力，但除非个人能在一个团队内与别人同心协力并掌控彼此间的核心竞争力，否则个人的表现将永远在标准之下。因此，彼此协作配合能够增加成功的概率。

第一，感知团队。任何一个团队都能看到竞争，但竞争并非单打独斗，队员间的配合显得更加重要。好的团队成员将自己视为整体的一部分，从不让队友间的竞争超过一定的限度，不让竞争损害整个团队。一年两次的南北迁徙，对大雁来说都是非常漫长遥远的路程。任何一只大雁都不可能单独完成旅程，它们靠的就是团队的紧密合作。大雁在飞行的时候总喜欢排成“一”字或“人”字形，在这种团队结构中，每一只大雁扇动翅膀都会为紧随其后的同伴添一股向上的力量。每一只大雁都能比单飞的情况增加70%的飞行效率，从而减少体力消耗，这样它们才能顺利地到达目的地，完成长途旅行。

第二，快乐工作。美国西雅图市中心有一个闻名全球的派克街鱼市场，市场内的鱼市以精彩的销售方式吸引顾客：前台售货员将顾客的需要吆喝着告诉后面的工作人员，后面的工作人员一起重复吆喝一遍，并手脚麻利地把鱼像投篮一样扔向前台售货员，又快又精彩。斯蒂芬·伦丁等人以此为素材，撰写了畅销书《鱼》，并提出了团队成员要快乐、专注、忘我地工作，唤起心中潜藏的活力、热情、能力和创造力。

第三，关注整体。宋代罗烨著的《醉翁谈录》中有这样一则故事：眉毛、眼睛、嘴和鼻子四个都有灵性。一天，嘴对鼻子说：“你有什么本领，可以在我上面？”鼻子回答：“我能识别香味和臭味，然后你才能吃。所以才能在你的位置之上。”鼻子对眼睛说：“你有什么本领，可以在我上面？”眼睛说：“我能观察善恶美丑，遥望东方和西方，我的功劳不小，所以位置在你上面。”鼻子又说：“如果这样，那么眉毛有什么本领，也在我上面呢?”眉毛说：“我不能和各位相互争辩比较。如果我在眼睛、鼻子下面，不知道你的脸放到哪里？”这则颇具哲理的故事说明人的五官，各自都有存在的地位和职责，然而，它们又是一个整体，离开了谁都不行。团队建设的道理也相似，成员要关注整体的利益。

第四，关注实效。在相互协作的过程中，不仅要充分发挥个人的技能，而且要激发出队友的潜能。所有的团队领导者都喜欢听到“放心，交给我了”之类的话，但更喜欢听到“任务已经完成”。因为只有真正解决问题才是关键，解决问题就是执行有力，就是取得了业绩。

建设一个竞争型的团队。首先，“鲇鱼效应”呼唤团队的竞争机制。挪威人爱吃沙丁鱼，可是捕上来的沙丁鱼很快就会死掉，市民因此很长一段时间只能吃到死的沙丁鱼。后来有人发现了一个秘密，自那以后他捕的沙丁鱼都是活的了。其奥秘在于：他在捕来的沙丁鱼中掺了少量的鲇鱼，使得捕来的沙丁鱼一直保持兴奋状态，活蹦乱跳的，所以能卖出高价。“鲇鱼效应”给我们团队建设的启示是竞争才能生存。在团队内部引入竞争机制，实行奖勤罚懒、奖优罚劣，可以打破看似平等实为压制进取的利益格局，调动团队成员的主动性、创造性，激发团队永葆活力。其次，团队内部的竞争不是“窝里斗”。团队内部的竞争不是一种有我没你、你死我活的两败俱伤，而是建立在理性的基础上的你追我赶、共同发展的繁荣局面。

建设一个创新型的团队。创新包括理论创新、制度创新、科技创新以及其他创新。对于团队来说，创新主要包括观念创新、机制创新、管理创新和技术创新。我们都知道一个和尚挑水吃，两个和尚抬水吃，三个和尚没水吃。如今这个故事续编出了新意，恰可说明团队进行什么创新的问题，演绎了新版的三个和尚故事。故事新编说，有三个庙，都离河边很远。怎么解决吃水的问题呢？第一个庙，和尚挑水路比较长，一天挑了一缸就累得不干了。于是三个和尚商议办法，决定采取接力赛的方式挑水。第一个和尚从河边挑到半路，停下来休息。第二个和尚继续挑，又转给第三个和尚，挑到庙里灌进缸里，空桶回来再接着挑。这种方法虽然大家从早到晚都在挑水，但都不觉得累。由单个挑水变为团结协作挑水，可以称为团队的“机制创新”。第二个庙里，老和尚制订了新的庙规，引进竞争机制。三个和尚都去挑水，谁挑得多，晚上吃饭加一道菜；谁挑得少，吃白饭，没有菜。三个和尚拼命去挑，一会儿水就满了，这个办法叫“管理创新”。第三个庙，三个和尚因地制宜，想出了办法。他们把山上的竹子砍下来连在一起就如水管，然后买了一个辘轳。第一个和尚把一桶水摇上去，第二个和尚专管倒水，第三个和尚休息。三个人轮流换班，一会儿水缸就灌满了，这叫“技术创新”。

为此，在创新问题上要克服如下思想障碍：一是墨守成规，不想创新。有的团队主观上缺乏应变思维，创新动力不足，安于现状，不思进取，“不求有功，但求无过”。二是消极畏难，不肯创新。一些人过分强调客观条件，面对不利的客观情势，消极畏难，不能辩证地看待自己的优势和劣势，满眼都是困难，失去了创新的信心和勇气。三是只说不做，空喊创新。有的人在创新问题上叫得紧、抓得松，决心大、办法少，用美好蓝图代替实际行动，用一般号召代替解决实际问题。四是害怕失败，回避创新。有的人认为创新风险大，顾虑重重，或者畏首畏尾，求稳怕乱，宁肯守摊子，也不大胆试验。五是盲目蛮干，歪曲创新。有的人不从实际出发，不按规律办事，头脑发热，情绪浮躁，把盲目蛮干当作创新。六是骄傲自满，不思创新。七是嫉贤妒能，不容创新。凡此种种，都是制约创新的因素。不消除这些思想障碍和阻力，势必影响创新的推进，影响团队事业的发展。

3. 加强对“一把手”的监督制约

法国近代思想家孟德斯鸠在《论法的精神》中指出，一切有权力的人都爱滥用权力，直到有限制的地方为止，权力失去监督必然导致腐败。建立权力监督制约机制，特别是对“一把手”的监督制约，铲除因权力缺乏监督和制约而导致腐败的土壤，这是推进政治文明建设的题中应有之义。

● 对“一把手”存在失控问题

由于部分领域体制机制给予了领导干部特别是“一把手”过大过多的权力，“一把手”在领导班子内部有着举足轻重的地位，许多重大事情的决定实际上还是“一把手”个人说了算。如果“一把手”个人的素质好，民主意识强，那么还能基本按照民主集中制原则决定问题。如果“一把手”具有较强烈的权力欲，就很容易形成一个人专权的局面。在个人专权的条件下，如果“一把手”把心思用在工作和事业上，比较注意廉洁奉公，那么就不容易出现腐败问题，但是容易出现因个人专断盲目拍板造成决策失误的问题。如果“一把手”的素质一般，就会在干事的同时搞腐败。每个班子成员在其分管领域也都有着非同寻常的权力，有的甚至视之为分封的“领地”，别人很难介入。即使因工作关系要涉及，他人也要小心翼翼，字斟句酌，唯恐冒犯。所以，如果过分集中的权力得不到有效制约，就会产生“一把手”权力失控，产生腐败也就是必然的，不产生腐败倒是奇怪的。

● 对“一把手”的监督制约最重要

这些年来，各级党委在干部的培养教育、选拔任用、监督管理方面做了大量的工作，但仍有一些领导干部的理想信念和纪律观念淡漠，违纪甚至违法的事件时有发生。这些问题的出现，其中一个重要原因就是监督制约没有及时跟上。

从“一把手”犯罪的个体和群体来看，他们都有过昨天的辉煌，但在辉煌的时期，放松了学习和改造，失去了监督和制约，最终在“糖衣炮弹”面前打了败仗，跌入犯罪的深渊。分析其原因，奢欲无度、权力膨胀，使他们的头脑发昏，发生了很大的变化。“一把手”失去监督发生质的变化所造成的危害是极大的。得利的是个人，受害的是百姓，损害的是党和国家的形象，伤害的是党和人民群众的感情，打击的是人民群众的工作积极性，既给国家造成了经济上的重大损失，同时也在人民群众中造成了难以挽回的负面政治影响，使党的执政基础受到腐蚀。因此，对“一把手”的监督制约显得尤为重要。

● 对“一把手”监督制约的难点和重点

尽管对“一把手”的监督在当前的形势下显得尤为重要，但是在具体实践中又碰到许多困难。

第一，监督工作提不到议事日程。“一把手”是“轴心”，是“班长”，享有充分的权力，握有重大决策、人事调配、财和物的管理权，在这种情况下研究如何对“一把手”监督，有人认为这是在讨论“谁去摘老虎脖子上铃铛”的问题。

第二，监督工作受到的制约因素多。一般情况下，“一把手”是行政班子中的“班长”，因此，监督“一把手”在客观上存在难度。

第三，上级部门对监督工作的实际情况掌握得不多。上级监督下级是十分必要的，但现实情况是，在“一把手”的监督工作中，虽然同级了解情况但难于监督，而上级由于事务较多，有时疏于监督，对“一把手”的政绩可能知道得多，但对其发生的变化知道得少。我们看到有些干部被绳之以法后，上级领导常有大吃一惊的情况；有些地方部门领导护短，生怕担当“用人失当”的责任；有些群众检举揭发了问题，转来转去，问题又落在“一把手”的手中，最终不了了之。

第四，有些“一把手”拒绝监督。“一把手”对监督的重要性都比较重视，但当监督到“一把手”自身时却言行不一，判若两人。在他们眼里，监督“一把手”就是对其不信任，就是和领导过不去，轻则耿耿于怀，重则打击报复。在个别“一把手”言行之中，监督是对人不对己，甚至做官样文章，做表面文章，自身有“瘤子”不割，还抱怨监督者不割“瘤子”。

强化对“一把手”的管理监督是一项系统工程，必须积极寻求实施有效监督的具体做法，对症下药，多管齐下，综合施治。我们要重点做好以下几个方面的工作。

第一，增强监督意识，形成监督的良好氛围。要加强党员干部群众和监督机构、社会各界监督“一把手”的宣传教育，消除思想顾虑，强化监督意识，形成良好的党内外民主监督氛围。在实际工作中，要进一步转变监督观念，努力营造良好的监督氛围，有赖于全党全社会民主监督意识的加强，强化监督意识，要克服三种不良心态。一是要克服“不要监督”“权威受损”的心态，提高“一把手”接受监督的自觉性。二是克服“不敢监督”“无法监督”的心态，增强监督主体履行监督职责的主动性。三是要克服“难以监督”和“监督不了”的心态，营造民主健康、扶正祛邪的良好社会氛围。对“一把手”的监督，要转变观念，把监督的关口前移，及时发现问题、解决问题。

第二，理顺监督体制，确保监督的权威性。适应新形势新情况，对现行监督职能部门的工作体制进行改革和调整，从体制上树立和维护监督职能部门的相对独立性和权威性；解决人民群众“不敢监督、不能监督”和“一把手”“不让监督”的问题。把加强思想教育和完善监督制度结合起来，特别应建立教监督制度并重的体系，建立健全和认真实行政治理论学习制度、民主评议制度、党的组织生活会制度、个人财产收入申报制度，以及诫勉、经济审计等制度，能够使各级党政“一把手”经常处于党组织和党员、群众的监督之下。

第三，健全监督机制，形成制度保证体系。各级党组织要在现有制度的基础上，深入落实《中国共产党党内监督条例》，结合本单位实际，不断健全和完善各项制度体系。重点要在政治学习、廉政考核、民主决策、财务审计和收入申报等方面加强制度约束，要建立“一把手”的政绩档案，完善“一把手”警示、惩戒制度。各级党政“一把手”要定期向上级汇报思想和工作情况。特别是重大决策、重要干部任免、重大事项等要随时报告。同时。要进一步完善“一把手”政务公开制度。让下级和人民群众有知情权、发言权，把权力的运作过程最大限度地置于下级和人民群众的监控之下，使人民群众的监督作用得到有效发挥。要充分发挥纪检、监察、组织、人事、审计、执法等部门和监察员的作用，由纪委负责牵头，定期、不定期召开各类联席会议，相互交换信息，增强对“一把手”监督的整体效能。

第四，拓展监督空间，加强对生活圈的监督。对生活圈的监督，采取有效措施，促使“一把手”除管住自身外，还要管住家人，管住自己身边的人。同时，要加强“八小时以外”监督，对“危险事件”“危险时期”“危险地方”“危险交往”进行重点监督。但要注意监督的合法性，即采用的监督方法和手段不能侵犯领导干部的隐私权。

4. 选人要讲“靠得住”

任人唯贤、德才兼备原则，既是党的干部路线的集中体现和核心内容，也是选人用人标准的高度概括。坚持任人唯贤、德才兼备，就要坚持德的首要地位不动摇。

● 选人需重德

在汉语中，道德的“道”有道路、生长、引导之意，“德”有虚心、容纳、养育之意，这揭示的正是一种先导的属性。另外，“德”是人们政治态度、道德品质和思想素质的综合体，它不仅决定人们能否适应历史潮流，选择正确的政治方向，找到科学的工作方法，而且还能产生无穷的原动力。在人类历史的长河中，为什么许多才能不相上下的人，到后来有的名垂千古，有的碌碌无为，有的遗臭万年？这里面最根本的、起主导作用的因素，还是道德因素。对“德”的重要性，先圣先哲们早已做过详尽表述。孔子提出了“为政以德，譬如北辰居其所而众星拱之”的重要见解。洪应明在《菜根谭》里指出，“德者事业之基，未有基不固而栋宇坚久矣”。先圣先贤之所以重视“德”的作用，强调“德”在人的综合素质中的优先性，是由社会历史发展对人才选拔的基本要求和“道德”的本质决定的。

毛泽东在20世纪30年代就提出了德才兼备的用人观。1940年陈云起草的《关于干部工作的若干问题》则进一步将这种用人观明确化，“用干部的标准，概括起来有二：政治，能力”，并提出选拔干部的原则应“德才并重，以德为主”。在德与才的关系上，我们应该坚持两点论和重点论的统一，既重德重才，不片面强调，又坚持以德为先，而非等量齐观。相对于才而言，德更为根本。陈毅元帅讲过一段令人深思的话，大意是：一个空军飞行员，如果开不好飞机，那总不好吧；然而，飞机开得再好，开到敌人那边去了，反过来打自己的国家，那就更糟了。无能，固然不好；无德，就更不好；才高而缺德，是灾难。

由此可见，德才兼备、以德为先的用人标准，是我们党吸纳英才、成就伟业的重要保障，也是我们党提高执政能力、更好地立党为公执政为民的重要基础。

● 用人轻德的误区

选用干部，要坚持任人唯贤，“贤”的基本要求就是德才兼备。但是，我们看到在现实生活中，由于人们不能正确把握德才兼备、以德为先的真实内涵，在认识和实际运作中步入了误区，带来了一系列不容忽视的负面影响。

唯才是举。“唯才是举”一词出自三国时曹操之口，他求贤若渴，说“唯才是举，吾得而用之”。持此论者认为，一个人只要有才能，品德如何无所谓。这种论调是十分危险的。有才无德或者少德的人走上领导岗位之后，面对纷至沓来的各种诱惑，极易迷失方向，陷入金钱美色的泥潭不能自拔，堕落成为人民的罪人。

唯能是举。持此论者选拔干部优先考虑的是有没有“路子”和“靠山”、会不会打开各种“关节”等。这种选“能人”的标准，可能会使那些把领导“吹”得心花怒放的人，有“背景”而无德行的人，或有点本事但利欲熏心的人，会欺上瞒下、弄虚作假的人走上领导岗位。其危害是这些所谓的“能人”往往非但不能给单位“长脸”，反而会给单位抹黑。更为严重的是，有些“能人”纯粹是无法无天，为所欲为，最终沦为犯罪分子，给集体和社会带来灾难。

唯顺是举。由于长期受“无过便是福”的思想影响，有的领导者在使用干部时存在唯“顺”是从，越“顺”越用的倾向。在干部选拔标准的把握上，对“德”的理解往往局限于人的思想品德，而没能把“德”和工作实际效果紧密结合起来，把德和才割裂开来，甚至混为一谈。用这样的标准选用的干部往往唯唯诺诺，缺少主见，缺乏创新精神。

唯亲是举。任人唯贤的对立面是任人唯亲。持此论者把同自己关系密切、感情友好作为选用干部的标准。这样做，只能把眼光放在老同事、老部下、亲朋好友的狭隘小圈子里；只能以个人的好恶为标准，任用听自己的话、能为自己或小宗派谋私利的人，培植个人或少数人的势力。选拔干部搞任人唯亲，是与党的优良传统相背离的，其危害极大。

唯考是举。考试是一种有效的选人用人办法，但不论何种考试形式，捕捉的能力要素都是有限的。决定领导者是否胜任，若一味只注重考试成绩，看重分数高低，把考试看成是人才选拔的唯一方式方法，有可能把那些实际能力强、实践经验丰富的优秀人才挡在选拔条件之外，一些高分低能者会借助考试成绩而跻身高位，限制了选人用人视野，造成新的失真失实现象，这种现象也应当引起高度关注。

● 走出误区的有效途径

“德者，为官之魂。”要在实践中坚持“德才兼备，以德为先”的用人标准，破除用人轻德的陈腐观念，就要凭政绩、顺民心、靠制度选用干部。

第一，坚持德才兼备，凭政绩选用人。“德不优者，不能怀远；才不大者，不能博见。”衡量一个领导者，必须严格遵循德才兼备的标准。政绩作为领导者德才诸因素的统一体，是领导者德才素质较集中的物化表现。凭政绩选用干部，一方面能避免以某个领导个人断章取义的评价或结论来选用人，另一方面也能防止以考察者务虚的交谈和走访来选用人。付诸政绩考核以具体内容，就会使考察对象对上不能蒙蔽领导，对下无法蒙骗群众，他是创造了政绩，还是存在劣绩，在考察者面前一目了然。

第二，坚持群众公认，顺应民心选用人。要改变那种选用人是少数人选人、在少数人中选人的状况，把“伯乐相马”与“群众相马”相结合，选出群众公认、众望所归的领导者。对领导者要听其言，观其行，看群众对他满意不满意、拥护不拥护。“群众的眼睛是雪亮的”，一个领导者是否做到从政以德，群众观察最清楚，感受最深切。

第三，坚持党管干部，按照制度选用人。党管干部原则的实质是保证党对干部人事工作的领导权和对重要干部的管理权。中央颁布的《党政领导干部选拔任用工作条例》规定的各项程序，贯穿了选拔任用领导者的原则，改进了选拔任用领导者的方法，具有很强的现实针对性和严密的内在联系，环环相扣，缺一不可，应该不折不扣地予以遵守。

5. 用人要重有本事

选用领导者，在坚持把德放在首位的同时，必须重视选拔具有真才实学的人，才能办好事情，胜任职责。

● 本事来自实际能力

能力是指人们利用知识和经验认识事物、解决问题的本领。知识、能力、业绩，是构成人才的三个基本要素。其中，能力是本质的要素，知识只有转化为能力，才能发挥效用，而业绩，则是能力发挥作用的结果。人才的能力分为持有、发挥、转化三种表现形态。所谓持有态，就是指人才掌握系统知识的状况、技能的熟练程度和创造性的高低，就是潜在的劳动能力；所谓发挥态，指的是在已有潜在劳动能力的基础上所发挥的状况，如出勤率、积极性、协作精神、工作风格等，持有态良好，不等于发挥态良好，这里存在一个发挥问题；所谓转化态，指的是人才的劳动，不仅需掌握高超的技能，需要有良好的发挥状态，还需要有一定的成果（物质的或精神的）。值得注意的是，并不是所有的劳动都能转化为成果。

我们可以从工作前、工作中和工作后三个时间，有效地识别干部的能力。在工作之前，我们首先考察这个人的“能力持有态”——能力水平。了解他的基础理论知识、专业技术知识、实验观察能力、思维创造才能、组织领导能力等。这种绩效考核指标称为“能力考核指标”。但是，如果我们仅仅停留在考察人才能力持有态上，就会单纯以学历、学位取人，进而步入唯学历、唯学位的误区。在工作之中，我们要看这个人的“能力发挥态”——

态度如何。了解他的出勤情况、工作责任心、协作精神、求实态度、事业心等。这种绩效考核指标称为“态度考核指标”。

但是，仅仅停留在这里还不行，还需要考核他转化态的能力，也就是在工作之后，考察这个人的“能力转化态”——业绩怎样。我们把“能力转化态”的绩效考核指标称为“业绩考核指标”。

《史记·廉颇蔺相如列传》记载，春秋时期的赵括是赵国名将赵奢之子，他熟读兵书，谈起理论来头头是道，但实际上却不会行军打仗。在秦赵长平之战中，秦国用计使赵王任命赵括为将，此战赵括指挥调度完全照搬书本，结果全军覆没，40万赵军被秦军屠杀。历史的教训告诉我们：选用干部要突出实际工作能力，不能纸上谈兵。

实践是学习知识的最好课堂，岗位是提高素质的基本平台。“吃苦是良图，做苦事，用苦心，费苦劲，苦境终成乐境；偷闲非善策，说闲话，好闲游，做闲事，闲人就是废人。”这应该成为各级领导者的座右铭。

● 用比自己本事强的人

提拔比自己能力强大的人，才能“人才辈出”。使用比自己能力强的下属，需要一种宽广的胸襟。20世纪90年代方成画过一幅《武大郎开店》的漫画，画家十分巧妙地借用矮伙计之口说：“我们掌柜的有个脾气，比我高的都不用”，辛辣地讽刺了一些人在用人上的弊端。店堂门口上写着一副对联：“人不在高有权则灵，店虽不大唯我独尊”，横批是“王伦遗风”。自这幅漫画之后，人们就把那些心胸狭窄、容不得部下才能超过自己、嫉妒下属才能的领导者，称为“武大郎开店型”领导者。

“武大郎开店型”领导者担心“教会徒弟饿死师傅”“你来了我干啥”，害怕使用能力强的人会端掉自己的饭碗。这种领导者为了保护自己的“既得利益”不受冲击，总是毫无顾忌地排斥能力比自己强的人，或是想方设法予以压制，尤其是对那些工作有主见、办事有魄力的下属，更是将其视为眼中钉、肉中刺，欲将其置于死地而后快。这样一来，就有了像英国政治家帕金森在他所写的《官场病》一书中所描述的情形：“自上而下奉行的是‘能级递减’，一流的找二流的当部属，二流的找三流的做下级，愚蠢的下属多多益善，精明的对手拒之门外。”

● 关键是配好“一把手”

“一把手”是指一个地方、一个单位领导班子中的主要领导者，即“班长”。解决领导班子的问题，主要是配备好“一把手”。“一把手”在领导班子中处于核心地位，其素质、能力、工作作风和自身形象如何，直接影响着一个领导班子的凝聚力、战斗力和整体工作成效。

党的好干部牛玉儒担任包头市委副书记、市长期间，大胆提出了包头市国企改革的基本思路和经济结构调整的目标措施。经市委批准并全面推行3年后，包头市的工业经济实现了生产和效益同步快速增长，利润增幅指标列全国42个中心城市的第二位。当包头市面临震后城市重建问题时，他又提出了用经营城市的理念去规划和建设城市。实施了城市供水、道路通达、蓝天碧水绿地、安居、旧城改造和都市村庄等工程。1996年至2000年，城市新增居民楼建筑面积相当于前46年的总和，人均道路面积达6.23平方米，人均绿地面积达7平方米，城市绿化覆盖率达30%，包头市为此荣获联合国人居奖。2004年，牛玉儒被评为感动中国年度人物。

如果说，搞活一个地方需要一帮人的努力，但要搞垮一个单位，有一个人就足够了。在用人上，选错了一个乡长足以搞垮一个乡，选错一个县长，足以搞垮一个县，这绝不是危言耸听。

黑龙江省绥化市原市委书记马德担任要职6年间受贿近600万元。马德案牵涉原国土资源部部长田凤山、黑龙江省政协原主席韩桂芝等众多高官；绥化市所辖的1区3市6县中，有50多个单位的“一把手”，共260多名干部牵涉其中。在马德那里，小到乡镇党委书记、乡镇长，大到县委书记、县长，以及各市、县、区内局委办各部门“一把手”，每个位置都有“价格”。整个绥化市被搞得乌烟瘴气，一团糟。

正反两方面案例无不证明：选准、用好一个优秀人才为“一把手”，救活一家单位，搞活一个地方；反之，误选、错用一个平庸之才为“一把手”，葬送一家企业，搞乱一个地方。

不同的职位对“一把手”有不同的个性要求，在选配“一把手”时，必须始终坚持人岗相适的原则，按岗选人，人尽其才。譬如，党政机关应注重选配“诸葛亮式”的思想型人才，通过出思路、定规划进行宏观决策。经济部门应注重选配“刘邦式”的开放型人才，通过改革开放，拓展自己的生存、发展空间，像汉刘邦那样，步步为营，称霸天下。专业职能部门则应注重选配“韩信式”的专家型人才。由专家领导内行，扬长避短，如韩信点兵，多多益善，千军万马指挥若定。执法部门则应注重选配“包公式”的刚直型人才，刚直不阿，执法如山。

优秀的、胜任的“一把手”必须有“几手”。

第一，决策上有“一手”。作为一个主要领导，首要的素质是决策能力。首先要保证决策不能失误，特别是带有全局性和战略性的重大决策不能出现失误。领导者的决策正确与否，直接决定着工作的效率和成败。作为一个主要领导者，必须保证决策的科学和高效，最大限度地降低决策风险。在民主决策上，善于处理好“一种声音”与“多种声音”的关系。作为“一把手”，要充分听取“多种声音”，认真分析并在此基础上总结归纳，最后形成“一种声音”。

第二，带班上有“一手”。一个好的“一把手”，应该既是班子的擎旗人，又是领班人，还应是班子中的协调人，班子成员的知心人。在分工负责上，善于处理好“一个拳头”和“多个指头”的关系。作为“一把手”，在实际工作中做到分合自如，即工作上分，目标上合；责任上分，思想上合；具体制度上分，原则上合。作为“一把手”，要注重提高驾驭全局的能力，努力做好协调工作，齐心协力出好“团结牌”，打好“总体仗”。

第三，知人善任上有“一手”。善于发现人才、团结人才、使用人才，是领导者成熟的主要标志之一。“一把手”在选人用人上，善于处理好“一双眼睛”与“多双眼睛”的关系。作为“一把手”，要充分利用自己的一双慧眼，发挥识才、辨才作用，用好“千里马”。但“一双眼睛”毕竟有一定的局限性，而“多双眼睛”能多视角、多侧面，可以尽量避免“失真”现象。所以，“一把手”在选人用人上要多听其他成员的意见，多听群众的意见，充分发挥每位成员的作用。

6. 执行决策中的服从

要想将一个组织的作用发挥到最大，除了有正确的组织目标、良好的团队精神以外，下级服从上级、个人服从集体也是不能忽视的。对领导者的服从，就是对领导者的尊重。下级服从上级，彼此才能融洽相处，才能有条不紊地开展工作和提高效率。下级能否主动服从上级，是领导者观察和评价下属的一个“切入点”。下级唯有从大局出发思考问题，从领导者的角度出发执行决策，服从才能主动并成为自觉行动。尤其是关键时刻的一次服从，胜过平时的多次服从。从这个意义上来说，服从是一种尊重。管理的实质，就是被管理者的追随和服从，管理的权威也是以服从为前提的。

● 一封信件的启发

《致加西亚的信》一书在全世界广为流传，经久不衰，并成为100多年以来最畅销的书籍之一。该书讲述的是“送信行动”的故事：美国历史上的美西战争期间（1898年4月至12月），罗文中尉受命转交美国总统致古巴反抗西班牙占领的起义军司令加西亚的信。在不知道地址的情况下，罗文以一个军人的高度责任感，历尽艰辛，几经周折，最终胜利完成了任务。该书自出版以来，因其强调的核心内容是忠诚、敬业和勤奋，故而备受推崇；在反复再版、广为流传的历史岁月中，美西战争的性质和主人公罗文中尉的“送信行动”本身已不重要，而由此渐渐演变成的一种具有象征意义的精神力量，成为忠于职守、敬业和荣誉的称号。

在此需要讨论的话题：美国总统把一封写给加西亚的信交给罗文，而罗文接过信之后，并没有问：“他在什么地方？”有人可能会说，连收信人在什么地方都不知道就把任务接下来，是不是有点不负责任，或者是对领导者交派的任务过于盲从？通常情况下，我们如果要去完成一些任务，事先会将和完成任务有关的一些情况了解清楚，并且在自己心里首先要衡量一下完成任务的难度和完成任务的可能性。对于领导者交派的任务，我们应当责无旁贷，迅速行动，尽心尽力去完成。但是如何行动才能高效率、高质量地完成工作任务，我们必须做到心中有数。这需要一个前提，那就是必须清楚、了解该项任务的意图和目标，这样工作起来才能有的放矢。如果对领导者交代的任务不是很明白就轻率地、想当然地去执行，那么是很难完成的。所以，这并不是真正的敬业和服从，相反这恰恰是懈怠和敷衍的表现。当然也有一些人，在觉得自己不可能完成这个任务，或者觉得完成任务的可能性不大的情况下，可能会推诿塞责、怠工拖拉，而不是真正地采取行动。但是我们所要讨论的关键在于是否知道任务的目标，以及如何有效地实现它。也就是说，我们不仅需要敬业和服从，我们更要懂得如何去敬业和服从。

当罗文接到美国总统写给加西亚的信后，他并没有问加西亚在什么地方。我想罗文并非不想问这个问题，只是因为他知道加西亚将军是古巴起义军的首领，没有人知道他确切的地点，所以没有必要问这个愚蠢的问题。如果是换作送信给别人，他也许会问类似的问题，因为这会帮助他更快、更好地完成送信任务。但是即使是这样，他还是克服种种困难，出色地完成了任务。除此之外，还有一个问题就是，当你执行上级交给的任务的时候，发现情况有了新的变化，继续执行原任务已经无法达到预期的目标，你应该怎么办？是无视新的变化，被动地不顾一切地执行原计划，还是主动地分析研究，并结合出现的新情况、新问题对原任务进行适当的调整，确保实现预期目标呢？这两种做法，哪种更敬业、更忠诚呢？我们还以罗文给加西亚送信为例。假使罗文在接受给加西亚送信的任务后，发现加西亚已经牺牲了，应该怎么办？这时继续把信送给加西亚显然是不可能的了，难道就此罢休吗？此时特别需要冷静地分析一下。派罗文把信送给加西亚并不是目的，最终的目的是通过送信给加西亚，取得与古巴起义军的联系，共同合作抗击西班牙人。我想如果罗文认识到这一点的话，那么他绝不会因为加西亚牺牲就轻易地放弃送信这个任务，他会想办法把信交给古巴起义军的其他首领，从而寻求双方的联系与合作。也就是说，我们讲敬业、讲服从，并不是要求消极地、被动地、毫无原则地执行上级的命令，而是应该充分发挥自身的主观能动性，在认真分析、研究交派任务的基础上，结合实际情况有选择地去执行。否则，这种所谓的敬业只能是愚忠，而所谓的服从也不过是盲从。

● 服从而不盲从

在组织中，服从是必须的，因为服从是一种纪律，是对组织内部人员行为方式的一种约束。只有服从，才能保证每个组织成员能够做事正确、行为有效、执行到位。在这样的组织纪律面前，每个成员都是平等的。只有雷厉风行、不打折扣地执行领导者指令，才能获得满意的效果。反之，如果行为散漫、做事拖拉、纪律观念不强，即使做了也无法获得让人满意的结果。对于每个组织成员来说，服从就是他们的工作和责任。这就意味着毫无怨言，对上级下达的指令或任务欣然接受，全力以赴地去贯彻执行；意味着不讲条件，不问原因，不计报酬，不折不扣地去落实完成；意味着恪尽职守，无论遇到什么困难，遇到多大阻力，都会想尽一切办法去实现目标。

服从对于组织目标的实现非常重要，但这并不意味着在一个组织中服从是唯一和绝对的。如果对上级的指示、决定，在不理解其意图的情况下一味附和、一概听从、一律执行，那么这样的行为是盲从。而服从则是无条件地执行，不找任何借口，快速认真地依从上级指令完成任务。两者之间有很大的差距。服从可以建立在对领导者的能力、水平、人格认同和赞赏的基础上，但是并不意味着对领导者的一切崇拜和不分是非。在执行领导者决策的过程中需要服从，但这种服从是建立在辩证思考、学会分析、处事有主见的基础上的。对领导者的决策要学会思考，充分领会领导者的意图，从领导者的角度出发来考虑问题，这样才能认同领导者的决策，并认真执行其正确意见和主张。在工作中，正确的态度是服从不盲从。那么，怎样才能做到服从不盲从呢?

做得力干将。首先要尊重上级，积极支持，尊重上级领导的人格、作用与职权，协助上级领导开展工作，切实完成上级交给的工作任务，而不是表面唯唯诺诺、毕恭毕敬，背后拖拖拉拉、搞鬼搞怪。其次，要实事求是，作风正派。要能吃苦，要“当牛做马”而不吹牛拍马。勤勤恳恳工作，实实在在办事，堂堂正正做人。加强沟通，做好本职工作，不断做出成绩，使上级满意，主动为上级分忧解难，而不要随意添麻烦，识大体顾全局，支持上级工作，同时与上级的交往要适度，不要过亲过密。总的看，服从主要应把握两个要领：一是尊重而不恭维。下级尊重领导者，维护领导者权威是基本的组织原则，希望得到下级的尊重是领导者的普遍心理，但尊重不等于恭维，正常的上下级关系是建立在尊重领导者、支持工作和维护威信上。二是亲近而不庸俗。上下级之间既保持经常接触，又要保持一定距离。做到组织上服从、工作上支持、态度上尊重。下级要通过率直的人格和工作业绩来赢得领导者的好感，建立真正的友谊。通常情况下，为了表示下级对领导者的尊重和服从，在和领导者相处的时候，需要注意以下几点。

（1）别让上级靠边站。下级对上级的服从体现在很多事情上，即使是很小的事情，也要尊重领导者的意见，千万不要认为是小事情，就自作主张，替领导者做决定。

（2）领导者安排的事情要尽快完成。如果领导者安排有误，要马上向其说明，如果领导者执意要按照自己的意见做，那就尽快执行，但尽量将损失降到最低。

（3）当工作上取得一定成绩时，一定要对自己更加严格要求，更加小心处事。要感谢领导者对自己的培养，不要骄傲自满。

（4）当下级和上级对同一问题有不同的看法时，或者下级对上级的一些做法有不同意见时，一定要及时、恰当地和领导者沟通。要牢记，不可越级反映情况。

（5）不要认为自己的工作领导者都知道，没有什么好沟通的，或者认为领导者很忙，自己没什么重要的事情就不要去麻烦他。要知道，领导者最害怕工作安排下去后，就像断了线的风筝，没有消息了。所以，作为下属应当及时汇报工作，经常与领导者沟通。

（6）汇报工作不要简单地提出问题，汇报工作前要准备多套方案，并将它们各自的利弊了解清楚，必要时向领导者做说明解释，并提出自己的主张。另外，最好不要有了问题才去汇报，而是要建立一个定期汇报的习惯。

（7）工作中，作为下级可以通过很多种方式表达对领导者的忠诚，但这并不是说下级要拍领导者的马屁，而是让下级将自己的坦诚展现在领导者面前。

做得体下属。对下级而言，要尽职尽责尽力，做到敬位而不越位，明确自己的特定角色，努力按标准和要求做好工作。一般来说，越位现象主要有：决策越位，即不该自己决定的事情拍板决定；表态越位，即表了不该表的态；工作越位，即做了不该自己做的事；场合越位，即不按场合要求摆正自己的位置。对于越位的现象，下级要格外引起重视，千万不要以为越位是自身能力超强或胆识过人的表现，而要经常做自我检讨，有意识地约束和控制自己的行为。但是，避免越位并不意味着完全束缚自己的手脚，在一些情况下，下级需要创造性地执行上级领导者的指示。这是因为领导者所制定的工作方针、计划、要求一般比较笼统，下级在领会这些方针、计划的基础上，需结合本单位的实际情况创造性地开展工作，这也是下级工作水平、能力的主要体现。下级应善于利用某些稳妥而巧妙的方法，将自己的意见变成领导者的意见，被领导者采纳，从而实现自身的价值。在如何说服领导者采纳自己的意见上，要注意掌握不同领导者听取意见的特点，采取相应方法反映意见。下级要使自己的意见有科学性、可行性，容易被领导者采纳；要选择适当的时间、地点和场合提出意见。在所提建议中要有几种方案，留给领导者选择的余地，点出问题的成败利害，使领导者有紧迫感。

需要强调的是，要处事得体、做事稳妥、维护领导者威信。如果觉得领导者的决策不合理，下级也不可以当面顶撞，令领导者难堪。如果领导者说错了话，不管在什么场合，这些话并不影响下级的利益以及所负责的工作，下级应该避免让领导者陷入尴尬和困窘。或者先接受，表示服从。然后，再单独找领导者汇报、沟通和交流，委婉地说明，让领导者自己了解不合理的地方而自行纠正。这样做，既能调整不合理的决策，又不伤害领导者的自尊心，还能密切上下级的关系。

7. 增强创新本领　提升能力素质

创新是一种打破常规的、具有创见意义的积极实践活动。创新的本质旨在积极适应快速变迁的社会经济新形势，开拓事业发展新局面。在此，创新既是观念思维、理论素养、领导水平和工作成效的突出特征，也是抱负、成就、进取精神等心理动力的充分体现。改革创新是多方位的变革，制度需要创新、管理需要创新、技术需要创新，思维观念更要创新。领导者作为事业发展的领头人，是推进各项创新事业的中坚力量，其领导力水平的高低等对事业成败具有决定性的影响作用。提升创新本领，首要任务是提升创新领导能力素质。

创新思维，拓展空间。变传统单一的直线思维方式为多角度、多层次、全方位的综合“立体结构”的思维方式。一是善于引发思维。创新思维不是自发的，而是靠多维观察思考引发的，要坚持做到质疑、引趣、勤学、攻难、求变、务本。二是运用发散思考。思考问题时，首先尽可能地使思维向着不同方向、不同角度、不同层次发散，以寻找解决问题的多种途径和办法。三是注重逆向思维。逆向思维，是从结果到原因溯流而上的创造方法，即对待问题哪怕是现成的结论，都不满足于是什么，而要多问几个为什么，敢于提出不同意见，敢于质疑。四是发挥联想的功能。联想体现出了思维的跳跃性，是培养创造心智机能的一种思维活动，它是思考的深化，是由此及彼的思考。能否广泛而适当地联想，是衡量一个人的创造性思维能力的标志之一。

学习积累，紧跟时代。不断解放思想，正确对待既有理论、前人经验、传统观念和传统的思维方式，才能做到实事求是，敢于超越。一是要敢于超越经验和习惯。习惯、经验形成定式，对于领导进行开创性工作会带来巨大的阻碍作用。超越习惯和经验，首先要勇于标新立异，敢于在工作中独树一帜。要进一步解放思想，独立思考，不囿于人们的共识和前人的认识。勇于发挥主体自身的能动性，提出自己与众不同的新观点以及工作新思路。二是要敢于超越自满和现实。感觉到知识缺乏，就会如饥似渴地求知，把自己不断引到最高处，盲目自满很容易形成“飘飘然、昏昏然”的情感定式。三是要学习新思想，贯彻新精神。

掌握全局，抓住关键。全面了解情况和掌握事情变化的来龙去脉，这是实现创新应变的前提。作为一名领导者，首先要了解和把握国际国内形势和党的路线、方针、政策；其次要了解和掌握本地区本行业本单位的历史、经济、文化等状况，发展优势、发展潜力与前景；再次要了解和掌握地方与全局、本地与外界的关系和联系，真正做到知己知彼，胸有成竹。实践证明，领导者要唱好创新“特色戏”，要吃透自己所在地方和单位的实情，找准自身的优势和劣势，同时也要把握中央精神，把“上情”和“下情”相结合，把“内情”和“外情”相结合，因地制宜，因时制宜，因人制宜，这样创新思维才有永恒的生命力。抓关键就是要抓准要害问题。在一个地区、一个行业、一个单位，影响创新发展的因素往往错综复杂。作为领导者，必须善于统揽全局，善于把握事物发展的规律和趋势，从解决主要矛盾、要害问题入手，抓“纲”带“目”，纲举目张。这是一条思路，也是思维转轨的重要前提。

集思广益，汲取智慧。领导创新本领的提高，既要注意练好内功，又要注意借助外力。这里所说的外力，就是指领导者要充分调动下属的积极性，集中群众的聪明才智，用集体的智慧丰富自己的头脑。有时领导者处理一个问题，决策一件事情，百思不得其解。此时，群众的智慧或许就是开启创造性思维的钥匙。这里要注意走出两个误区。误区之一：“我是领导，我的见解就比群众高明。”久而久之，就会高高在上，把自己与群众隔离开来。误区之二：一切听从群众，随大溜的从众心理。领导的责任是集中群众智慧，使之升华，而不是将群众意见简单地收集归纳。领导者在实施创新活动中，既要积累成功的经验，又要吸取失败的教训，从而形成经验知识的不断积累、不断升华。

面对挑战，提振精神。领导观念思维变革是在现实发展需要的前提下体现出来的。创新进取本身也是面对现实的态度反映，如何面对现实，接受压力挑战，保持良好精神状态，也是衡量创新本领的一个重要指标。一般说来，一个人的现实境遇不外乎有三种情况：佳境——条件优越、高枕无忧；顺境——环境尚好、无甚烦恼；逆境——遭遇失败、面对挫折。在这三种境遇下的人，都容易造成心理失衡，迷失自我。佳境中，需防止因自以为是、沾沾自喜、得意忘形而走向错误；顺境中，应防止因无所用心、不思进取、混天过日子而遭遇失败；逆境中，要防止因悲观愤懑、浮躁冲动、消极颓废而丧失人格。由于事物具有螺旋发展性，创新创业道路绝不是一帆风顺的，上述三种境遇都可能会交替出现。因此，积极面对现实挑战，善于捕捉信息资源，深入查找问题及原因，及时调整对现实的态度和行为，是增强创新力的内在要求。

8. 善待职位

人生不如意者十之八九，领导者在其职业生涯中也必定会有挫折，会遇到困难。患难之时，领导者的职位便是其患难之友，它会深切关注着你、陪伴着你，可以造就领导者良好的性格，患难之中来相助；可以培养领导者非凡的勇气，挫败困境；可以锻造领导者的大境界，不卑不亢；还可以赋予领导者沉静，沉静中孕育卓越。职位是领导者无语的患难朋友，领导者也要真心实意地对待职位，讲求务实。

● 职位塑造性格

“性格决定命运”，虽然指的是一个人的性格特征会根本性地决定着他的前途，但这句话也说明了职位和性格之间存在着内在联系。领导者在职位中经过不断地磨炼，经过各种情景的历练，会培养出一个良好的性格。当领导者遭遇职位中的患难时，良好的性格会帮助领导者走出困境。

性格是一个人对现实的稳定态度和习惯化了的行为方式中所表现出来的个性心理特征。例如：诚实或虚伪、勇敢或怯懦、勤劳或懒惰、果断或优柔寡断等。所以，性格是由许多特征所组成的一个统一体，这些特征表现在人对现实的态度和行为方式中。对于一个有职位的领导者，经历了各种风风雨雨、经过了方方面面的磨炼，胜任职位的领导者在其所处职位上会培养出一个好的性格。这种良好性格主要表现在以下几个方面：乐观自信，对自己的事业充满信心，并且能够很好地安排自己的工作和生活；敢于进取，不断攀登，并且始终保持强烈事业心和责任感；刚毅无畏，能够正视现实、不畏困难，闯过道道难关从困境中走出来；有自制力，善于控制自我情绪，遇到不如意的事情不以一时喜怒处理，而是用耐心和智慧去解决；敢闯新路，求新，富有创造力，不循规蹈矩；决定果断，不瞻前顾后、优柔寡断；谨慎细心，不草率行事；宽容豁达，尊重他人，谦逊不傲，能容难容之事；诚信坦荡，诚实做人。正是职位中培养出来的这些良好性格，能够使领导者在患难之时勇敢地克服困境，走出阴霾，重见晴空。

● 职位培养勇气

陷入职位逆境的主要原因有两种：一种是主观行为的过错，另一种是客观条件的改变。但不管是哪种原因造成的，其境况是大同小异的，都是使人处于人生和事业的低谷。此时，名誉和地位可能会下降，金钱和物质可能会损失，甚至身体与家庭也会出现变故。

无论哪种情况，职位中的逆境都是把“双刃剑”，在陷入困境的同时，也激发了领导者非凡的勇气。首先，有逆境，说明一直在所处的职位道路上往前走，一直在进步，突然遭遇了逆境，自然会有一段时间的忧虑、烦躁和痛苦。工作中不顺利的事情，固然会产生痛苦和忧愁。但从另一个方面看，它可以磨砺和锻炼领导者的意志，增强领导者扭转逆境、战胜困境的能力。职位胜任者面对困境，不会让失意感和愤懑之情填满心胸，而是把挫折看作职位生涯的驿站，换一种淡泊的心境，换一个独特的视角，撇去世俗浮云，冷静地想一些事情，认识真实的自我，不断调整自己，积蓄力量重新出发。

逆境中，职位激发了坚定的人生信念。信念是一种巨大的精神力量。一个人对于自己所从事的事业目的越明确，信念越坚定，战胜挫折的毅力就越坚强。领导者在逆境中往往会树立坚定的信念，会对挫折有较高的忍受力，会用正确的、积极的眼光去看社会，最终成为战胜挫折的强者。

逆境中，职位激发了领导者战胜逆境的承受力。它让领导者有了大家风范，豁达大度，该伸就伸，该屈就屈，耐得住寂寞，放得下架子；让领导者客观分析外在环境，厘清思路，调整目标，内挖潜力，以求强援，尽量利用各种有利条件；让领导者学会了忍耐，主动进行自我心理调控，不丧气、不失志、不气馁，向挫折挑战，越挫越勇。

逆境中，职位让领导者得到了宝贵的经验教训。谁也不希望遇到挫折，但工作中的挫折也是宝贵的财富，如果能以科学的方法指导，以积极的态度认真思考、分析受挫的原因，总结经验教训，就一定能在“山重水复”的困境中，探索到通往“柳暗花明”的途径而获得成功。从这个意义上说，职位中的挫折恰恰是取得事业成功的熔炉。

● 职位锻造大境界

境界是一种风格、一种情操、一种态度。境界，不是与生俱来的，也不会凭空产生，它是人们不断提高思想觉悟、加强修养的结果，高尚的境界来自不懈的追求和精心的培育。每位领导者的所作所为自然体现着自身境界的高低。而胜任职位的领导者会在职位的历练中锻造出不卑不亢的大境界。有的领导者容易表现出高傲的情绪，有的领导者容易表现出卑怜落魄的姿态。这两种处世态度一种为亢，一种为卑，都有碍于心灵的沟通和情感的融洽，不利于领导工作的开展。但是，胜任职位的领导者会保持不卑不亢的境界，面对上下级、领导与群众之间的矛盾带给自身的工作困难时，依然不折不挠。

领导者所处的职位会接触到不同的职位层级的人，有自身所处职位的上级，有自己的下属，有领导班子，还有普通群众，这些不同职位层级的人，代表着不同的利益，有着不同的思维方式和工作方式。所以，上下级之间、领导与群众之间也时有矛盾产生，并且他们之间的矛盾也会导致领导者本身的工作陷入困境，工作难以展开。面对这种困境，职位锻造出领导者不卑不亢的境界。

职位所锻造的不卑不亢的境界，会使领导者表现出宽容豁达、尊重他人、谦逊不傲。他们知道，工作虽然有层级，但是人格都是平等的，无私才无畏、为公是根本。因此，领导者在待人接物中，面对上级不畏惧；面对下属或群众，既热情礼貌、有理有节，又不自大狂傲、嚣张气焰。他们在自己的领导行为中，不会以对方的职位大小、钱财多少或者学识高低论尊卑，更不会在比自己强的人面前唯唯诺诺，在不如自己的人面前颐指气使。所以，领导者在处理上下级、领导与群众之间的矛盾带给自身的工作困难时，也会表现得游刃有余、恰到好处。这种职位中锻造的不卑不亢的境界，也使得领导者很快摆脱困境。

● 职位孕育卓越

职位赋予领导者的不仅是轰轰烈烈的成就，更多的还是职位中的沉静。但恰恰是职位中的沉静，孕育了领导者的卓越。《沉静领导》的作者巴达拉克经过多年研究精选出来的优秀领导，不是锋芒毕露、热烈张扬、声名显赫的人，反而都是沉默寡言、性格内向、仁厚谦恭，但又不屈不挠、坚持理念、为事业献身的强者。在当今竞争激烈的社会，当领导者身陷困境时，更需要以沉静的姿态来解决现实中棘手的问题。

职位赋予领导者的沉静，使得领导者身上有着不同的特质，往往有三种不被人重视的美德：克制、谦逊和执着。这些都是沉静的、日常的美德。这与英雄主义的领导之道不同，他们身上或许看不到什么大无畏的勇气、超凡魅力的领袖人格、心甘情愿牺牲一切的热情，或是毫不动摇地对某种事业的献身。但是，克制、谦逊和执着这些看上去寻常的美德，正是领导者职位所需的品质，也是它们的价值所在。这些品质，可以让领导者面对困境时，在思考和行动中，用熟悉的、自然的领导方法出色地挫败困难、走出困境。

中国古人有语：“天下有大勇者，猝然临之而不惊，无故加之而不怒，此其所挟持者甚大而其志甚远也。”领导者之所以能面对莫名其妙的耻辱而不愤怒，面对突然遇到的惊险而不慌张，就是因为沉着冷静，有更大的理想和志向，远大的目标使他不去理会眼前的荣辱利害，任何事物都不会使他放弃自己的远大目标。

沉静型领导之道不仅是一种领导理念和策略，也是一种领导行为的选择，是一种追求卓越的行为方式。更主要的，它也是一种信念——几年甚至几十年沉静而耐心地工作，为实现职位中新的超越、取得实在的成就奠定基础。

● 职位是患难朋友

职位是无语的患难朋友，深情关注着领导者的一举一动，领导者对待自己的职位，也必须真心实意，反映到工作中就是要务实。当前，有些领导者在自己的工作中存在一些形式主义，主要表现在：搞花架子，忽视实务，官样文章，空有其名；只走过场，不求实效，照抄照传，照存照旧，开会做戏，失去本意，废实存形，粉饰太平。

可以说，奢靡之风、形式主义是一种藏污纳垢的东西，形式主义掩盖着思想的污垢和心理的污垢，例如掩盖了主观脱离客观、认识脱离实践的主观主义；掩盖了脱离群众、脱离实际、浑浑噩噩、无所用心的官僚主义；掩盖了放弃原则、丧失原则、丧失党性的自由主义和机会主义；掩盖了以蒙混欺骗为特征的市侩意识；掩盖了各种惰性和无所作为的心态。形式主义对领导者及其职位的危害很大：一是会腐蚀党政机构、企事业组织应有的革命精神与求实精神；二是会腐蚀领导者的灵魂，为某些不求务实的领导者提供了苟且偷生的环境；三是会损害党的形象，破坏党群关系；四是会破坏社会主义的勃勃生机。

领导者要杜绝奢靡之风，克服形式主义，就必须努力锻造务实的作风。

一是要在决策上务实，深刻了解上情与下情，把握好结合点，把对上负责与对下负责结合起来，把领导决策与群众参与协调起来，保证政策、措施符合客观实际和群众利益。

二是要确立长远的发展观点，把力量较多地投放到打基础、增后劲上，减少急功近利的做法，增强“为长远着想，为今后铺路”的意识，只要是功在国家、利在群众的事，都要积极去做，要甘当“铺路石”和“种树人”。

三是要说实话、办实事、求实效，使说的、做的与“实”的要求更合拢。关键是要经常深入实际，体察民情，了解群众疾苦，倾听群众呼声，抓紧办好群众迫切要求的实事。

四是要坚持实事实办，把落实放在突出位置。可以把目标“实化”，使之易于操作，使决策系统与执行系统搞好衔接；要强化督察，认真纠正已出现的偏差，保证按时、按质、按量地完成任务。

职位时刻关注着领导者的一举一动，领导者也要务实对待自己的职位，将职位作为为人民服务的舞台，真心实意地对待它。

9. 领导生涯　声望最重

清代著名书画家、文学家郑板桥，乾隆年间中进士后，先后在山东范县、潍县任县令近二十年。他开明廉洁，一尘不染，两袖清风，成为中国历史上为官的典范。

领导干部不同于老百姓的最明显的地方，是他们的岗位角色不同于普通人。因为身上综合了炫目的权力和责任，使得领导干部扮演的角色区别于作为个体或在私人领域中扮演的角色。或许正是因为这种特殊角色，领导干部的需要便成为一种特殊的需要，一种接受百姓监督、体现群众意志的需要，即满足老百姓需要的需要。做了领导，便必须有了角色牺牲。领导干部需要是个复杂的东西，不仅是获得，有时候这种需要真正的含义是一种付出，一种自我需要的牺牲。因为他们是老百姓愿望的化身，他们自我需要的满足要在岗位允许的范围内，是一种受到特定约束的满足。

● 需要应当贵在精神

人人都有满足欲望的需要，但不同的个体其欲望是不同的。从某种意义上说，欲望的存在和发展是人类前进的动力，是人生存的支柱，离开了对欲望的追求，人的生存就变得毫无意义。离开岗位职责，作为一个自由的个人或扮演一个普通人的角色时，领导干部首先是作为私人的个人，他们是儿子、父亲、丈夫、女儿、母亲等，属于“市民社会”的私人领域，如家庭私人小团体。在家庭或私人小团体中，领导干部要扮演某些角色，同时也承担一定的责任。在这些领域中，自己的生理、情感、人际、尊重的需要得以充分的满足，每个人都是自由的，可以按个人的情感和爱好选择行为，前提是不妨碍他人同样的自由与权利。他们可以在自己的社交领域内自由地选择责任，对亲人或好友的责任，或帮助某个与自己没有密切关系却急需帮助的人，但前提是不能损害公共利益。

对普通人来说，个人可以按照自己的个性和爱好行事，而不必小心谨慎地从社会利益的最大化出发考虑行为的选择。我们不反对一般欲望，但对欲望毫无抑制的追求甚至抛开了社会的道德规范和法律规范，就会沦为社会败类和罪犯，社会就要制裁他。官员对金钱的渴望和无限制的追求，必然使其沦落为社会的异己分子。

当一个人由私人领域转为行使行政权力的公共领域，由普通人的角色转变为公共角色，这些规则就发生了变化。

一个接受了公共职务的人就不再拥有私人领域中的某些自由，也不能自由地追求私人目标，更不能对职业行为中的服务对象表现出非原则性的亲疏差异。一个人一旦成为领导，他就必须放弃作为普通人的某些自由与权利，不能再保留私人生活中的自由，个人的生理、情感、人际、尊重的满足应在岗位责任的允许范围内获得。即作为公共领域中的行政人员，一旦担任公共职务，就必须承担起作为公共角色的责任。中外名垂青史的清官正是因为具备了这种品质，才世代流芳，辉耀千古。宋代著名清官包拯，是清正廉明的楷模和千古清官的代表。由于他朴素的生活作风、敏锐的办案能力、蔑视权贵的胆略、刚毅果断的气度，给宋王朝因循守旧、贪贿腐败的政治气氛以巨大冲击。像包拯这种清官真正地做到了一身正气、两袖清风。

但这种转变在个体需要和公共需要之间也必然会产生冲突。成为领导干部后，虽然受到各种职业要求的约束，迫使他们在很大程度上排除个体的需要，但个人的利己本性不可能因为其成为领导便会自然消失。在领导的岗位上私人利益的考虑仍会干扰领导行为决策的选择，尤其是满足个人利益的需要和满足公共利益的需要发生矛盾时，进行自我约束的不同的道德能力水平，直接决定个人考虑问题的立场和观点，影响领导干部的选择结果。有些领导干部不能很好地把私人角色和公共角色进行区别，而在从政过程中或行使行政权力的过程中，仍然持和在私人领域行事时相同的办事准则，就会出问题。

● 需要重在体现社会价值

保护自身、满足安全需要与履行领导干部职责需要的矛盾，也往往影响领导干部处理事务的选择。这些情况由于必须注意避免违背上级命令而给自己带来压力，有些领导干部为了维护个人安全有可能随意地改变自己的行事原则，而造成违法乱纪行为。这种情况下对于领导干部，接受上级或权威的命令，按制度规定的要求行事，可以给个人一种基本的安全感。无论上级的决策是否正确，在得到上级的肯定之后，通常会产生一种自我价值的肯定感，唤起一种由于对上级命令的履行而产生的满足感。不过，所有这些愿望与价值感，都是建立在恐惧心理之上的。对这种恐惧的妥协，虽暂时满足了安全的需要，却往往属于严重的渎职行为。

注重操守，崇尚高尚。心理学家马斯洛认为人类在满足了生理和安全的需要后，还有交往、友谊、归属的需要，在人际需要得到满足的同时，也为生理需要的满足、安全需要的满足创造了条件。

领导干部应是人的社会性角色得以强化的过程，并且其人际交往更加复杂，利益冲突更加明显。在这个过程中，要经历各种角色的转换，接触各种复杂人际角色。过去一个时期里，在我们的文化体系中，筵席是满足人际应酬的方便途径之一，利用这种方式开展工作或应酬人际交往确实方便，但也容易产生问题，因为吃喝聚会很可能会形成“酒友”或“饭友”，演化为一种饭局人际派系、利益交换关系，甚至会成为领导干部出问题的开端。由于在这种交际性团体中人际角色复杂，人情的存在反而成为腐化工作的药剂，造成领导干部只关注自我的需要，工作上搞裙带关系、拉帮结派、搞小团体，为了自身的利益互相扯皮，以便捞到自认为的好处。导致领导决策的昏庸盲目，错误指向上的盲目跟从，产生一种习惯性的人际需要满足的依赖。这些情况很自然会过渡为公私不分，滋生习惯性的帮派情感，履行了自己的人际“责任”，而忽略了岗位职责，蔑视了法律，违背了整个社会的意志。我们在人际交往的过程中，往往会逐渐养成一种习惯性标准。在自我的小圈子内，有时为了寻求“关系人”的认可和赞赏，为了满足这种人际融洽或赞赏的需要，不惜违反制度规定。其实，这是丧失原则的错误行为。

满足需要，警惕私欲。《礼记·孔子闲居》篇说：“天无私覆，地无私载，日月无私照。奉斯三者以劳天下，此之谓三无私。”孔子在这里要求为政者要绝对无私。就像天可以覆盖一切一样，没有偏私心；像地可承载一切，日月普照一切一样，没有偏私。人民需要的是和他们贴心的领导，需要那种抱着满腔的热情，追求为国为民的自我贡献，即满足人本主义心理学家马斯洛的自我实现的需要。追求自己的远大抱负，履行自己的责任，满足老百姓的愿望，很多时候都会和领导干部个人需要（或满足个人利益）的满足之间产生矛盾。比如，领导的人际应酬和事务的持续无规律，都是对满足家庭温馨平静需要的牺牲。对于领导干部来说，最终追求的需要应是一种自我的超越，一种把心灵力量投注于人民的博爱情怀，一种公共的责任感，一种高尚的建设文明社会的道德品质，而不是仅仅为满足自己的私欲费尽心机、苦心钻营，获取自私的人际利益。但完成这种超越要付出好多。

领导干部在满足自己利益需要的范围内，拥有的较强感情连接或社会资源是一种优势，一种为获取更大政治成就而积累的财富，但需要超脱自己，不能仅仅满足自己范围内的狭隘利益，把人际交往看作一种满足自己低级需要（保护自我）的方式途径，而应把其作为提升自己能力水平的动力，以获取真正的自我实现。这需要领导干部提高自制力，而不是把手中的权力作为攫取满足自我需要的工具，把利用职权而建立的人际关系视为交易性关系，而认为对自己有利的就是好的，不利的就是不好的，好坏全以自己的利益为准。个人把正确的行动规定为能满足自己的需要或者能满足那些可以酬谢自己的人的需要，所有的选择都是实用主义的，以实用性或物质利害来解释行为道德价值。特别是一些领导干部，把其手中的权力当作换取钱财的商品，进行钱权交易甚至权权交易，而不再讲原则、道义。

最终所求，天下百姓。唐代著名诗人李商隐在《无题》诗中写道：“春蚕到死丝方尽，蜡炬成灰泪始干。”作者原意是表达对爱情的忠贞，不到丝尽、不到成灰，爱情是不变的。此千古名句更可以用来赞颂那种勤奋献身、鞠躬尽瘁的领导品质。这里引用是赞扬那种不恃空言、勤奋实践的领导干部。劝诫从政者不能清谈误国，而要像春蚕那样劳碌一生，像蜡炬那样照亮别人，燃烧自己。

这意味着只有当个人需要追求的水平不断提升层次，逐步关注非个人的需要时，才能实现自我精神追求的升华。站在满足个人需要的立场上行动时，我们每个人都会受到强烈的利己主义的驱策。在人类处理的每件事务中，满足自我的利益和对“其他重要的人”的责任是重要的驱力。每个人都有一种强烈的忠诚感，但首先是对家人（一般是这个样子），然后是小范围的密友，在那些情感最深的群体内部，个人的好恶也许会对行为做出非常合理的引导。当赠送礼物、分配家庭资源、设计各种目的时，个人总是会偏向家庭成员、朋友和职业伙伴，这是自然的，在大多数情况下也是恰当的。能够超越这一切，则是具有高境界的领导干部。

一个人的交往范围扩大到远方亲戚、普通朋友、街坊邻居、同一城市的居民和陌生的国人时，依附于个人的情感力量就会依次递减。这样就需要自己走出个人私利范围，在满足“小我”需要的同时，关注自己满足整个社会的需要。只有这样，考虑问题时才不会单纯从个人的情感出发评价他人，而是理智地对待与自己无关的人，承认大多数人都有等同的价值，不管他们离自己有多远，哪怕是完全陌生的人都是生而平等的。这时关注的是整个社会，而不是个体的情感体验。超越了个体的立场，出现在视野中的不再是自己，也不再是与自己有密切关系的人，而是全社会成员的权利与价值。

很多时候我们培养出适合满足个人需要的道德品质，同样可以满足自己追求自我实现的需要，小范围的私人领域中表现出的高贵品质，同样可以服务于整个社会。或者说，我们可以创造一个环境，个人在其中既可以追求自己的利益，又可以从整个社会整体出发，公正平等地维护每一个社会成员的利益。要真正地实现自身价值，懂得超越私人领域的满足需要，即便是这种超越充满了责任的、利益的冲突以及私人角色和领导岗位角色的矛盾。领导干部个体对自身需要应在责任义务的约束下进行升华，形成约束自身的必要处理事情的原则。这样，领导干部在满足自己的需要时，便会自动参照行使行政权力的基本使命，认识并解释自己的行为责任，既不会随意跟随权威领导的无理命令，也不会为满足自己的人际利益而出卖权力，能够做出独立的思考和正确的选择。即领导干部具有了独立的内在道德准则，对违背道德原则与责任的行为，其内心谴责便会起到自我监督的作用，良心的内疚、自责，把自觉理解的道德原则内化为稳定的道德责任感和正义感，即追求“先天下之忧而忧，后天下之乐而乐”的从政理想。郑培民因为其遵从“官因廉而生威”“做官先做人，万事民为先”；因为其把根扎在人民中间，和人民的心贴得最近，可在抗洪大堤一待60天；因其家风极严，妻子有“三不政策”“情浓钱淡，永葆清白”“警钟长鸣，慎独慎微”；因其忧国忧民，情系众生……郑培民自身需要的满足服从了国家和人民社会的需要，是一种真正的自我价值的实现。

通过遵循普遍的责任原则，领导干部从内心接受普遍的共同利益目标，理解人民的愿望，而不是某些团体的特殊利益或个人利益。或许只有成为一名领导干部，才有机会同时满足这两种需要。成为一名领导干部，才有可能有效地把对满足个人需要的种种途径方式和感受扩展到社会全体成员。

10. 领导胜任八要素

从领导者工作状态考察，影响不胜任的原因是多方面的，既有对工作环境的不熟悉，也有知识能力上的欠缺，归根到底，以下八大因素最为关键。

目标导向。目标导向是领导者胜任的首要因素。现代领导心理研究告诉人们，领导者能否取得成功并不仅仅取决于机遇和环境，更重要的是目标。领导者所处环境优越、机遇垂青，但一事无成者大有人在。因为他们没有目标，有的只是外在的可能性因素，而不是发挥根本作用的内在因素。领导者是有目标的人，“领”和“导”都是围绕组织愿景或目标产生的行为。如果领导者目标出现了问题，组织团队就会军心动摇，下属就无法追随。《西游记》中的唐僧师徒为了取得真经这个目标，团结一致，降妖除魔，心中充满了力量。唐僧“装备技术”有限，但智慧悟性很高，因为他始终明白目标坚持的极端重要性；如果对目标有了一丝怀疑甚至放弃了，他们早就作鸟兽散，孙悟空也早就回花果山去了。《西游记》的故事精彩纷呈，最重要的是告诉大家一个基本道理，成功源于目标追求。

哈佛大学一项研究结果表明，在目标追求上可以把人分为四个层次：第一类目标清晰、坚定追求者，比如唐僧之类。第二类目标比较清晰，知道怎么去做，比如孙悟空、沙和尚之类。第三类目标模糊，容易动摇，比如猪八戒之类。第四类是没有目标，比如那些小妖小猴们。相关研究发现，目标坚定、坚持不懈、始终不渝的人，会成为社会精英阶层或成功人士；目标比较清晰者，跟着目标坚持下去，也会发展为社会的中上层；目标动摇、退缩保守、摇摆不定的人，多数处在社会中下层；而没有目标，浑浑噩噩者，多数无果而终，处在社会底层。可见，目标是事业成功的基本前提，没有目标就没有追求，组织也不可能存在，领导者也是徒有虚名。在此，目标追求需要“三力”：一是定力。就是要目标方向不动摇，具有“千磨万击还坚劲，任尔东西南北风”的泰然神态。二是耐力。要比谁能坚持得久，比谁承受得起。只有坚持才有机会，才有结果。三是要有活力。就是要有灵活性和变通性，不死板、不僵化。为什么黄河九曲十八弯，最后能奔向大海？是因为黄河回转盘旋，不求直线捷径，但愿目标有望。如果没有“九曲十八弯”的灵活变通，黄河也只能踟蹰徘徊在青藏高原，奔向大海只是个遥远的梦。

职业兴趣。工作源于快乐，要快乐地推进工作，快乐工作最主要的是要有兴趣和乐趣，爱岗才能敬业。从一定程度来讲对工作的兴趣决定了对工作的职趣。兴趣和职趣有质的差距，兴趣是只要高兴，感觉满足就行了，职趣需要长久的积累、实践。我们都要培养欣赏的兴趣、欣赏工作的职趣和干事的信心，这样才能把事情做好。

发展的需要。对基层干部来讲有四大需要：一是生存的需要，要活下来，要生存，包括一个地方的生存发展和人的生存；二是快乐的需要，工作要有乐趣；三是发展的需要；四是健康的需要。这四大需要左右了领导者的心理轨迹。为什么有的干部心理复杂？是因为生存的问题没有解决好，所以就快乐不起来，健康也顾不着。调查发现有的领导者前两种需要基本能够满足，后两种需要没有得到完全满足。如发展的需要，怎样发展？怎样得到社会的认可？怎样得到组织的关心？怎样增强能力？怎样丰富知识？这些方面的压力比较大。还有怎样保持身心健康，一方面健康地工作，一方面健康地生活。北京市委组织部和北京市委党校做了一个调查，结果显示目前干部身心障碍问题发人深省。之后，专家们又调查了514人，调查发现干部有身心障碍的为6%左右，由严重身心障碍的为3%，确实需要组织、社会的关心。

成就动机。动机和需要之间是因果关系，动机不一定直接变成行动，动机要先变成需要，然后需要就变成行动，它是连锁反应。现实中，许多领导者的成就动机还是比较强的，其主要有以下几个特征：一是有没有事业心，是否敢于负责、敢于寻找解决问题的途径。二是有没有进取心，是否重实际，能不能有进取的现实性态度。三是能不能密切注意自己的处境，要求不断得到反馈信息，不断了解自己工作和计划的实行情况。四是能不能重成就、轻金钱。工作中取得了成就、克服了难关，就会从中得到乐趣、激情和激励。如果这四个方面都选是的，就说明领导者有很强的成就动机，成就动机是一个人干事、干成事的最重要的内在动力。

自我意识。自我意识就是自己对自己的意识，按照有关精神学派的思想划分，人有三个我：原始的我、现实的我、理想的我。从社会心理学的角度看，这“三个我”又是指物质的自我、社会的自我、精神的自我。物质的自我指我们要吃得好，穿得好，有房住，走到哪里都有交通工具，收入水平能保证生存，有家庭有儿女，这都是物质的自我，大多数的领导者的物质自我能够满足。社会的自我包括有组织、有朋友、有影响力，大家拥护，有干工作的快乐。精神的自我是什么？是做一个高尚的人、一个有道德的人、一个正直的人。人的“三个我”缺一不可，一方面说明人不可能没有精神世界，人要有高尚情操；另一方面要有社会影响力，要让大家知道我是“谁”。这“三个我”是人快乐、精神世界健康的最主要因素。只有物质自我而没有社会自我、没有精神自我，人就是行尸走肉、孤家寡人；光考虑社会自我，光考虑有影响力和社会关系，人可能会陷入儿女情长，没有远大的志向，面对困难就可能会产生挫折感；如果光有精神自我，搞得像个修道士，可能会因为物质上没有得到满足而产生精神上的内在空虚。所以既要把自己的物质生活做好，当然物质生活不是物质享受，还要把组织的关心、组织的事情、工作上的事情、社会的自我做好，更要有丰富的精神世界。精神力量的强大就在于人能超越、战胜自己。

情感体验。情感体验主要有四个懂得：懂得关爱、懂得感恩、懂得同情、懂得施善。情感生活是人生最丰富的一个方面。为什么有的人情感失落，情感生活得不到满足？主要在于缺少这四个懂得。比如懂得关爱，人都需要关心，不仅是关心自己，还要相互关心，在基层工作要多走走，多看看，多与老百姓拉拉家常，将他们当成朋友，这样大家对你的感觉就很好，你的话就有人愿意听。懂得感恩，人有四大感恩：一是感谢社会，感谢这个时代；二是感谢自己，要很努力、很敬业，不要轻易地否定自己；三是感谢组织；四是感谢身边的人。当领导始终要目中有人，知道自己之所以成为领导是因为别人追随你，没有追随者的时候那叫自我领导。懂得同情，同情心就是善。懂得施善，善就是一种态度，一种内在和外在的自然表露，看到哪里有困难、哪里有危难就要当仁不让地去解决这些困难。现在个别干部有一种可怕的态度就是冷漠，群众对这样的干部有很重的陌生感和抗拒心理，人既是理智的动物也是情感的动物，许多事情只有带有感情地深入下去，才能够得到很好的解决。

个性品质。个性品质最主要的是知、情、意、行不能分裂。为什么有的领导者人格分裂呢？因为知、情、意、行分裂，由此导致出大事、出大问题，不能胜任眼前的工作，不能胜任职位的要求。

积极心态。健康、命运、生活、压力、工作、职务等都与心态有关。领导者的心态积极，叫作健康心态、阳光心态；有的领导者的心理世界比较烦躁，心态不好，如果心态不积极，那他所做的事情可能都是消极的。作为领导者，无论遇到什么事情都要学会坦然接受，但这份坦然不代表“不自信”，如果领导者的心里没有了欲望，那么即使做再多的工作也是徒劳。所以，要想更好地生活，这份积极向上的心态和心情很重要。心与情看似独立，却又相互关联，内在的积极愿意，必须通过人把它表现出来。所以说心态决定命运，心态决定幸福感，心态决定从政的质量。长时间在基层就要乐在其中，面对现实，要培养自己良好的心态，然后将工作的乐趣、生活的乐趣、与人处世的乐趣不断地经营和发展，变成一种内在的思维，那么这个心态就会很好。

11. 领导要善于树立权威

领导权威，就是指领导者在实践中形成的使人信赖并服从的力量和威望。认识权威，了解权威，对于领导者树立权威尤为重要。

● 权威形成的心理基础

权威本质上是一种影响力。领导权威的心理基础包括两方面，一方面在于适度、理性的崇敬心理；另一方面在于领导者与追随者的心理互动。

从适度、理性的崇敬心理上讲，极具魅力的领导者在群众（下属）心中都具有英雄的形象，也正是对英雄的崇敬心理，才使领导者具备魅力的光环。

领袖从广义上说也是英雄人物。领袖人物的最重要作用就在于“带路”和“掌舵”，使得群众的行动有一个统一而正确的方向。但是，革命的路是要群众自己去走的，任何领袖人物的作用均不能代替千千万万群众的革命行动。恩格斯在《论权威》中，总结了人类生产斗争和阶级斗争的经验，深刻论证了权威的重要性。领袖人物在事业中能否起到卓越而重大的作用，主要取决于以下三个方面。

第一，是否能明确而深刻地理解社会发展的规律，是否具有伟大远见和敏锐洞察事物的能力，能否使自己的活动建立在冷静地分析客观局势和符合客观规律的基础之上。第二，是否能正确地反映人民群众的根本利益，是否与先进阶级的活动联系在一起。第三，是否相信群众的伟大创造力，善于集中群众的智慧；是否能倾听批评和接受群众的监督。按照历史唯物主义观点，杰出的领袖人物是能够起促进社会发展和推动革命事业前进的作用的，伟大的无产阶级革命领袖列宁，在他的一生中，始终与人民群众保持着最亲密的联系，他孜孜不倦地教导群众，同时也经常倾听群众的意见，向群众学习，深信在人民群众中蕴藏着无穷的智慧和创造力量。对于广大人民群众来说，对代表自己切身利益的领袖人物的崇敬，一定要建立在理性、适度的基础之上，否则很容易在狂热的崇拜心理下将领袖人物“神化”和“先知化”，这是历史的经验已经证实的一条错误的崇拜心理。

从领导者与追随者的心理互动来看，领导权威的展现过程其实就是要求通过领导者自己与下属之间的“互动过程”，有效地协调子系统之间的竞争与合作关系，树立领导权威，促进系统的有序化。而领导权威并非领导者个人素质单独决定的结果，而是领导者与下属双方相互作用的结果，是一种群体效应。曾经有人说过，成为优秀领导者的条件是有“一流的追随者”。一个领导者可以拥有很多的下属，但不一定拥有很多追随者。追随者是决定领导绩效高低的重要变量，因为再好的决策都需要追随者去实现，再好的领导意图都需要追随者去贯彻。否则，丧失追随者的领导者就将成为大家所讲的“光杆司令”“孤家寡人”。有专家进行了一项实验，数据是从103个一线管理者和每一个管理者的两个直接追随者那里收集到的。研究的结果发现，在体恤和追随者的工作表现之间具有很强的相关性，追随者的工作情况导致领导者看重体恤。领导者可能对工作情况良好的追随者予以积极的增援，表示自己的支持和赞成；而对工作情况差的追随者予以消极的增援，并较少体恤。同时，体恤导致追随者满意程度的相关系数也是很高的。这表明，领导者对体恤的看重构成了追随者满意程度的诸多原因之一。

最新的领导学理论认为，领导权威的树立要充分考虑追随者的类型，采取相应的对策。追随者的类型包括以下五种。

异端型追随者，是指那些喜欢揭伤疤的人，他们往往成为敢于指出组织目标、决策与程序上不恰当之处的斗士。异端型追随者被认为是有能力但是却有点愤世嫉俗，他们会因此而阻碍自身的发展或者给人留下不好的印象。

顺服型追随者，是那些习惯服从命令的人，他们不带任何怨言积极地执行命令。由于顺服型追随者过于积极，一旦他们执行的命令与组织行为和政策所奉行的规范相抵触，将会变得很危险。

实用型追随者，是那些对组织目标负责但不喜欢兴风作浪的人。他们不喜欢出风头，他们倾向于做二流人物并把自己拴在组织的命脉之中。他们与权力中心保持一定距离，给人的印象是在肯定与否定之间模棱两可。

被动型追随者，是指那些看领导脸色行事，如果没有鼓动，绝不会主动完成某项任务的人。由于缺乏积极性和责任感，他们倾向于从领导者那里获得持续不断的指导，而绝不会主动承担额外的任务。

榜样型追随者，是典型的与他人保持密切联系的自我领导者和合作者。在员工看来，榜样型追随者是值得信赖的合作者；在领导看来，榜样型追随者不仅具有独立、革新、创造的品格，而且还是能够经得起考验的。

● 领导如何树立权威

领导活动的成功与否，领导力量的强弱，最终很大程度上取决于对权威的接受程度。在权威形成过程中，领导者的知识背景、领导者的经验、个人魅力和胆识等非职位权力的因素起着至关重要的作用。

一是领导要有“学问”。学问即知识背景。领导者要树立权威，首先必须掌握科学知识，知识与专长实际上就是一种权力。谁掌握了知识和专长，谁就拥有了影响他人的力量。人们往往会听从某一领域专家的忠告，接受他们的影响。例如，一位权威医生的忠告会改变某人的生活习惯，一位装潢专家会改变一家公司或一个家庭的内部空间环境。那些具有专长的人虽不占据某一职位，但他们却拥有权力，这一权力就是基于知识和专长而形成的影响力。同时，领导活动也是运用已有知识去分析、思考、解决问题，并获得新知识的过程。如果没有科学知识，领导权威就成了无源之水、无本之木。

二是经验阅历。领导的成长经历、实践活动对于影响力的发挥至关重要。因为，影响力的发挥过程不可能是一帆风顺的，要将过去许多经验加以总结，需要具有坚强的意志和乐观的心态。而这些需要成长经历和领导实践活动的积累。因为这些经历和实践活动是宝贵的财富，一方面可以培养坚强的意志和乐观豁达的心态，所经历的挫折可以加以总结形成经验，避免在今后的领导实践中少走弯路，从而更好地发挥影响力，提高领导权威。另一方面，领导经历本身也是一种对权威的肯定，经历对于领导权威的树立是必不可少的。

三是个性魅力。领导者有没有权威，不能仅仅看其职位的高低、职权的大小，而是取决于能否赢得人们发自内心的敬重和信服，取决于领导者自身的个性魅力。而个性魅力首要的是高尚的人格。高尚的人格所产生的巨大凝聚力和向心力，其力度、广度是权力性影响力——这种法定的约束力所无法相比和无法代替的。比如在实际生活中，常常会发生这样的事情：同样的事，同样的道理，从一些人嘴里说出来就能取信于人，让人心悦诚服；而另一些人讲出来，却反而会引出不少议论，令人不以为然。究其原因，就在于他们的人格形象不同。正是人格形象的不同，造成了教育效果的不同。领导者的人格力量，首先应表现在廉洁奉公，这是最能打动人、折服人的人格特征。所谓廉洁，指为政者不贪财货，立身清白。中国古代思想家对廉做了多方面的论述，其基本精神就是循礼行法，见利思义；并认为廉洁是“为政之本”“为官之宝”，官吏不廉，则危害极大。《汉书·宣帝经》中有“吏不廉平，则治道衰。”王永吉说：“大臣不廉，无以率下，则小臣必污；小臣不廉，无以治民，则风俗必败。”行政领导者威信的高低、非权力性影响的大小，取决于其品德的优劣，取决于其廉洁的程度。“其身正，不令则行”；相反，“其身不正，虽令不从”。那些清正廉洁、淡泊名利、严于律己、品德高尚的领导能一呼百应；而任何以权谋利、贪赃枉法、鱼肉百姓、品德低劣的领导，则只会让人唾骂。

此外，个性魅力还包含领导风度。风度，从狭义上说，主要是指一个人的仪表、举止、神情、姿态等外在表现。不同的人，具有不同的风度；不同的风度，具有不同的美。淳朴敦厚的风度是一种美，谦和文雅的风度也是一种美，潇洒自如的风度同样是一种美。但是，作为一个领导者，由于所处的特殊地位，其所具有的风度，与常人比无疑应有更高的要求。比如，文静、淳厚，对一个普通人来说，是一种美的风度，但对于一个需要驱动“千军万马”朝着宏伟目标冲锋陷阵的领导者来说，无疑是不够的；又如，和蔼、谦让对一个普通人来说，也不失为一种美的风度，但对于一个需要妥善地驾驭矛盾、统揽全局、经常处理各种复杂问题并同形形色色的人打交道的领导者来说，也是不够的，领导者在许多情况下，还需要雷厉风行，自信自强。因此，领导者的风度，必须比常人具有更高的层次和更丰富的内涵。

四是远见卓识。领导活动往往包含着在面临不确定性状态乃至危机状态下的决策，而不确定状态下领导权威的获得必然需要胆识。“见识”强调远见卓识，在领导核心能力要素中，也可以称之为“战略思维能力”。在复杂多变的情况下，决策本身面临诸多的不确定性。在不确定的情况下，由于冒险失败的概率较高，成功者远远少于失败者，因此，多数人因怯于失败而对冒险活动敬而远之。对领导者如果只允许成功，不允许失败，这将是经济社会发展的障碍之一。但在冒险时决策要注意两点：第一，在情况不清和基本条件还不成熟前不能匆忙决策，做决策必须基于周密考虑的基础之上，否则就是盲动、冒失。其二，当时机一来到，就立即投入力量，坚决果断去实施决策，否则就是犹豫、寡断。这两者是一体两面，犹如硬币的正反两面，缺一不可。在危急关头，有胆识的决策会大大提高领导者的威望。

五是进取精神。领导的权威来自领导所具有的开拓创新精神。敢于迎难而上、开拓创新的精神，是做好领导工作的动力源。每一个领导干部在胆识和精神状态上都有很大的不同。有进取精神，思想就解放，思路就开阔，就能够敢于担当；缺少进取精神，就会思想保守，怕担风险，怨天尤人，工作迈不开步子。领导干部要不断解决新问题、取得新成绩、开拓新局面，就必须培养过人的战略思维能力，坚持说实话、办实事、求实效。

12. 善于当好“乐队指挥”

乐队的核心人物是乐队指挥。高明的乐队指挥不但知识渊博、技艺娴熟，而且善于激励、注意发挥每一个成员每一种乐器的长处，使之相互配合，演奏出美妙动听的乐章。领导工作犹如乐队指挥一样，不但要懂乐理，更要善于协调指挥，乐理修养与指挥协调二者相辅相成，才能使整个团队浑然一体，演奏出领导工作的美妙乐章。

● 擅识“谱”，做到“胸中有数”

乐队指挥在指挥重大演出的时候，总是全神贯注、倾尽全力，既要参与乐队演出，更要协调和指挥乐队节奏，做到心中有数，协调一致。在此，如何把握节奏尤为重要。这就要求指挥既要懂得乐谱，还要掌握好演奏规律，注意演奏细节，强调演奏曲调之间的相互配合。领导工作犹如乐队指挥，需要领导者具备决策、授权、管理、协调和监督执行等各项职能。要使组织团队相互协调配合，井然有序，势必需要高超的领导指挥艺术。由此，领导要善于当好“乐队指挥”，要懂得“识谱”。

一是要从宏观和大局出发考虑问题。任何组织的愿景是对其自身长远发展和终极目标的规划和描述。缺乏理想与愿景指引的组织，会在风险和挑战面前畏缩不前。这就需要领导者要从宏观和大局出发，首先是要“看到”未来，并相信这个未来能够实现。因为“看到”所以“相信”，这样的领导自然而然就会身体力行，以身作则。其次要能够描述未来，让组织成员知道这个未来是可以争取到的。优秀的领导者会与组织成员分享组织的愿景，如果可能，还会让组织成员参与到愿景的规划中来。使组织成员充分理解领导者对组织长期发展方向的思路，让所有人拥有相同的努力目标，通过“描述”未来，可以充分激发大家的参与性和积极性，可以让整个团队保持激昂的斗志和坚定的方向，吸引并带领追随者一起走向未来。

二是确保组织成员共同的利益价值观。领导者要把政策法规乃至组织信念和价值观“带”给下属，因为组织的正常运转是靠下属的积极性和创造性推动的，对员工绩效的考察必须与对其价值观的考察结合起来，并着重考察该员工的价值观是否与组织的价值观相吻合。作为领导者，要懂得并熟悉政策，始终以组织利益为重，因为组织利益关系到组织的正常运转，同时也关系到下属的利益。组织利益是下属利益的基础，只有维护了组织的利益，下属的利益才能得到有效的保证。当组织利益暂时与个人利益产生矛盾的时候，领导者要有勇气做出有利于组织利益的决定，要坚持原则，把握方向，而不能患得患失。

三是学会“授权”。乐队讲究个体之间的密切配合，演奏的本质是合奏而不是独奏。因此，“授权”比“命令”更重要也更有效。授权最重要的是权责统一。向下属授权时，首先要讲原则规矩，定义好工作权限范围，给予下属明确无误的信息和政策，也定义好责任范围，使其在拥有权限的同时，可以独立负责和彼此负责，这样才不会出现指挥上的混乱。

四是要擅“点拨”。指挥是一门综合的艺术。它不仅包含了技能和方法，也囊括了知识与经验。这就要求领导者在工作中不仅要走在前面，做好“领”，也要用宝贵的知识经验和先见之明，做好“导”。因此，领导要善于学习，更要善于感悟。要熟悉和掌握党和国家的政策法规，积极钻研业务，同时，还要熟悉掌握必要的社会科学和人文科学知识，具备较强的阅读、写作和口头表达的能力。除此以外，还需要掌握现代信息网络知识，眼界开阔，增长见识，丰富阅历，提高指挥的科学性与有效性。

● 会弹琴，做到“合奏共鸣”

领导者要善于谋势，着眼于全局，在工作中善于抓方向、抓重点、抓中心、抓关键和主要矛盾，对于事务性和一般性的工作，要敢于支持下级大胆开展工作。

领导者要注意以下几点：一是层次管理。要依据各级干部的职责分清管理权限和对象，首先就要搞清楚哪些人是自己该管的，哪些人是属于下级管的。二是要使岗位与责任挂钩、奖惩和绩效相连，使大家各司其职，各尽其责，努力做好自己的工作。三是要做好知人善任。俗话说，金无足赤，人无完人，关键是如何选拔使用。一个乐队全部是长号，喧腾不休；都是大提琴，让人困惑。最好的乐队是笙簧齐奏，高低错落，辗转回复。长号适可而止，低音尾随左右，提琴灵妙，清澈动听，间隙停顿令人回味。长有长的优势，短有短的价值。领导工作也是如此，要把合适的人选配在合适的岗位上，注意发挥长处能处，避免职责不清，相互牵制扯皮，做到人职相配，各尽其能，各负其责，各司其职，把大家的积极性都调动起来。

● 会协调，做到“驾驭自如”

领导者在工作过程中必须学会协调好方方面面的关系，形成和谐共鸣的局面，这样才能使工作卓有成效。在此过程当中，领导者对上负责和对下负责、上级满意和群众满意是一致的。具体要找准两者的结合点，既要赢得上级的支持，还要取得下级的信任，形成一条心的局面。为此，领导者要主动放下架子，满腔热情地与下级和群众零距离接触，进行双向交流，使各种方案意见都得到支持拥护。在指挥协调中，要坚持原则，善于掌控全局。要始终把方向目标放在首位，用目标方向凝聚人心，激发斗志。同时，要掌握方法。善于换位思考，主动倾听呼声，关心需求，还要针对团队中存在的各种问题苗头及时纠正。要坚持原则，秉公办事，不徇私情；要善于化解矛盾，给下属成长进步创造条件，搭建舞台，拓展空间。在沟通协调中做到政治上相互信任，思想上相互交流，工作上相互支持，生活上相互关心，着力打造良好的团队精神。

● 能给力，做到“充满活力”

优秀的乐队之所以能够赢得赞誉，与领导创设的良好团队氛围是分不开的。为此，成功领导者深谙此道。建立在新的理念上的激励，会给团队一种全新的感觉，他们会觉得这种激励是可靠的，从而可能会形成更高的工作热情，也会更加热爱组织。由此，以下几种激励方式是不可缺少的。

一是给感情。卓越的领导都是善于对下属进行感情投资的领导。通过感情投资可以激发下属的巨大潜能。领导者对下属的关爱，应注意从小事入手，这样也许更富有人情味，更能打动人心。领导者能在许多看似平凡的时刻，多在细小事情上与下属沟通感情，经常用“毛毛细雨”去滋润大家的心灵，必定会产生奇妙效果。奖金报酬固然重要，但只有报酬是远远不够的，只有感情才能持久，所谓“士为知己者死”就是这个道理。《三国演义》中，刘备最善于运用感情投资，把感情激励运用到极致。“桃园三结义”，使刘、关、张成为生死与共的兄弟；“三顾茅庐”的经典故事，感动了无数有才之士，使诸葛孔明鞠躬尽瘁，效力毕生。

二是给尊重。一个人不论具有多大才能，若无法满足其被尊重的价值需求，便会降低积极性。尊重可以从以下几个方面入手：尊重优点。不要一味责怪下属不高明，要试着努力发现下属的优点长处，了解下属好在哪里。尊重愿望。领导能为下属发展愿望寻找一个好的途径，点燃上进热情，下属必将全力以赴。尊重意见建议。下属希望自己的意见和建议被采纳。如果建议被公开甚至表扬，更会激励其工作热情。

三是给赞美。心理学家威廉·詹姆士说过：“人最根深蒂固的本性是渴望受到赞赏。”马克·吐温说过：“一句美妙的赞语可以使我多活两个月。”足见赞美的重要性。赞美不仅表明了领导对下属的肯定和赏识，还表明了领导对下属的关注和尊重。领导的表扬、赞美具有权威性，是下属确立自己在本组织中的价值和位置的依据。领导的赞扬可以满足下属的荣誉感和成就感，使其在精神上得到鼓励，是下属继续努力工作的精神动力之一。

四是给动力。动力来源于事业追求。心理学实验表明，开展积极竞争可以增加50%或更多的创造力，可以强烈刺激下属的进取心，使其力争上游，发挥出最大潜能，使下属的行为表现越来越主动积极。在对下属的管理中，领导者要善于引入竞争机制，让每个人都有竞争创造的热情并能投入到工作之中，组织中的活力就会永不衰竭。所以，领导者应致力于创设良性的竞争环境，鼓励大家勇于挑战现状，形成你追我赶的工作气氛。这样，整个组织绩效就会大大提高，下属也会得到不同程度的锻炼成长。

13. 领导者要善用激励

领导心理学研究认为，激励就是通过某种方式引发行为，并促进行为以积极状态表现出来的一种管理手段。激励包含以下几个方面的要素。第一，激励有一定的对象；第二，激励注重激发人的行为并具有赋予其活力的因素；第三，激励中把行为引导到一定方向上去的因素即组织目标或工作期望等；第四，激励中这些行为如何保持与延续。这不仅涉及人的因素，还涉及环境因素对行为的反应，环境因素影响行为内驱力的强度及行为活动的发展方向。每个人都需要激励，包括自我激励、他人激励和来自组织方面的激励等。由于激励会提高工作效率，因而领导的任务之一就是通过对下属的有效激励，使其行为与组织目标相一致。

● 激励为什么如此重要

领导活动的成败在很大程度上取决于下属积极性和潜力的发挥程度。根据哈佛大学詹姆斯教授对人的可激励性问题进行专题研究的结论，在缺乏激励的一般岗位上，能力发挥不过20%～30%，如果受到充分激励，则可发挥到80%～90%。有效激励一方面可以在组织内部造就表彰先进积极有为的用人环境，给人才提供良好的物质和生活条件，特别是给人才创造自我发展、发挥自己能力的机会，从而提高整个组织的人员素质结构；另一方面，有效的激励，对表现积极的下属给予大张旗鼓地表扬，对不思进取者给予适当的批评，并在物质待遇上加以区别，在福利、晋升方面给予考虑，有助于形成良好的组织氛围，促进部门成员自身素质的提高。掌握激励规律的领导者，更能增强鼓舞别人的能力，推动下属竭尽全力完成各项工作任务。激励在很大程度上取决于被激励者觉察到的报酬、所需付出的努力、要做的工作和其他环境因素。领导者深刻理解激励艺术，才能采取相应措施，充分激发下属主动性。实践证明，领导者对激励越了解，就越知道自己的领导活动应该如何进行，因而也越容易成为一个出色的有能力的领导者。同时，下属也乐于追随这样的领导者。

● 激励需要哪些要件

（一）激励的基本内容。哪些内容是激励产生效果的先决条件。理解和把握激励的内容与条件，能够帮助领导者从实践经验水平上升到理论指导的高度，从而能更好地开展领导工作，提高领导效能。

一是目标激励。目标作为行为激发过程的外部诱因，是领导者激励活动中需要考虑的重要内容。目标是分层次的，既有高低之分，又有远近之分。领导活动的实践已经表明，积极的、明确的经过努力可以实现的目标对行为有着很大的激励作用。当人们受到富有挑战性的目标激励时，就会迸发出极大的工作热情并积极参与到工作中去。目标的难度、结构、推进过程和反馈都会影响激励效果。

二是报酬激励。物质作为一种激励内容是永远不可忽视的。许多物质形式都与报酬相联系，工资、奖金、优先认股、各类保险金，或者当人们取得重大工作成就时给予的报酬，这些与物质有关的东西，远非仅仅起维持作用。一般而言，如果个体的成就动机被调动起来，那么出色的业绩就会随之而来。然而，当高成就者从事琐碎枯燥的日常工作或者组织中缺乏力争上游的竞争氛围时，则成就动机就不会被调动起来。

三是压力激励。压力和危机在领导活动中起着无形的激励作用。压力作为一种有效的激励内容，已被现代的管理和领导实践所证明。现代社会充满竞争，如何运用好这些压力进行有效的激励，也是人们经常考虑的问题。忧患意识和压力意识激励着无数有志之士临危不惧、奋勇前进。

四是归属激励。归属激励是指满足下属的社会感情温暖的需要，以激发其工作动机。它涉及友谊、亲密的关系、信任、认可、表扬、欣赏、尊重、荣誉等。归属激励能满足下属归属感的心理需要。归属激励的特点：第一，其内容是具体的、易测量的，对人们的激励效果表现为获得者愉快的主观感受和体验。第二，归属激励基本上不需要成本，并且在激励主体和客体之间具有互利互增性，你对我信任和尊重，我便也会对你信任和尊重。第三，归属激励具有特指性和排他性，这是指归属激励所涉及的因素只能由获得者本人独自享用，无法转让。优秀员工称号如果授予某个下属，就无法转让给他人享受。

（二）激励的内在特性。在领导工作中，为什么有的激励无效或激励失效？其主要原因在于忽视了激励的内在要求。善于激励，首先要了解激励的基本特性。

一是实效性。一般来说，在一个积极行为发生后就要立即给予强化。“强化”间隔越短，强化效果就越好。“强化”间隔越长，效果就越差。在负强化时，也要注意把握时机。一般说来，最佳时期是，事情真相弄清了，消极的影响尚未扩大，大家对这件事还记忆犹新时效果较好。如何坚持时效性原则？第一，要及时发现，及时强化。对好人好事保持关注，掌握主动权，不放“马后炮”。第二，强化要果断。该表扬的表扬，该奖励的奖励。第三，要积极争取理解支持。有的表彰奖励，下属未必能够全部理解并积极支持，有的惩罚下属未必会马上接受心悦诚服。在这样的情况下，领导者要深入基层开展调查研究，该解释的要解释，该说明的要说明，该公示的要及时公示，这样大家明白没有成见，领导者也心里坦然，激励的价值也能得到充分体现。

二是适度性。适度性就是指在激励过程中要了解下属的需要及其变化情况，在此基础上给予恰当合适的激励措施。激励要适当，不管是正向激励还是反向激励，不管是物质激励还是精神激励，都要适度为好。适度的刺激既能让下属满意接受，也能为下一步措施提供弹性空间，使激励行为合情合理、恰如其分，从而使每个下属的不同需要都能得到满足。

三是针对性。针对性是领导者激励的一个重要原则。所谓针对性，就是领导者激励时，要摸准对象的心理特点，抓住最关心的问题，有的放矢地激励。激励的针对性要求上下属之间心理接触，彼此融洽。心理接触就是了解下属的需要，把行为症结抓住。例如，奖励表面上很简单，但要搞好不容易。奖励有发纪念性的奖品，有发奖金，有授予先进称号，等等。有的人上进心和荣誉感较强，经济条件又较好，就很可能希望授予先进称号或发纪念性奖品。相反，有的人家庭生活困难，发给奖金可能比授予先进称号或发纪念品的效果好得多。

四是公平性。公平性原则也是搞好激励工作的一条重要原则。在激励过程中，要尽量做到公平合理，努力消除不公平、不合理的现象。在许多单位，奖励工作中的一个值得注意的问题是吃“大锅饭”、搞“平均主义”。此类行为对激励工作的危害非常大。实践经验表明，领导者作风正派，对全体下属一视同仁，实事求是，激励就能贯彻公平性原则。相反，领导作风不正派，对下属厚此薄彼，不能一碗水端平，就会造成人为的不公平感。

五是可持续性和反馈性。保持持续不断的活力，需要有长远的激励规划。要使下属始终积极努力，就要考虑激励的可持续性问题。有的领导者善于搞“运动”，一阵风过后，下属的积极性反而出现了明显下降。这种违反激励可持续性原则的激励是失败的。激励又是从激励投入到激励产出的动态过程，需要及时了解激励措施的效应并做相应的调整，事实上这也是对领导者的一种激励。领导者与下属的相互激励，构成了完整的激励过程。领导者要时刻关注下属和周围群众的反馈信息，及时矫正和调整激励的方式方法，领导者激励的过程也是自我行为纠正的过程。

● 激励的两个着力点

从激励机制上来看，人的激励过程，就是刺激需要、激发动机、引发行为、满足需要、趋向目标的动态过程。在此过程中涉及三个基本方面：激励动力、行为指向和行为保持。就流程而言，激励的基本过程是清晰明了的，但现实生活中远非如此简单。它所面临的一项挑战是，对于激励仅能进行理论推导而不能直接观察。另一项挑战在于个体需要中动力来源的差异。对于不同个体而言，激励水平具有相当大的差异，就像不同的企业提供不同的产品与服务一样，不同的个体也需要不同的激励。应当说，激励贯穿于领导活动的全过程，是领导职能行为是否有效的重要标志之一。要达到良好的激励效果需要在恰当的时机选用合适的激励类型，运用恰当的激励措施。为此，掌握和运用激励的方法艺术，重在把握好两个方面。

一是善于运用正向激励与反向激励。一般而言，激励有两层含义。其一是激发、鼓励和诱导之意；其二是约束和鞭策之意。对于激励的第一层含义，通常以奖酬制度来贯彻实施，而对于第二层含义，则以负强化和惩罚来达到激励的目的。这就涉及正向激励与反向激励问题，简言之就是奖惩问题。通常把与第一层含义相对应的激励，称为正向激励，即奖赏、支持、强化符合组织期望和整体目标的积极行为；与第二层含义相对应的激励，称为反向激励，即防止、杜绝、约束违背组织期望和整体目标的消极行为。惩罚是指在消极行为发生以后，给予当事者某些感到不愉快的刺激，或迟滞满足他所需要的某些东西，以示对某一不符合要求的行为的否定。正向激励和反向激励在根本目的上是一致的，在对下属行为的影响方面具有内在统一性。没有正向激励因素的作用，就难以引发下属行为的内在动力；没有反向激励因素的作用，就难以保证下属起码的努力程度和努力的方向。

在此，需要指出的是，正向激励要善于从感情上得到体现与满足。情感需要是人最基本的需要，也是人的高层次的需要。积极的情感可以激发人们去完成异常艰巨的任务，反之，消极的情感不利于工作的正常推进。领导者的主要精力除了做事之外，就是如何号召和帮助人去做事。而人的工作始终是第一位的。如果领导漠不关心，感情难以协调，难以沟通，不温暖，不舒畅，下属就不可能有饱满的工作情绪，也难以发挥其高度的积极性。为此，需要领导者根据下属的感情变化，尊重和信任下属，以情感人，取得下属在情感上的支持。领导者对下属关怀越深，就越能融洽上下属之间的关系，促进良好和谐的心理氛围的形成。

二是善于把握内激励与外激励。激励是以需要为根本出发点的，需要的产生与满足涉及内部驱力和外部诱因。因此，又可以把激励划分为内激励和外激励两种类型。外激励是指满足外在环境需要和奖酬资源来调动积极性。内激励是通过启发诱导，培养人的自觉意识，形成某种观念，从而激发动机，满足内在需要，产生符合组织期望的行为。内激励容易形成下属的责任感、光荣感、成就感。外激励是与工作环境本身有关的，对于寻求内在需要满足的下属来说，其注意力会集中放在工作满意度本身。内激励聚焦在对下属的精神世界和思想观念发生作用，持续时间长，若运用恰当，则效果持久。比如，领导者表现高度的期望和信心，对下属来说也是种良好的激励。如果领导者对下属有信心，期望很高，下属会对自己更有信心，从而在工作中更卖力更投入更出色，那么得到领导者的赞赏肯定后，就会表现得越来越出色。相反，如果领导者对下属没有信心，也不奢求能有什么好表现，那么下属也可能开始混日子，领导者若对下属不满，其就更没信心，就会形成恶性循环。如果领导者和下属都对对方不满，也就谈不上有效激励了。

14. 把群众公认贯彻到干部工作的始终

群众公认，是干部工作一以贯之的做法和有效经验。党的群众路线强调了密切党群干群关系、关注民生、重视百姓利益的重要性。应当说，领导干部工作做得好与差，不只是干部管理部门自身说了算，更重要的是要看群众的态度评价，关注社会舆论满意度。从近年来领导干部工作的实践来看，由于比较广泛地开展了民主推荐、民主测评，群众参与领导干部工作的积极性、主动性明显提高，领导干部工作的透明度进一步增强，选拔任用的领导干部绝大多数具有较好的德才素质，能够较好地履行自己的岗位职责，为推进地区社会经济发展做出了积极贡献。

但也必须清醒地看到，在推进领导干部工作的民主化进程中，还存在许多问题。总体上看，人民群众对领导干部工作的民主参与问题并不非常满意，一些地区和部门由于发扬民主不够而导致用人失察的现象时有发生。这不仅在一定程度上影响了干部队伍素质的提高，贻误了党的事业，而且严重损害了党的形象。解决这一问题的关键性措施之一，就是要在扩大民主测评方面狠下功夫。为此，要坚持把群众公认原则贯彻到领导干部工作的始终。做好民主推荐测评，注重群众公认，需要掌握好“三个度”。

增加广度。人是社会关系的总和，只有透过对不同层面、不同属性的社会关系的了解和把握，才能比较全面地认识一个人。领导干部既是社会群体中的一分子，同时又是负有特定职责、握有一定权力的特殊群体，往往处于更为复杂的社会关系和众多矛盾的焦点。因此，只有通过具有一定广度的民主测评，综合来自不同层面、不同角度的信息，才能比较全面、客观地把握一个领导干部。作为领导干部，其主要社会关系包括上级领导、同级成员、下级部属、属下群众、朋友、亲属、邻居、家庭成员等八个层面。

在现阶段的干部工作中，进行民主测评的范围主要局限于前三个层面。尽管前三个层面的信息对于了解一个领导干部是至关重要的，但从其他五个层面了解到的信息往往是前三个层面了解不到的。有些领导干部善于讨好上级、笼络同级和下属，但往往在群众面前居高临下、骄横无礼；有的在本单位反映不错，在单位之外则逍遥自在，甚至无法无天；有的在社会监督上善于伪装，在个人利益面前则原形毕露。诸如此类的“双面孔”领导干部，有的已滋生官僚主义，有的心思已不完全在工作上，有的甚至已经蜕化变质。对这类领导干部进行民主测评，如果只局限于其社会关系的部分层面上，比如，只在其同级成员和下级部属中进行民主测评，很有可能听到的是一片叫好声。如果从其社会关系的不同层面随机采集部分样本进行测评，就可能比较真实、全面地把握其实际情况。

加强深度。民主测评结果的科学性和真实性受多种因素的影响和制约。在增加广度的基础上，要注意通过扎实细致的工作，加强民主测评的深度，也就是透过表象，排除假象，实现去粗取精、去伪存真的目的。

加强深度，一是在测评前要做深入细致的准备工作。在开展民主测评前，要明确测评的指导思想、目标任务、方法步骤，制订工作方案，对干部群众进行党的干部路线、方针、政策的宣传教育，引导干部群众要摒弃个人恩怨和一己私利的干扰，从有利于党的事业发展这一大局出发，客观、全面、公正地评价干部。二是测评后要对测评结果做全面认真的分析。民主测评是测评主体（测评者）对测评客体（被测评者）的认知、认可和评判，是发生在测评主体和测评客体之间的一种矛盾运动，其结果是由矛盾主体和客体以及矛盾运动的环境、条件等多种因素共同决定的。在众多因素中，任何一项因素有信息失真现象，都可能影响结果的客观性。因此，对测评结果要放在由测评主体、测评客体和测评环境等要素组成的系统中分析，既不能忽视大多数群众的意见，又不能简单地以票数多少论英雄。三是运用测评结果时，要具体问题具体分析，不能搞“一刀切”。运用测评结果决定干部的进退留转，这是进行民主测评的最终目的，也是民主测评工作的一个关键性环节。在对测评结果有比较全面、客观、公正把握的基础上，决定领导干部进退留转时，要真正做到人尽其才，不仅要全面了解拟调整、补充岗位的职责要求，还要对班子结构、群众基础等因素进行具体分析，对测评结果的运用不能简单化，更不能搞“一刀切”。

增强透明度。就领导干部选拔任用工作的整个程序而言，有些环节和方面需要保密，这是干部工作本身的特点所决定的。但在现实的工作实践中，如果借口保密需要而对应该公开的环节和方面也秘而不宣，就会使正常的保密需要变成不正常的“神秘化”倾向。在进行民主测评工作中，对以下几个方面应增强透明度：一是进行测评的指导思想、目标任务、程序步骤等应提前对群众说清讲透，使他们做好比较充分的思想准备。二是对被测评者的基本情况，包括德、能、勤、绩情况，受奖励、处分的情况，最近一次的民主测评情况，离任审计情况等，都应当让群众充分了解。三是民意测验、民主推荐结果应当场向群众公布。四是党委和组织部门分析、运用测评结果，进行决策的主要理由应向参加测评的群众进行必要的解释和说明。

总之，群众是否公认是衡量干部德、才、识、能的基本标尺，是实现领导干部能上能下、能进能出的基本途径之一。群众评价不仅是鉴别领导干部德才情况的一面镜子，而且也是考察、识别干部的主要依据。干部工作中贯彻群众公认原则，是党的群众路线在干部工作中的具体体现，同时也是实现领导干部选任民主化、规范化的基本保障。干部工作只有与群众公认原则结合起来，才会真正拥有坚实的社会基础，才会充满生机与活力。

15. 着力打造创新型人才

创新的事业必须由创新的人才来干，人才是创新的核心要素。坚持以创新发展理念引领人才工作，需要把创新型人才作为人才队伍建设的重中之重。为此，要从以下六个方面入手。

一要坚持创新发展，树立科学的人才观。党的十八届五中全会强调："坚持创新发展，必须把创新摆在国家发展全局的核心位置，不断推进理论创新、制度创新、科技创新、文化创新等各方面创新，让创新贯穿党和国家一切工作，让创新在全社会蔚然成风。"理念是行动的指南。学习贯彻创新发展理念，在人才工作上要突出体现如下几点：一是树立人才资源开发理念。要打破陈旧观念的束缚，把传统人事管理转到人才资源开发上来，把培养、吸引、用好人才作为一项战略任务摆到重要位置，动员各方面的力量，从政府到企事业单位，都要把人才资源开发变成自觉行为，不断提高人才队伍的素质，为经济社会发展提供有力保障。二是树立人才社会化理念。人才具有鲜明的自然性和社会性。人才的智力和能力是个人、家庭及社会投资的结晶，作为自然人，人才有自我开发、自主择业、获得报酬的权利；作为社会人，人才是社会的重要资源，是社会生产关系中的一部分。树立人才社会化理念，破除人才"单位、部门所有"观念，对促进人才流动，合理配置人才资源，实现资源信息共享，达到人才效益最大化都有重要的意义。三是树立人才国际化理念。世界经济一体化促进了人才流动国际化，提高了人才资源开发的速度和质量，对人才开发工作提出了更高的要求。人才国际化主要体现在四个方面，即人才构成国际化、人才标准国际化、人才开发国际化、人才管理国际化。四是树立人才配置市场化理念。人才市场是生产要素市场的重要组成部分，在市场经济中具有独特的作用。目前人才管理中存在的一些问题，都与人才配置市场程度不高有直接或间接的关系。发展人才市场，提高市场在人才资源中的作用，就要改变政府主管部门包办的局面，逐步使人才配置由政府主导走向市场主导；就要鼓励和支持各方面力量参与人才市场，形成国家、民间、合资多元化的人才市场格局；就要加快市场两个主体即用人单位和人才市场，发展人才交流、人事考试、人才培训、人才测评等中介服务产业。为了促进人才市场有序健康发展，还必须抓紧立法，加快人才市场法制化进程。

二要以教育为基础，以实践为根本，夯实创新型人才培养基础。创新型人才具备强烈的创新意识和创造激情，富有怀疑性、批判性和追根究底的探索精神。这就要求必须完善创新型人才的培养体系。创新型人才呼唤的是开放式教育，提倡的是从小培养创新意识和实践能力，鼓励的是敞开“思想大门”，开启“创新大门”，以幻想奇想培养创造性思维，提高创新能力。要实现这一目标，就需要进一步拓宽基础教育视野，着力提高学生应用所学知识解决实际问题的能力。培养人才的高等教育是国家创新体系的重要组成部分。高校不仅是新知识、新技术的重要发源地，还为社会培养造就有创新素质的优秀人才，使科技创新和经济增长能够持续发展。因此，高校必须更新教育观念，深化教育改革，发展创新能力，提高创新水平，构建创新人才培养体系，担负起全面推进素质教育，培养高素质创新人才的历史重任。要重视加强职业教育和继续教育工程。现代社会的一大特征是变迁加快。据统计，每隔7～10年，知识总量就要翻一番，每隔3～5年，在院校学习到的知识的50%～70%就已被社会的发展所淘汰。所以，作为创新型人才要想跟上时代的发展，就必须要加强重视职业教育和继续教育，不断充实、完善、更新自己的知识体系。通过学历教育、岗位教育、实践教育等形式，提高技术水平和综合素质能力，达到创新型人才的标准。

三要以企业为主体，以社会为桥梁，拓宽创新型人才培养的渠道。立足企业需求自己培养，现代企业对创新型人才需求大量的缺口，仅靠教育的培养是远远不够的，创新型人才不仅要有理论的支撑，还必须深入实践，具备能够将知识转化为能力、文凭转化为水平的实践能力。因此，要在企业形成培养“创新型”人才的共识和合力，为人才提升自身的能力素质提供空间和机会，抓好实践锻炼。为此，一是借助专业机构委托培养。专业机构优势突出，在人才培养上已经形成了自己成熟的培养模式和道路，有丰富的经验可以借循。对此，可以通过企业提供资金，以与科研院所、地方专业科研机构等专业团体签订协议的方式，委托专业机构培养人才。二是面向社会招贤纳才引进培养。社会中既有众多单位迫切需要的专业人才，又有大量的人才闲置。企业完全可以稍加培训，将这些专业人才，充实到企业中来，既能节约成本，实现企业与地方的人才互补，又能解决企业对人才的迫切需要。三是加大投入、扶持，保障培养。创新型人才的成长有其特殊的规律和条件，在国家和政府加大人才投入的同时，更需要企业本身的大力扶持和帮助，要加大投入力度，制定有利于人才培养的政策，鼓励创新型人才的发展。

四要以经济发展和市场需求为导向，提升创新人才的实战能力。实战的人才仅仅依靠学校的培养是远远不够的，还需要在实践中精心打造，尤其需要企事业单位建立健全实战锻炼的机制，培养实战能力。因此，无论是学校还是社会组织，必须充分认识到培养人才实战能力的重要性。人才素质是知识与能力的综合体，其中实战能力不仅是其最为重要的组成部分，更是人才素质的综合体现。市场参与竞争需要具有实战能力的人才，知识积累、技术学习、研究方法等都必须通过实战能力表现出来，如果知识不能转化为实战能力，则不能称之为“人才”，具有实战能力的人才是市场经济中真正的人才。从人才培养的角度看，专业实践教学对培养创新能力尤其重要。要将实践学习全面渗透到教育教学中，以此作为进一步深化教育教学改革新的突破口，使之成为完整教育体系中的有机组成部分。

五要创新人才管理模式，引导人才合理流动。其一，建立和完善人才市场体系。进一步办好基础性人才市场，健全专业性人才市场，完善区域性人才市场，发展农村人才市场，培育企业经营管理人才市场和高新技术人才市场。加快人才供求信息网络枢纽和高级人才数据库建设，提高人才市场的信息化水平，形成机制健全、运行规范、服务周到、指导监督有力的人才市场体系。其二，提高人才市场的社会化服务水平。发展人事代理和人才中介机构，建立人事争议仲裁制度，促进用人单位和人才市场两个市场主体发展，切实保障和维护人才市场供求主体的合法权益。加强人才市场法制化管理。健全人才市场监管机构，建立和完善人才市场许可证制度和年审制度。完善人才中介机构准入制度，规范涉及人才出入境的中介活动，促进政府所属人才流动服务机构向市场竞争主体转变。其三，建立和完善促进人才流动的有关制度。进一步消除人才流动的体制性障碍，打破人才身份、所有制等限制，改革户籍管理制度，探索多种人才流动形式，加快建立和完善养老保险、失业保险、工伤保险和医疗保险制度，使人才得到合理的配置。

六要顺应世界经济潮流，依照国际标准打造创新型高层次人才。人才国际化要求在人才管理和培养方法上与国际接轨，培养出一批进入国际科技前沿、与国际同行交流密切并有较大影响的高层次人才，培养一大批精通国际惯例、善经营会管理的跨国高层次人才，逐步形成符合国际惯例并具有中国特点的高层次人才培养、使用和激励机制。积极扩大高层次人才劳务出口，组织过硬的高层次人才携项目和资源打进国际市场，或竞争拼搏，或寻求合作发展，开创广阔的人才空间。使高层次人才能够掌握现代化的信息和手段，进入国际化的信息网络系统，以迅速有效的资讯资源获取世界上最前沿的信息知识和研究成果，高层次人才国际化已成为一种趋势。

16. 授权也是领导智慧

领导者的授权，是融用权、用人等为一体的积极行为，是领导者灵活有效地运用各种权力影响下属的智慧。可以说，领导活动的成败，往往不在于领导者本身的才能高低，而在于他是否善于分配权力。是否善于发现人才并授之以权，往往是事业成败的关键。

● 为什么要授权

授权是领导者权力运用的一个重要方面。做一个好的领导者，科学运用权力可以提高威信，而合理的授权不仅可以达到这个目的，还能起到激励作用。授权即是给下属自主处理事件的权力，会让他们产生一种被信任感，能促使他们充分发挥潜力，完成任务。有些领导者常常喜欢把所有的事情都包揽在自己身上，任何事情都要由自己做决定。这样不但自己精力分散，而且容易在并不擅长的领域做出错误的决定。领导者事必躬亲，对下级来说是对自己能力的不信任。在现代组织活动具有多样性和专业化特点的条件下，领导者不可能穷尽所有的信息，也不是具备各种知识和能力的全才，只有通过授权，一方面增强下属的参与意识，调动他们的积极性；另一方面依靠专才的能力，保证组织目标的顺利实现。这主要表现在以下几个方面：一是通过授权可以建立良好的上下级关系。授权的管理，体现了责和权的结合。更重要的是，只有上下级之间充分的信任和良好的协作关系，才能加以促进。权限下放后，领导者要给予下属充分的信任，采取支持、商议、劝告、帮助的办法，促进下属自主地行使权限，积极地进行自我管理，从而自觉地完成各自的工作任务。二是有利于领导者集中精力做更重要的事情。授权可以使领导者从烦琐的事务性工作中解脱出来，拿出更多的时间和精力去考虑一些大事和带有全局性的重大问题，以更好、更有效地完成决策、指挥和监督等基本职能。三是有利于发挥下属的积极性，弥补领导者能力的不足。人各有所长，也各有所短。任何一个领导者都不是全才，应当尽量把自己不太擅长的工作交给这方面有专长的下属去干，弥补自己的不足，以提高工作的质量。四是有利于培养造就干部。授权可以为下属创造和提高更多在实践中锻炼展示自己才华的机会，使他们增长才干，尽快成长起来。

● 领导者如何授权

授权不是任意的一种权力下放，它是以一定前提为保障的。有些领导者授权之所以无效，在于以下原因：一是对人和事缺乏正确的认识和判断。授权没有特定的法规和规章可以遵循，完全凭借领导者个人对需要授权的事和被授权人的认识，因此必须要有所选择和权衡。选择人的标准是他的能力与完成的任务相匹配，这样才能保证授权获得满意的效果。二是权责不明确。授权不是将领导所有的权力都下授，而是就某个任务将自己的部分权力授予下级。领导要给被授权人划定权力与职责的范围，让其明白任务的具体目标。三是不能正确对待错误。人非圣贤，孰能无过？下属犯错误往往在所难免，尤其是在授权之初。如果领导者不允许下属犯错误，被授权的下属则会更多地倾向于循规蹈矩，不敢创新。很多时候，下属没有正确完成授权任务，可能是授权不充分或控制不当造成的。四是授权不是授责。许多领导者认为授权的同时要授责，这是一个误区。授权，仅仅意味着管理方式和工作方式的转变，它只是把一部分权力分散给下属，而不是把同“权力”相对应的责任也分散下去了。实施授权后，领导者会减少部分的工作量，但责任反而会加重，因为授权带来了工作实质的扩展，领导者必须对下属在被授权范围内的行为承担责任。领导者能否认知这份责任，对于授权的优劣成败，有着至关重要的作用。

把权力授给三类人

是否善于发现人才并授之以权，往往是事业成败的关键。成功的权力分配，要求领导者既不能大权旁落、无所用心，又不能全权独揽、事必躬亲。那么，如何才能不走这两个极端呢？领导者在进行权力分配时，一定不能拘泥于定规，僵化固守传统，要善于用人，善于创造性地运用各种人才作为被授权者。

授权给能干的人。能干的人，指的是有才能会办事的人，简称能人。权力是一把利剑，有的领导者注意暂时放手，有的领导者则绝不放手。正确的方法是让能干者拥有权力。领导者在进行授权的时候，不仅仅要看重被授权者的知识能力，还要看重其能干的素质。在实际工作中常常可以发现，一些工程技术人员虽然学历不高，却往往具有较深厚的专业知识和较强的实际工作能力；相反，一些高学历人员虽然各方面的表现不错，却没有突出的特点。一个人实际工作能力的高低，是作为领导者授权与否的评判标准。

能干的人善于独立思考问题，并善于发现某些处于萌芽状态的问题，善于处理复杂棘手的问题，善于提供有价值的独特见解。这种能干的人属于实干家、活动家，办事能力强，开拓能力强。他们在实际工作中协调组织能力强，具有很强的向心力，而且他们往往办事认真负责，善始善终，敢于坚持原则、坚持真理，对于错误言行和时弊敢于直言不讳。如果大胆地授权给他们，领导者将会得到可靠的支持和帮助。

如何授权给能干的人，需要把握好以下三个条件。

其一，不能鞭打快牛。领导者千万不要在心理上形成能干者就应该干、干是他的本分、他也愿意干的认识。工作毕竟有着明确的分工，而且由于这些分工大多是建立在科学合理的基础上的，因而每一种工作、每一个岗位的工作量应是大体相当的。如果领导者对自己的部属充分了解，应该相信能干者是能做到“不用扬鞭自奋蹄”的，用不着“鞭打快牛”。需要“鞭打”的应该是那些“慢牛”。如果对“慢牛”的要求放松尺度，采取宽而忍的态度，对能干者却毫厘不让，别人拉一车，他能拉十车，而且必须拉十车，力争拉十一车，偶尔拉九车就判断其藏奸耍滑。在这样衡量标准不一、贡献与回报不一致、又没有充分理解和尊重的情况下，能干者就会感到被愚弄，以致心理失衡，他们的热情和积极性极易受到影响和挫伤。

其二，不能感情用事。能干者往往是“只顾埋头拉车，不顾抬头看路”的人，但他们不是心中无数，其中的大多数人是把工作放在第一位，心思用在别的上面、瞻前顾后的少。一个单位内部有务实的，也必然有务虚的。当然这里的“务实”与“务虚”是相对而言，不是绝对的。务实者往往在建立私人感情、协调联络关系上不到位、欠火候，而务虚者却精通此道。所以，有时就会形成领导者在工作上对能干者高看一眼，在个人心理和感情上对务虚者别有垂青的状况。面对工作和个人感情具体衡量的时候，如果把个人间的私情放在了第一位，把务虚者的花拳绣腿、巧言令色摆上了重要位置，工作向能干者倾斜，好事向务虚者倾斜，一而再再而三地这样，就会从根本上动摇和瓦解工作的中坚力量，单位也会形成虚妄不实、搞个人亲疏远近的不良风气，必然影响工作的开展和干部的健康成长。

其三，不要顾此失彼。有的领导者认为，能干者只会干实活儿、干事务性的工作，一些面儿上的事、交际协调的事做得不巧妙，在安排工作时便把苦累无名的活儿交给能干者，而把一些名利双收的面儿上活儿交给务虚者。如此一来，不但影响了务实者的全面锻炼和提高，而且也造成了事实上的不公正，让能干者吃了亏、受了气，让不干实事的务虚者占了便宜、风光占尽。如果这样，必然带乱队伍，贻误事业。所以，领导者必须把务实者真正摆在自己心中的重要位置上，在对其评价上要真实、公正，在利益上真正向他们倾斜。

因此，领导者授权给负责人，一定要注意，既然他有能力，就让他大胆发挥手中的权力，让他动脑筋当自己的主人；同时，他出现难题时，还要在恰当时候给予指点。

把权力授给有责任心的人。《孙子兵法》中论述领导者的素质时说：“将者，智信仁勇严也。”其中的“勇”，就是有勇气、有魄力，敢作敢当、敢冒风险，勇于负责、勇于承担责任。管理学家包穆尔教授提出领导者应具备的十种能力，其中第四种就是勇于负责：对上下级、客户及整个社会抱有高度责任心。罗宾斯在《管人的真理》里说，在授权的过程中，如果有疑虑的话（你不知道授权给谁更好的话），就选那些有责任心的人。他提到一项心理学家的调查，其结果是发现一个人是外向还是内向、严厉还是随和、开放还是保守以及情绪是否稳定，都和一个人做出的业绩无关。唯一有关的个性特征，是一个人是否有责任心。

心理学家发现，让人做出成绩的种种特征最后都可以归结到责任心上面：有责任心的人工作认真，有责任心的人细致，有责任心的人擅长计划，有责任心的人有组织性，有责任心的人工作努力，有责任心的人坚忍不拔，有责任心的人成就导向。

授权给信任的人。只有信任，才有授权。中国人对“信任”这个词的认知应该是源远流长的，《论语》中“信”的出现频次仅次于“仁”和“礼”，“仁”“礼”中也包含着“信”的内涵。道德评价中非常重要的一个评价因子即是信任。这里所指信任主要指人与人之间建立在相互道德信赖基础上的心理认同、行为支持，强调合作互信，而不把风险与控制作为前置条件。用人不疑，疑人不用。在授权中如果不能做到充分的信任，无论领导者如何努力，也无论下属如何耕耘，都难以结出丰硕的果实。聪明的领导者应该敢于放权，不但信任而且要把这种信任传递给被授权的下属。在授权中信任是挖掘下属潜能必不可少的力量。

信任授权需要把握好两个方面。一是领导者信任下属。所谓信任下属，在很大程度上是指信任下属会尽力做事，也会正确地做完，而下属通常不会辜负领导者的期望。但是，在处处指挥、控制、监视的工作环境里，是不太可能激发信任和尊重的。不信任下属是最不实际、最没有效率、最浪费时间的管理方式。在正常的情况下，管理是将工作目标划分成适当的责任范围，使下属能发挥最大的潜力。但是，许多领导者狂妄自大，以为只有自己才有能力完成工作，从不信任他人，又对自己有效管理下属的能力没有信心。他们总是事必躬亲，三番两次地检查、做改动，这对生产力大大不利。结果，这种管理作风让领导者自食其果。二是下属信任领导者。信任来源于公正大方，但要想长久维系信任，只有依赖于人们对有能力的上司的崇拜和尊重。要值得信任，领导者必须做到公平、公正。偏袒、虚伪、错误的观念和行为、不道德的举止，这些都会极大地破坏信任。

17. 不要让下属期待太久

把握好激励的时机是领导者工作的关键。时机是时间和机会的有机组合，在人们的各项活动中起关键作用。心理学研究表明，激励时机的运用，关键是要根据人们的心理变化，不失时机地采用不同的激励方法，调动人的内在潜力。在领导工作中，同样要抓住时机进行激励。

● 领导激励中存在激励时机

领导激励时机是指领导者在激励的过程中，根据下属自身特征及工作目标，选择能产生最大激励效益的时间。这种时间在领导过程中，有时表现为相对稳定的一段时间，如对工作积极性的培养、工作过程中困难的克服等，这种时机具有普遍性，容易被领导把握并在工作中选择。但更多的领导激励时机则表现为短暂的、稍纵即逝的时间，它常隐藏在领导过程中，不容易使领导者发觉与把握。它是领导工作中的特殊激励时机，对下属的工作效果有直接作用，需要每个领导者去认识它，并在领导激励中充分利用。领导者只有准确地把握激励时机，对下属及时进行激励，才能最大限度地激发下属工作的热情与主动性，提高工作效率，达到增力的效果。

激励时机是激励机制的一个重要因素。激励在不同时间进行，其作用与效果是有很大差别的。超前激励可能会使下属感到无足轻重；迟到的激励可能会让下属觉得画蛇添足，失去了激励应有的意义。在领导者工作中，人是领导者工作的对象，是领导者工作的出发点、着眼点和归宿。正确运用激励手段，最大限度地发挥人的积极性、主动性和创造性，实现管理者所运筹的目标，是领导者工作的基本职能。在领导工作中要正确灵活地运用各种激励手段，因人而异地进行有效激励，还要善于及时地抓住激励人的“最佳时机”，不失时机地对被管理者进行有效激励。“最佳时机”的把握是激发人的积极性、主动性和创造性，达到激励目的的关键。这时，最能调动领导对象奋发向上和不断进取的积极性，帮助他们树立正确的奋斗目标和达到目标的信心及决心，激励他们努力奋争，勇往直前。

激励人的“最佳时机”是由社会环境系统与人的心理运动相互作用的特殊规律决定的。人要适应环境、改造环境，满足自身生存和发展需要的一般过程是社会客观存在的刺激作用于个体、形成挑战，个体意识并感受到挑战、个体做出应战的心理准备—积极应战、应战成功—再形成新的挑战。这里提出的激励人的“最佳时机”，主要在个体意识并感受到挑战、个体做出应战心理准备和积极应战这三个最主要的环节上反映出来，通过促进主体形成主动应战的心理，把握积极应战的最有利的机会，此时是激励人的“最佳时机”。这三个不同环节的激励有着不同的要求：在个体意识感受到挑战时，要求领导者帮助个体真实地发现、认识和感受社会客观存在所构成的挑战，使挑战成为个体自我意识注意的中心，了解挑战的性质、内容、特征，明确挑战的分量，从而产生迎接挑战的紧迫感。在应战心理准备时，要求领导者帮助个体领悟应战成功的意义和作用，确立决心和信心，分析应战的有利条件和不利因素，制定应战的目标、计划、方法、途径，使个体保持胸有成竹的积极心理状态，做出应战准备。积极应战时，要求领导者鼓励个体保持饱满的热情、高昂的斗志和克服困难的毅力和决心，并激励他们充分发挥主体的创造性，以百折不挠的勇气对待挫折，奋勇前进，直至取得应战成功。

● 让激励成为“及时雨”

要把握激励的时机，“雪中送炭”和“雨后送伞”的效果是不一样的。激励越及时，越有利于将人们的创造力连续有效地发挥出来。现代心理学研究表明，及时激励的有效度为80%，滞后激励的有效度仅为7%。

“奖励一个人，激励上百人。”有时一项任务完成很久了，下属还没得到应得的奖励，等到他得到奖励的时候，几乎早已忘了自己为什么得到奖励。为了避免发生这种情形，最好的办法是常颁奖，使下属在任务完成不久就得到奖励，切不可隔太久才给予奖励。

人们的一切行为都是为了追求某种有利或避免某种不利，由此在生理和心理上必然产生与之相适应的喜好和厌恶情绪。激励就是为了诱导人们共同喜好和厌恶的趋向，促进事业的发展。当然，这种趋向，不同的人各不相同，但有一点是相同的，就是及时和适度。有不少的领导者，喜欢开“空头支票”，需要员工或下属完成一项任务前承诺得相当好，可是当员工或下属将任务完成了，他却迟迟不兑现，或者以种种借口推诿了事。激励如果不及时，不仅会失信于人，挫伤积极性，而且还可能造成混乱，产生怨恨，取得完全相反的结果。

激励及时的核心是一个“快”字，古人提倡“赏不逾时”，意思是奖赏不能错过时机，激励只有及时才能使人们迅速看到做好事情的利益。当下属做对或做好一件事时，领导者便应立即给予肯定或称赞，而当他不小心做错一件事时，则应立即指出错误的原因及改正的方法，而不是一味地责备。另外，激励必须及时，否则事过境迁，再多的称赞都已成明日黄花，自然没有激励作用。即使是口头的一句夸奖，只要领导者能当场说出，对下属都会产生极大的鼓励作用，因为它代表领导者对下属贡献的赏识与确认。

如此再三强调激励的及时性，是因为激励的“时机”在具体把握上，总的要求是要与下属的获奖欲望最强烈的阶段相吻合，这样才能获得最佳的激励效益，时间延误会使奖励的价值减到最低限度。那种认为“有了成绩跑不了，年终算账晚不了”的想法和做法，往往使奖励本有的激励作用随时机的耽误而丧失，造成奖励走过场的结局。

当然，及时激励并非单纯求快，主要是体现一种雷厉风行的作风和精神，而不能机械地当成不差时日的时限，及时的前提在于激励的正确、明确和准确。如果激励事实失误、性质不准，及时不仅毫无意义，而且可能带来不良后果。因此，激励执行及时的原则并非为快而快，而是必须严格控制在实事求是和慎重衡量的前提之下。这就需要领导者熟悉时机所具有的几个特点，以便能随时随地识别并加以运用。一是时机具有隐蔽性。下属不可能把自己的全部欲求都显露出来，往往会加以隐蔽，通过曲折途径和复杂多变的心理活动反映到语言、行为、表情上，所以要求领导者学会洞察下属的心理。二是时机具有短暂性。人们的欲望，不是持久不变的，它必然随着人们需求的变更和社会价值观念的变化而改变。三是时机具有变易性。这一点与短暂性有相通之处，比如一个人在某一时期对物质奖励更为重视，当其家庭经济条件有了较大改善后，他的需要就会更多地转向精神即荣誉奖励。根据时机的三个特点，领导者可以较为轻松和较为准确地把握及时激励原则。

及时激励　莫忘行为示范

在社会群体中，群体成员的言行会产生相互影响，这种交叉影响即所谓群体的相互示范效应。在这种示范效应中，多数领导尤其主要领导的示范效应系数最大，并且示范效应系数与领导职务成正比。领导者行为在群体生活中起举足轻重的示范效应，下属通过领导者的行为形成对领导的形象认识，习惯从领导者的人格、气质、知识、修养、水平中推断组织的未来。在下属的观念中，对领导者形成了一定的期待值，希望领导者能在人格、水平、能力、修养等方面做出表率，成为下属心目中可以效仿的榜样，引导和帮助下属实现个人全面的发展和价值。这种期待值成了下属的高级精神需要，成了下属的精神支柱。

既要“说”出来，更要“做”出来。领导者的良好行为、模范作用、以身作则就是一种无声的命令，可以有力地激发下属的积极性。权威是暗示成功的重要心理条件，领导者良好的行为具有权威性，使下属很快受到良好影响，下属对领导的模仿造成了良好的激励氛围。在激励中，语言的巨人、行动的矮子现象是领导者工作的大忌。作为领导者，当然不可能不“说”，却更忌讳不“做”。“说”与“做”简单的组合有五种，其示范作用各有不同：（1）说了，不做，副作用最大。（2）不说，不做，副作用次之。（3）不说，做了，有积极作用。（4）边说，边做，有很好的示范作用。（5）做了，再说，示范作用次之。

这五种基本状态中，第四种的“边说，边做”，其积极作用最大。做的过程对领导者来说是一个了解真实状况的过程，对被领导者来说是一个被感召的过程，在这一过程中的“说”更有目的性，更具指导性。卡耐基曾说过这么一句话，年纪越大，就越不重视别人说些什么，我只看他们做了什么。中国谚语也有“一个行动抵一万句口号”的说法，这些朴素的真理值得领导者铭记。

应当认识到，领导者行为对群体价值观的形成起导向作用。群体价值观也是一种群体定式，体现了一定内容的群体规范。根据现代管理心理学的从众心理效应，群体规范一经形成，对群体成员的言行就有一定的制约作用。在一般情况下，群体成员是以领导者行为信息为参照系数而形成价值观的。他们的行为激励作用也是很大的，如人们常说的“群众看党员、党员看干部”。在人才教育工作中，教育者本人就是最主要的教育因素。作为单位领导者能处处身先士卒、以身作则，吃苦在前、享乐在后，就会通过自己榜样的作用去影响各类人才和一般员工。因为领导者自身的榜样行为作为一种刺激，同时又作为一种正强化物（激励本身就是一种强化过程），通过示范形式，对单位工作人员产生作用，并逐渐被工作人员模仿与认同，从而转化为工作人员的“自我强化”，纳入自身的心理结构之中，达到内化的目的。行为激励是无声的命令，领导者的行为对下属具有很强的导向作用。

一位优秀的领导者，不仅能够正确地运用手中的权力，树立领导权威，还会以身作则、率先垂范，用自己的实际行动激励广大员工扎实工作。要求下属做到的，自己首先做好；禁止员工去做的，自己首先不做。如果领导者积极工作，带头钻研业务，以组织名义，大张旗鼓地奖励有所作为、有贡献的人才；批评帮助患有“闲人综合征”、精神不振、工作一般的工作者；冷落和惩治无所事事、说三道四、甘于平庸的阿混，就能在群体中形成明显的差别境界，有贡献的人形象改善，收入增加，脸上光彩；精神不振、工作一般的人，也会精神振作，改变工作态度；混日子的人则相形见绌。从而促成为组织做贡献光荣的个体定式转化为群体定式。在群众压力和现实利益差别的驱使下，混日子的人会自觉或不自觉改变原有的价值取向。因此，领导者要善于利用自身拥有的激励优势，有效发挥示范效应的良性辐射作用，激励群众勤奋工作，最大限度地开发人才资源。一个成功的领导者，成功的关键在于其99%的行为魅力以及1%的权力行使。下属能心悦诚服地为他努力工作，不是因为他手中有权，绝大多数原因是领导者有着好的领导行为。权是不能说服人的，即使服了，也只是口服心不服。好的领导行为能给下属带来信心和力量，激励下属，使其心甘情愿地、义无反顾地向着目标前进。

及时激励展现领导水平。古人云："其身正，不令而行；其身不正，虽令不从。"领导者要是本身行为端正，即使不发布命令，下属也会去干；如果自身的行为不正派，即使发布命令，下属也不会接受。

领导者的知识水平和工作能力是领导水平的重要体现，这就要求领导者善于捕捉各种信息，扩大知识面，使自己具备一种不断同外界交换信息的、动态的、不断发展的知识结构。用知识水平激励工作对象，领导者要勤于学习，使自己具备一种不断同外界交换信息的动态，取得与具有多种水平的工作对象交谈的资格，使他们从中得到知识享受和哲理的启迪；用专业水平激励工作对象，领导者就要真正掌握专业知识，并在具体工作中能够指导工作对象，使他们受到感染和熏陶；用决策水平激励工作对象，领导者就要善于开发并集中群众智慧，发扬民主，做出科学决策，实行正确指挥，不断提出既鼓舞人心又切实可行的目标，把工作对象的热情引向组织的奋斗目标。领导者如能以认识、专业和决策水平激励工作对象，就会产生积极有效的领导行为激励效果。

此外，领导者要善于开发并集中群众的智慧，发扬民主，实行科学决策，不断提出既鼓舞人心又切实可行的目标，把下属的热情引向组织的奋斗目标。领导者的口才、文才也是领导水平的重要体现，这就要求领导者具有一定的演讲和写作能力，使自己具备与多种知识水平尤其是高层次知识水平的群众交谈的能力，使群众从中得到精神上的享受和思想上的启迪。

18. 领导要善于决策

决策是人类社会所特有的现象，是人类社会发展到一定历史阶段的产物。《韩非子·孤愤》中有“智者决策于愚人，贤士程行于不肖”之说；楚汉相争时代，韩信就战争战略问题提出过有名的“决策向东，争权天下”的思想。我国古代君子素有养士和招募食客之风。这些门客、军师、谋士等在当时的军事决策、政治决策中都发挥了十分重要的作用。如孙武之于吴王阖闾、吴起之于魏文侯、孙膑之于齐威王、诸葛亮之于刘备、魏徵之于唐太宗，他们都是谋士，都为各自的国君在治邦立业中做出了巨大的贡献。《论语》讲到“一言可以兴邦，一言可以丧邦”，可见领导正确决策的极端重要性。

● 决策智库不可少

决策需要借力，更需要借脑，借脑就要重视发挥智库的作用。俗话说得好，“三个臭皮匠，顶个诸葛亮”。诸葛亮虽然谋略过人，但毕竟是一人所长。智者千虑，必有一失，否则就不可能出现“挥泪斩马谡”的悲情故事。发挥决策中的智库作用，能避免产生主观武断现象，增强决策的科学性和预见性，减少决策失误带来的损失。发挥智库的作用能使决策信息收集得更全面、更真实，更能够反映实际情况。

在领导力研究中，决策力是领导的第一力。这个“力”不是领导者个人的能力，而是集体的智慧。重视发挥集体决策优势，群策群力，是确保各项事业顺利发展的基本前提。进入新时代以来，以习近平同志为核心的党中央高度重视智库建设，充分发挥政府研究机构、科研院所、企业研发机构的智囊作用，为开创中国特色社会主义建设事业提供了强有力的智力支持。

● 决策为什么会失误

概括起来，决策失误主要包括以下两种。

一是决策失效。决策失效是指决策方案在实施过程中遇到了抵触，决策实施困难，不能完全按决策方案的设计执行下去，决策方案执行结果不同程度地偏离了预定的目标。有的领导做决策脱离实际，往往从“良好的愿望”出发，从“理想的想象”出发，却对决策实施的条件、环境、时机、步骤、方法等研究不够，对决策实施的可行性考虑不周，结果一到实施时才发现决策无法执行。有的政府机关决策时上边拍脑袋，下边瞎起哄，事前不调研，事后不落实，结果提出可望而不可即的高指标，搞假政绩、虚数字，华而不实、哗众取宠，没有实际意义，自然会失效。有的决策制定时能找到无数证明其“科学可行”的证据，真正实施起来却缺少必要的条件，决策自然也会成为一纸空文。

二是决策失察。有的领导在决策时，没有掌握必要的信息，没有认真分析客观条件，不仔细研究实际情况，不了解情况是否属实，不知道群众是否赞成，就在凭空想象中武断决策，在信息失真下盲目决策；有的在错误的政绩观引导下，热衷于“景点工程”“形象工程”，而不从实际出发做决策；有的作风漂浮，只满足于听下级汇报，不做认真核查、不去缜密测算，在信息不全面、不准确甚至在基础数据不具备的情况下就草率决策。对决策信息的准确性、决策方案的可行性、决策后果的严重性失察，决策失误也就在所难免。

● 领导要善于决策

一着不慎，满盘皆输。领导善于决策，贵在求真务实，要在求真、速决、善断上下功夫。

求“真”就是掌握第一手资料，确保信息的真实性，使决策符合客观实际。决策是以情况的全面性、真实性为基础的，没有信息的真实性，就谈不上决策的科学性。信息的真实性是指在捕捉信息时应剔除虚假的表象而把握真实的面貌，即信息的表象所引起接受者的联想与客观事物的发展规律相吻合。现实生活中的经验教训一次又一次地告诉我们：信息的真实、客观，是正确决策的根本。求真，就是要把握好信息内容的真实和完整。因此，在调查研究中，领导干部要深入群众、深入基层、深入第一线，摸到真情实底，得到第一手材料。到基层调查，向群众了解情况，要摆正自己的位置，放下架子，扑下身子，与群众坦诚交谈，虚心向群众求教，让群众敞开心扉说心里话。要敢于坚持真理，纠正错误，调查中发现工作有失误时要大胆及时地纠正，领导干部要敢于讲真话。为此，调查研究既要明察，也要暗访；既要看好，也要看差；既要听喜，也要听忧；既要扬长，也要避短。这是实事求是思想路线的根本要求，是正确认识事物和处理问题的必要条件。

求“快”就是确保信息的及时性，增强服务决策的主动性。决策具有很强的时效性，在一定时间内，某个方案可能是最佳方案，而超过了一定的时间限度，就可能成为“不佳”方案，甚至成为“有害”方案。决策的时效性决定了决策信息的时效性。这就要求调研人员把握好信息的时效性，要组织工作人员定期分析组织管理情况、影响组织发展的有利和不利因素以及下属人员的思想动态情况，搞好各类信息的筛选、综合和深加工，确定调研的方向、重点和课题。同时，要善于从各种行政管理活动和社会活动中发现新情况、新问题，并快速进行信息处理，区分清楚分属过去、现在和未来的信息，及时、适度、适量地提供给决策者，提高信息的使用价值。

善断就是当机立断，不犹豫徘徊、左右顾盼丧失机遇。《三国演义》中曹操与袁绍决战于官渡，当获悉袁绍粮草囤积于乌巢时，曹操当机立断，置丢失曹军大营不顾，亲率精兵长途奔袭，将袁绍粮草毁之一炬。而袁绍性情犹豫，左右徘徊，不善于采取正确决策，致使70万大军损兵折将，战败而亡。袁绍的失败，不是军事力量上的失败，而是自身性格上的缺陷造成的结果。

为此，领导的“善断”，一要有“能”。决策者是为决策活动把关定向的“舵手”，其素质能力的高低，对决策起着最为核心的关键性作用。因此，善断首要的是提高领导干部决策的能力素质。领导干部要善于学习思考，注重经验积累，提升自己决策的水平。

二要多“谋”。“断”并非简单的选择，决策决断的过程难免会涉及广泛的专业、复杂的关系、大量的信息和不确定的因素。决策者即便是见多识广、博学多才的“通才”，也不可能样样精通、时时正确。通过外脑在决断过程中的深入参与，可以更有效地促进决断系统对决策问题的深入思考和对决策方案的论证选择，提高决策的准确性和科学性，减少思虑不周而出现的决策失误。当下决策环境的复杂化使得决断层必须学会“借力”，当领导干部从“出主意”转向“选主意”的时候，会促进决策咨询系统的专业化。

三要规范科学。科学的决策程序是实现决策科学化的条件。决策是提出、分析、解决问题的完整的动态过程。决策的决断系统是整个系统的中枢和灵魂，必须掌握、运用并控制整个决策的程序。目前，在我国的重大决策中，提供可行性报告是通用的做法。单一的可行性研究只是从正面论证其可行性、合理性，很容易给决策者带来某种潜在的误导性，导致决策失误。而不可行性研究本质是真正的风险研究，它可以站在与可行性方案相反的角度、站在更加公正的立场指出还存在的问题或缺陷，给决断系统提供更广阔的思路和信息。

19. 领导要善于指挥协调

在领导工作中，指挥与协调是一项典型的领导行为艺术。有人说，领导工作有一大半是用在各方面的指挥协调上。指挥是讲究原则性的，协调则是讲究方法的，也就是要有协调的艺术。指挥协调是指在矛盾冲突中，坚持原则性与灵活性的统一处理、协调矛盾的方法与技巧，体现在有力指挥、善于协调、勇于负责的责任意识上。领导干部既要有敢于负责的精神，又要具备协调的能力。“强不能遍立，智不能尽谋”，再高明的领导干部也不能把所有的事情办得十全十美。因此，领导干部既要指挥有方，还要善于通过耐心细致的协调工作，调动大家的积极性，把决策的实施变成大家的自觉行动，形成“一帅掌舵，三军上阵”的局面。

在新的历史时期，面对复杂多变的社会矛盾和社会问题，领导干部在做出决策前，一定要倾听各方面的意见，在集思广益的基础上形成决策，行使权力，而不可凭主观臆断，强令行权。一个领导干部即使做出的决策是正确的，采取的措施是可行的，但是不讲究领导方法艺术，一味地强令行权，要求下面不折不扣地执行，甚至态度粗暴，其结果只能是使工作遭受损失，甚至会事与愿违。有效指挥协调的目的在于谋求组织与全体人员思想的统一和行动的一致，使组织内的各部门和各要素之间密切配合、互相支持开展工作，提高效率，减少浪费，避免工作中的扯皮、重复和内耗，进而调动起广大干部、群众的积极性，最终实现组织目标。

在正确处理指挥与协调的关系中，领导干部的智慧、人品和工作作风非常重要。领导干部的个人素养品质，是激发领导指挥协调能力的后盾。领导干部需要有宽阔的视野、把握全局的战略头脑、坚定的组织观念和统筹协调的组织才能。

● 指挥协调建立在调查研究之上

调查研究有两层含义：一是调查，二是研究。调查是感性认识，研究是理性认识，调查上升为研究，就是感性认识到理性认识升华的过程。调查研究是一个有机的整体，绝不能割裂开来。真正的调查研究必须在调查的基础上，进行深入的思考和认真的研究，通过思想的碰撞，消化吸收调查的成果，总结归纳调查的经验，提出指导工作的思路和措施，把调查的内容体现在研究的成果上。我们党在社会主义革命和建设的实践中，积累了丰富的决策经验，取得了很大的决策成功。进入新时代，随着改革开放进入深水区，新的问题和矛盾层出不穷，能否抓住主要矛盾把握大局，做到在指挥协调中决策正确而不失误，是关系社会主义现代化事业的重大问题。

目前，要改变不够完善的现状、提高协调指挥的水平，就必须努力改进领导方式，实现党的决策机制由注重个人经验向科学决策转变。实现这种转变，就必须做到“先调查后研究”。人类社会已迈进网络信息时代，现代社会的信息量之大、信息交流的速度之快、信息内容之繁杂，叫人眼花缭乱，难以应付。要在瞬息万变的信息中做出准确的指挥协调，仅仅依靠传统的经验决策方法已远远不能适应形势的需要。在新的历史条件下，领导干部必须对开展的工作进行细致的调研，做到从群众中来、到群众中去，采取解剖麻雀、定性分析、比较分析等方法。同时还要适应形势发展要求，将现代决策理论和科学方法，借助计算机技术、仿真技术、信息技术等手段，建立数据库、模型库和实时处理计算机网络等调研信息系统，从而增大信息量，提高调查的准确性和时效性。在取得科学翔实的第一手资料后，进一步开展系统规范的研究工作。在研究中应发挥专家的作用，对那些专业性、技术性较强的重大事项，要认真进行专家论证、技术咨询、决策评估，以保证研究结果的科学性。

● 指挥协调需要抓主要矛盾和关键环节

在复杂的事物的发展过程中，有许多矛盾存在，其中必有一种是主要矛盾，由于它的存在和发展，规定或影响着其他矛盾的存在和发展。抓住了这个主要矛盾，一切问题就会迎刃而解。矛盾着的各方面中，必有一方面是主要的，其他方面是次要的，问题的关键是如何确定这个主要矛盾。毛泽东的办法是到实践中去了解、去调查、去研究，找到这个主要矛盾。是先有感性认识，再上升为理性认识的过程。解决系统问题的关键是主要矛盾，同时也告诉我们确定主要矛盾的方法。

抓主要矛盾、关键环节包括两个方面：一是抓重点工作。重点工作就是中心工作。一般情况下，每一个时期都有一个中心工作，辅之以别的第二位、第三位工作。中心工作事关全局，事关整体，事关重点。因此，领导干部首先要把近期的工作分类排列，依据轻重、缓急、主次标准，制订工作计划，突出工作重点和工作中心。尽可能回避减少各种应酬和繁杂的事务性工作，全力以赴抓好中心工作，与此同时兼顾一般工作。二是抓工作重点。每项工作都涉及方方面面，内容广泛，过程也是一环扣一环。善于分析和抓住各项工作的重点，解决问题的关键环节，是每位领导干部实施领导行为必备的基本功和前提条件。所以，领导干部要在认真分析、准确把握工作重点的基础上，着力解决难点、重点、关键性问题，以此推动整个工作的开展和顺利进行。

● 指挥协调要当好“乐队”指挥

一个组织的各种活动，各种人才合理使用，需要有领导干部的正确指挥。一个精明能干的领导干部的有效指挥，在于他能随时了解外部环境并根据组织内部条件，适时地提出组织的工作目标，合理地把组织的人、财、物有机结合，不断提高组织的效率。可见，指挥从某种意义上来说，它既是组织管理的一项重要职能，又是领导干部的一项基本工作，还是领导干部的一门领导艺术。领导干部指挥组织的各项活动就像指挥家指挥一支庞大的乐队，要想获得成功就需要从以下三个方面做好工作。

一是学会识“谱”——掌握领导范围内的基本知识。作为一个领导干部，除了掌握一些基本的知识以外，还需要掌握一些领导范围内的知识，这对领导干部来说是必需的。如今对领导干部知识结构的要求与过去相比已经有所提高。以前对领导干部进行教育培训的主要内容可以分成“政治理论”和“业务知识”这两类，而现在则主要拓展为“政治理论、政策法规、业务知识、文化素养和技能训练”五个方面。

二是会弹“钢琴”——提高发挥各方面作用的能力。古人云：“善弈者，谋势；不善弈者，谋子。”“善谋势者，一子失着，全盘可以弥补；而谋子者，却常常顾此失彼，一着不慎，全盘皆输。”作为领导干部，常常有很多的事务要处理，而如果事事亲力亲为，那么很有可能到最后什么都做不好。因此，领导干部应当善于谋势，而不必倾心于谋子，在工作上着眼于全局，善于抓方向、抓重点、抓中心、抓关键和主要矛盾，对于事务性、一般性的工作，要敢于放手授权，支持下级大胆开展工作，履行分管职责。

三是学会当指挥——掌控全局形成共鸣。作为领导干部，在工作过程中必须学会协调好方方面面的关系，形成全局共鸣的局面，这样才能让自己的工作卓有成效。在这个过程中，领导干部必须意识到对上负责和对下负责、上级满意和群众满意是一致的。在具体的工作中，领导干部必须找准两者的结合点，最大限度地赢得上级的支持，取得下级的信任，并且抓好工作落实的群众基础。要从根本上理顺领导与群众的关系，全心全意为人民服务，特别是在事关人民群众切身利益的敏感问题上，要积极做好统筹协调工作，在人力、物力、财力方面予以倾斜和支持。

20. 共产党领导力的核心要素

经过长期的探索和发展，中国共产党领导中国人民艰苦奋斗，形成了强大的领导力，通过四梁八柱体系，构建了覆盖全党、影响全国和全世界的领导力大厦。

● 架起“四梁”，不断扩大党的领导力的覆盖范围

加强党的领导力的“四梁”，首先要明确党的政治领导，明确领导的方向和定位，进而加强思想引领，理解和坚信共产主义，建设和发展社会主义。以加强党的全面领导为目标，围绕党的领导核心，通过自身建设、群众路线，通过统一战线，实现党的领导的全覆盖，凝聚党员干部之心、人民群众之心和社会各界的爱国之心，激发和凝聚中华民族复兴的伟大力量。

政治领导力。从实践来看，增强党的政治领导力是我们党从胜利走向胜利的宝贵经验。旗帜鲜明讲政治，坚持和加强政治领导，是中国共产党的优良传统和独特优势。我们党自成立之日起，就坚持以坚定的政治立场、先进的政治纲领、鲜明的政治路线、严明的政治纪律统一全党意志、凝聚全党力量，为实现党的历史使命不懈奋斗。党的十八大以来，我们党解决了许多长期想解决而没有解决的难题，办成了许多过去想办而没有办成的大事，推动党和国家事业取得了历史性成就、发生了历史性变革，形成了强大的政治导向、政治定力和政治引领。

思想引领力。重视思想上建党，用先进的思想理论武装全党，是党坚强领导力的重要标志。共产党始终把思想建设放在首位，重视思想引领力彰显

党的领导智慧和领导水平。在党的发展历程中，思想建设始终是全党面临的首要任务。井冈山时期把支部建在连上，使党的武装有了灵魂，延安时期毛泽东思想的诞生，使党的号召力凝聚力空前增强，改革开放邓小平理论的提出、“三个代表”重要思想、科学发展观，为深化改革开放，推进中国社会主义现代化提供了精神力量。进入新时代，伴随着建设中国特色社会主义现代化国家的崇高使命，习近平新时代中国特色社会主义理论体系的确立，使党的思想理论建设达到了新的高度，极大地鼓舞了全党上下的拼搏奋斗精神，为开创中国特色社会主义现代化国家新局面，实现中华民族伟大复兴的宏伟目标展现了磅礴力量。

群众组织力。群众路线就是党的生命线。人民群众的支持是执政的基础，习近平总书记在党的十九大报告中指出，我们党来自人民、植根人民、服务人民，一旦脱离群众，就会失去生命力。加强作风建设，必须紧紧围绕保持党同人民群众的血肉联系，增强群众观念和群众感情，不断厚植党执政的群众基础。凡是群众反映强烈的问题都要严肃认真对待，凡是损害群众利益的行为都要坚决纠正。

社会号召力。社会号召力的本质属性是社会影响力。社会号召力与执政党先进的思想和深厚的情怀密切相关，是时代发展潮流与精神的充分体现。增强社会号召力需要用崇高理想鼓舞人、用目标信念激励人、用为民服务凝聚人、用先进典型感召人、用政治生态影响人。

● 撑起“八柱”，拓展党的领导力的发展空间

构成中国共产党领导力的主体结构，不仅要有“四梁”的横向覆盖，要包括学习实践力在内的“八柱”的纵向支撑。撑起党的领导力的发展空间，首先是提升学习实践力。领导干部要不断学习，才能提升战略思维力。在路线方针确定之后，领导干部要提升统筹协调力、选人用人力，才能提升政策执行力，提升变革创新力。撑起党的领导力大厦，需要加强监督约束力，提升自身建设力，保证领导力大厦的稳定与坚固。学习实践力、战略思维力、统筹协调力、选人用人力、政策执行力、变革创新力、监督约束力和自身建设力的“八柱”，构筑起共产党执政影响力的宏伟大厦。

学习实践力。中国共产党的历史也是一部学习探索和实践的历史。中国共产党人依靠学习走到今天，也必然依靠学习走向未来。邓小平指出：“在不断出现的新问题面前，我们党总是要学，我们共产党人总是要学，我们中国人民总是要学。谁也不能安于落后，落后就不能生存。”党的十八大以来，全党学习蔚然成风，把党建设成“学习型、服务型、创新型的马克思主义执政党”演化为各级干部的创新实践动力。

战略思维力。战略思维能力是各级领导干部必须具备的一项基本能力，直接关系着领导干部的领导素养、领导方法、领导艺术和领导绩效。领导干部只有不断提高战略思维能力，才能高瞻远瞩、深谋远虑，才能胸怀大局、审时度势，牢牢掌握工作主动权，切实做到因势而谋、应势而动、顺势而为，不断开创工作新局面。重视战略思维、强调全局意识、重视理论武装是党立于不败之地的思想武器。

统筹协调力。统筹兼顾是中国共产党的一个科学方法论。在中国发展的不同阶段，中国共产党始终注重发展的统筹和协调，把握总体布局。党的十八届五中全会提出的新发展理念，要求统筹兼顾，协调推进城乡、区域、经济社会、人与自然发展，协调推进国内发展和对外开放，是基于对当前国际国内形势做出的科学研判，充分体现了党的发展理念的历史继承性和与时俱进。

选人用人力。中国共产党历来强调德才兼备，并强调以德为先。德包括政治品德、职业道德、社会公德、家庭美德等，要求领导干部在这些方面都过硬，最重要的是政治品德要过硬。新修订颁布的《党政领导干部选拔任用工作条例》，将“事业为上、人岗相适、人事相宜”作为重要原则，为做好新时代选人用人工作、建设忠诚干净担当的高素质专业化干部队伍，进一步指明了正确方向。

政策执行力。“政策和策略是党的生命，各级领导同志务必充分注意，万万不可粗心大意。”毛主席的这句话语重心长。他告诫全党同志，要高度重视政策的政治性和权威性。没有贯彻的政策只是一纸空文，必须把政策的贯彻视为检阅和评价领导干部政治能力和政策理论水平的重要内容，在这方面容不得半点马虎。党的影响力来自党的方针政策，党的威信威望来自政策执行力。要用“踏石留印，抓铁有痕”的精神抓落实，坚决杜绝形式主义和官僚主义。如果在政策贯彻上打折扣，搞形式主义弄虚作假，不仅会损害党和人民的事业，也将影响到党的执政威望，严重削弱党的领导力。

变革创新力。创新是一个民族进步的灵魂，是一个国家兴旺发达的不竭动力。综合国力竞争说到底是创新的竞争。在激烈的国际竞争中，唯创新者进，唯创新者强，唯创新者胜。习近平总书记强调，谁排斥变革，谁拒绝创新，谁就会落后于时代，谁就会被历史淘汰。如果我们不识变、不应变、不求变，就可能陷入战略被动，错失发展机遇，甚至错过整整一个时代。抓创新就是抓发展，谋创新就是谋未来，必须把创新摆在国家发展全局的核心位置。

监督约束力。加强自我监督、自我约束，是推进自我革命的重要实现方式。而勇于和善于进行自我革命，是我们党长期执政、全面领导的制胜法宝，也是新时代领导干部履职尽责的必然要求。只有全面加强自我监督、自我约束，建设忠诚坚定、担当尽责、遵纪守法、清正廉洁的干部队伍，才能立信立威，保障改革的顺利推进。习近平总书记高度重视加强干部的监督约束，把监督约束力与执政党的执政力、建设高素质的干部队伍摆在同样重要的位置上。他强调，要加强对干部经常性的管理监督，形成对干部的严格约束。没有监督的权力必然导致腐败，这是一条铁律。

自身建设力。自身建设的根本在于政治建设。党的自身建设问题解决得好，党的事业就健康发展；自身建设出问题，党的事业必然受到损害。党所面临的最大危险来自内部，党的十九大强调要把党的政治建设摆在首位，以党的政治建设为统领全面推进党的各项建设。

21. 建设高素质干部队伍的重要性

育才造士，为国之本。党的干部是党和国家事业的中坚力量。党的干部队伍建设总是与党的事业紧紧连在一起，伟大事业需要高素质干部，干部要在事业发展中锻炼成长。正确的政治路线要靠正确的组织路线来保证。历史和现实都表明，一个政党、一个国家能不能不断培养出优秀的领导人才，在很大程度上决定着这个政党、这个国家的兴衰存亡。中国特色社会主义进入新时代，我们党要团结带领人民实现“两个一百年”奋斗目标、实现中华民族伟大复兴的中国梦，必须把建设高素质干部队伍作为加强党的建设的首要任务，从加强党的执政地位，实现党和国家长治久安的历史高度，努力造就一支忠诚干净担当的高素质干部队伍。

建设高素质干部队伍，是实现党和国家长治久安的根本。“为政之要，惟在得人”。毛泽东在党的七届二中全会上告诫全党，在即将到来的胜利面前保持清醒头脑，要能够经受住执政的考验。在毛泽东看来，夺取全国胜利，只不过是万里长征走完的第一步，革命以后的路更长，更伟大，更艰苦。为此，他在党的七届二中全会上向全党敲响“两个务必”的警钟：“务必使同志们继续地保持谦虚、谨慎、不骄、不躁的作风，务必使同志们继续地保持艰苦奋斗的作风。”“两个务必”是中国革命第一次历史性转折的产物，它集中反映了时代的要求，科学地回答了共产党人应怎样经受革命胜利和执政考验的历史性课题。2013年7月11日，习近平总书记在西柏坡旧址调研时强调，毛泽东同志在党的七届二中全会上郑重提出的“两个务必”，包含着对我国几千年历史上治乱规律的深刻借鉴，包含着对我们党艰苦卓绝奋斗历程的深刻总结，包含着对胜利了的政党永葆先进性和纯洁性、对即将诞生的人民政权实现长治久安的深刻忧思。要始终警钟长鸣，坚决杜绝形式主义、官僚主义、享乐主义和奢靡之风，把高素质的干部队伍建设作为确保党和国家长治久安的首要任务，消解“人亡政息”的历史周期律的羁绊，经受住长期执政的历史考验。

建设高素质干部队伍，是巩固党的执政地位的关键。打铁必须自身硬。办好中国的事情关键在于中国共产党，在于党要管党、从严治党。根本在于是否拥有一支高素质的领导干部队伍。党的十八大以来，面对党面临的重大风险考验和党内存在的突出问题，我们党着力加强自身政治建设，以顽强意志品质正风肃纪、反腐惩恶，消除了党和国家内部存在的严重隐患，党内政治生活气象更新，党内政治生态明显好转，党的创造力、凝聚力、战斗力显著增强，党的团结统一更加巩固，党群关系明显改善，党在革命性锻造中更加坚强，焕发出新的强大生机活力，为党和国家事业发展提供了坚强政治保证。

作为执政党，中国共产党的形象和威望，党员领导干部队伍的创造力、凝聚力和战斗力，不仅直接关系到党的执政力的增强，还关系到党的前途命运。在新的历史起点上，面对错综复杂的国际国内形势，党面临的考验更加严峻，加强党的干部队伍建设的任务更加繁重。党要团结带领人民进行伟大斗争、建设伟大工程、推进伟大事业、实现伟大梦想，必须毫不动摇地坚持和完善党的领导，毫不动摇地把党建设得更加坚强有力。

建设高素质干部队伍，是增强党的领导力的保证。“尚贤者，政之本也。”党的干部是党的事业的骨干。实现伟大复兴，需要一流干部。回顾党的奋斗历史，我们党之所以能够始终保持强大的创造力、凝聚力、战斗力，成为革命、建设和改革事业发展的中流砥柱，团结带领人民战胜各种艰难险阻、取得一个又一个胜利，一个十分重要的原因就在于始终把培养造就具有政治坚定、思想先进、作风顽强的高素质干部队伍作为党的头等大事，抓住干部队伍自身建设这个根本，致力于建设高素质干部队伍，是我们党经受各种考验，一步步走向胜利的根本保证。

习近平总书记在党的十九大报告中指出：实现伟大梦想，必须建设伟大工程。这个伟大工程就是我们党正在深入推进的党的建设新的伟大工程。习近平总书记强调，我们党要始终成为时代先锋、民族脊梁，始终成为马克思主义执政党，自身必须始终过硬。要不断增强党的政治领导力、思想引领力、群众组织力、社会号召力，确保我们党永葆旺盛生命力和强大战斗力。党的政治领导力、思想引领力、群众组织力和社会号召力就是中国共产党领导力的显著特征，体现着党的领导力与领导水平。

22. 建设高素质干部队伍的落脚点

建设高素质的干部队伍，必须增强“四个意识”，坚定“四个自信”，做到“两个维护”。归结到一点，就是要把政治能力建设摆在第一位，以政治本领统领干部能力素质建设全过程。为此，要从以下几个方面抓起。

明确目标，坚定信念，为加强干部队伍建设提供动力。在干部成长发展当中，理想信念是第一位的，没有信念支撑，目标追求就会失去方向，就会失去前行的动力。理想与目标在驱使个人发展中具有“灯塔效应”。没有崇高理想的奋斗目标，就如同黑夜里看不见灯光，会降低斗志，产生悲观失望情绪。为此，要把实现中华民族伟大复兴和“人民对美好生活的向往就是我们的奋斗目标”作为党员领导干部矢志不渝的理想追求和努力方向，并在思想上保持统一，心理上高度认同，行动上积极融入，把党的目标内化为自己的行动，把忠诚、责任、担当作为政治素质过硬的基本要求，把乐观积极投入作为心理能力的重要指标，以奋发有为的精神状态投入各项工作当中，把组织忠诚与积极肯干、勇于担当结合起来。

激发成就动机，倡导奉献精神，展现时代风采。成就动机是行为的原动力。为什么有的领导干部无私奉献、担当有为，与其有强烈的事业心和责任心密切相关。事业心和责任心就是成就动机的典型表现特征。社会心理学研究表明，驱使人的行为变化主要有三大心理动机：一是生理动机，即以生理需要或物质上的满足为心理动机。二是社会动机，希望融入社会领域，参加社会群体生活并得到接纳与肯定，以满足社会心理需要。三是成就动机，渴望有所建树，做出更多的成就与贡献，以实现精神上的愉悦与满足。高尚的成就动机是干事创业的心理基础，拥有成就动机的人工作敬业、敢于负责、乐于吃苦、不计较个人得失。为此，激发领导干部的成就动机，就是重视干事创业者的心理需要，提升创业者的成就感和重要感，增强进取心，满足成就感，使其更加热爱工作，忘我投入。在那些具有奉献精神的好干部身上，几乎都蕴含着追求事业成功的成就动机。也正是拥有这一重要的心理品质，使他们满腔热情、不畏艰难、奋发向上、积极有为。

明确角色位置，强调敢于担当，为干部群众树立榜样。党员领导干部要始终明确自己的党员身份角色，要坚持原则维护党的利益，更要坚决维护人民群众的利益，把人民的期待和愿望与党的宗旨要求扛在肩上。应当明白自己的权力威信来自人民群众的支持信赖，没有享受私欲的乐趣，只有真诚服务的情怀。要牢记我们党的宗旨是全心全意为人民服务，做到“全心全意”就需要舍弃物质上的自我，追求精神上的超我。把自我价值纳入为人民服务的欢乐体验当中，自觉做到一切为了人民，一切依靠人民。为此，在自我角色当中，应多从社会角色、公众角色、职业角色上看自己的位置，从政治角色上讲担当的价值，只有坚持人民群众的利益至上，把人民群众的温暖安危放在心上，做到爱民、忧民、为民、惠民，才能够谈得上志存高远，豪情满怀。

夯实根基，疏通血脉，为干部队伍建设增加营养。“问渠那得清如许，为有源头活水来。”领导干部队伍素质建设不是朝夕之间达成的，而是持续不断养成的结果。在这一过程中，需要根基血脉，需要源源不断的能量补充。为此，要拓宽能量来源渠道，广泛吸收营养，从中得到教育启迪，提升心理涵养力。一是从民族文化血脉里吸取营养。二是从群众智慧中受到教育。三是从人生阅历中得到启迪。四是从社会实践中获得收获。五是从心理感悟中增长智慧。

公平公正选人用人，为干部队伍建设提供组织保障。2019年，中共中央印发的《党政领导干部选拔任用工作条例》，将“事业为上、人岗相适、人事相宜”作为一条重要原则，侧重工作实绩、履职尽责等方面的考察，把“信念坚定、为民服务、勤政务实、敢于担当、清正廉洁”作为好干部的基本尺度，使选人用人有了遵循标准。在此，首先需要强调的是要把好政治关，把是否忠诚于党和人民，是否具有坚定理想信念，是否增强“四个意识”、坚定“四个自信”、做到“两个维护”，是否全面贯彻执行党的理论和路线方针政策，作为衡量干部的第一标准。同时，要坚持公正用人。习近平总书记特别要求，组织部门和领导干部在选人用人上要出以公心，坚持原则、实事求是、敢于负责、公正无私，公平对待和使用干部，不拿原则做交易，使干部有全身谋事之心而无侧身谋人之虞。

严肃政纪法纪，加强监督管理，为政治生态建设创设良好环境。提高领导干部队伍素质，教育是重要手段，同时，惩戒也是一种重要的教育手段。既要厚爱，也要严管，把严管与厚爱紧密结合起来。实践表明，严肃查处违法违纪案件，是从严治党、惩治腐败的重要措施，也是严肃党纪、政纪的中心环节。对那些严重败坏党和人民事业的腐败分子必须坚决清除、严厉制裁，绝不能心慈手软、姑息养奸。党政领导干部的成长、成熟，离不开严格的监督管理，权力失控必然产生腐败。在错综复杂的思想文化环境下，如果领导干部丢掉了政治定力、政治方向，丧失斗争精神和危机应对能力，奢侈浪费，贪图享受，那就势必损害党的声誉和威望，势必动摇党的执政地位。领导干部做廉洁自律的表率，最重要的是带头实践共产主义的人生观、价值观，自觉抵制灯红酒绿的影响，自觉践行“三严三实”，要心中有党、心中有民、心中有责、心中有戒，具有铁一般信仰、铁一般信念、铁一般纪律，做到忠诚、干净、担当。

建设高素质的干部队伍永远在路上。在新的历史时期，面对世情、国情、党情发生深刻变化的新形势，必须居安思危，把政治建设、思想建设、组织建设、作风建设贯穿于干部队伍能力素质建设的始终，坚决消除精神懈怠、能力不足、脱离群众、消极腐败等危险因素，从思想信念、目标宗旨、组织观念、态度行为、意志品质等重要方面入手，把建设高素质的干部队伍与增强党的执政能力密切结合起来，不断改进党的领导方式方法，以使我们党在各种风浪考验面前从容应对，在各种挑战压力面前奋发向上，为实现中华民族伟大复兴的中国梦做出卓越贡献。

23. 四大因素影响干部成长

影响领导干部培养发展的因素包括主观和客观两方面。主观因素是指领导干部的基本素质和个人的努力程度，是影响领导干部培养的内在因素和主观条件；客观因素主要是指组织环境和家庭、学校等社会环境，它是影响领导干部成长的外在因素和基础条件。简而言之，主要有以下四个方面。

● 政治素养

党的十九大报告对领导干部培养目标提出了“政治过硬，本领高强”的新要求。领导干部的政治素养最根本的是政治信念与理想追求。但政治素养不是孤立存在的，与品德修养、知识积累、能力培育以及身心素质都具有紧密的联系。作为领导干部，政治品德是第一位的。领导干部的政治品德包括五个方面：一是不断增强“四个意识”，坚持“四个自信”，做到“两个维护”，忠实贯彻执行党的基本理论、基本路线和各项方针政策。二是牢固树立为人民服务的宗旨意识，密切联系群众，坚决维护人民群众的利益。三是坚持原则，实事求是，一切从实际出发，善于开拓进取，具有唯物辩证的思想方法和工作方法。四是清正廉洁，发扬艰苦奋斗精神，自觉拒腐防变，坚决反对消极腐败现象。五是勤奋敬业，不断加强作风建设和实践锻炼，具备担当负责的精神品质。从知识储备上而言，没有文化的队伍是注定要打败仗的队伍。建设专业化的领导干部队伍，首先要具备相应的专业知识素质。现代社会的快速变迁，推进治理能力治理体系现代化进程，领导干部必须加强学习，丰富完善知识结构，以适应时代发展的迫切要求。不仅要熟悉行业管理领域的专业知识，还应当掌握领导科学、管理科学、人文科学等综合管理知识，并把知识的学习与实际工作需要紧密结合起来。习近平总书记强调，要着眼于提高党的领导水平和执政能力，要努力提高驾驭市场风险的能力，提高依法办事的能力。从现实工作要求而言，解决实际问题能力、政策执行能力、决策能力、联系群众能力、合作共事能力、战略思维能力、依法执政能力是领导干部需要具备的核心能力。在此，身心素质是智、仁、勇的统一，不可偏废。没有"智"的领导干部是"次品"，没有"仁"的领导干部是"危险品"，没有"勇"的领导干部是"赝品"。良好的身心是领导干部最基本的素质。领导干部既要有健康的心理素质，保持积极进取、充满自信的精神状态，还要培育处事稳重、态度谦虚的性格，更要有顽强的竞争意识和斗争精神。

● 家庭环境

家庭环境对领导行为会产生潜移默化的影响作用。在成功的领导干部的背后，几乎都有深明大义、通情达理、默默奉献的亲人做后盾。执政为民的好公仆——郑培民的家，是人尽皆知的美满家庭。郑培民很爱他的妻子和儿女，但他从不用手中的职权来表达这份感情。郑培民的工作不断调动，职位不断升迁，但他爱人的工作只是从湘潭市新华书店调到省新华书店，职务仍然是新华书店的营业员。他常告诫子女："与其留给你们财富，不如给你们留下创造财富的能力。"他的妻子杨力求敬重郑培民的为人，更注重维护丈夫的形象。杨力求有个"三不"原则：不帮人向郑培民带任何信，不传口信，不接受任何礼品。他们的儿子说："在廉政问题上，爸爸把前门，妈妈守后门。"事实也证明，得一贤内助，领导干部会健康成长；得一贪妻婪夫，领导干部就会被"枕头风"吹落下来。牛玉儒出生于内蒙古通辽市的一个蒙古族干部家庭。早在20世纪80年代，他的父亲给时任内蒙古自治区纪委秘书长的儿子写过一封信："咱们家的亲戚多，有的可能找你办这样那样的事，你一定要拒绝，他们可能骂你六亲不认，不要怕骂娘，骂声越大，人民赞扬你的声音越高。"后来，老父亲又在电话里对牛玉儒说："玉儒，亲戚越骂你，老百姓就会越信任你，亲戚以后会理解的。"他看了京剧《铡包勉》后，有感于包公的刚正不阿，又给儿子写了一封信：“我们家世世代代都是农民，只有你当了领导，一定要清廉，像包公一样，堂堂正正。”牛玉儒没有辜负父亲的嘱托，为官一任，造福一方，勤政为民，鞠躬尽瘁，成为一位优秀的领导干部。

● 组织环境

组织生态环境，是指影响领导干部成长的组织内部环境，它包括有利于领导者在生动活泼、自由宽松、和谐开放、平等竞争、充分信任、培养提高的环境中从事工作学习，发挥聪明才智的组织内部条件和因素。影响领导干部培养发展的组织环境可以归纳为四个方面：一是健全的制度环境。制度建设带有根本性、长期性和稳定性。要积极创造一个公开、平等、竞争、择优的用人育人环境，建立一套领导干部能上能下、能进能出、充满活力的管理机制，形成一套法制完备、纪律严明的监督体系。二是健康的舆论环境。古人云：“木秀于林，风必摧之；堆出于岸，流必湍之。”当某人默默无闻时，大家相安无事，一旦其锋芒毕露，就会有人闲言碎语，这已经成为一种现象。这些都提醒我们，要努力营造一个尊重基层、体恤下级、尊重人才、尊重创造的良好氛围。三是有序的竞争环境。通过和谐竞争环境的建设，使各层级的领导干部自加压力，不断提高完善自我；使得能者上、平者让、庸者下；使得平等、竞争、团结、进步的风尚形成，提高组织发展的生机和活力。四是和谐的人际环境。干部的培养发展既要靠上级领导的考察，也要得到下级群众的公认。作为上级领导要心胸开阔，不能“武大郎开店”，容不得部下才能超过自己、嫉妒下属。领导干部的提升还必须得到群众公认。作为被培养的领导干部，特别是年轻干部要深入群众，踏实工作，用实实在在的业绩赢得群众的信任。

● 工作机遇

所谓工作机遇，指的是领导干部成长道路上偶然出现的可能导致某种事业成功或个人脱颖而出的有利的工作机会。如比较明显的上岗机遇、组织上的适时重用、上级领导部门选调干部的机会、重大场合的表现机会、艰苦工作环境的锻炼机会、处理复杂突发事件表现才能的机会等。重要的工作机遇对领导干部的成长具有外化、强化、助推和激励作用。任何一个领导干部，就其成长过程而言，其潜在的素质被外化，进而得到社会承认的关键制约因素之一就是机遇。机遇对于优秀领导干部来说，还意味着他拥有多于别人的学习和锻炼，以至提拔重用的机会，在这种情况下，人的素质和才能必然得到强化和提高。机遇还能推动领导干部的能级由低级向高级发展。领导干部一旦获得自己渴望的机遇，其心理便处于积极的状态，并以异乎寻常的情绪、精力和意志去提高自己的素质和才能，以忘我的精神去从事工作和事业。

24. 当前抓好党建的突出问题

习近平总书记强调，我们一定要深刻认识新时代中国特色社会主义对我们党自身建设提出的新要求，着眼于我们党更好担当使命，总结运用成功经验，正视解决突出问题，一刻不停歇地推动全面从严治党向纵深发展。在新时代的征程上，全党同志一定要按照新时代党的建设总要求，坚持和加强党的全面领导，坚持党要管党、全面从严治党，拿出恒心和韧劲，继续在常和长、严和实、深和细上下功夫，管出习惯、抓出成效。当前，在推动党的建设高质量发展的进程中，措施是有力的，效果是明显的。但也存在不少问题，有的是能力建设欠缺，有的是思想认识不足，有的是观念行为滞后，有的是方法简单草率。

当前，抓好党建存在的突出问题主要表现在如下几点。

一是“虚”。习近平总书记在2014年党的群众路线教育实践活动总结大会上指出：“在一些领导干部眼中，抓党建同抓发展相比要虚一些，不容易出显绩，一年开几次会布置一下就可以了，不必那么上心用劲。也有一些人认为，在发展社会主义市场经济条件下，从严治党面临两难选择：过宽没有威慑力，会导致越来越多人闯‘红线’，最终法不责众；过严会束缚人手脚，影响工作活力，干不成事，甚至还会影响自己的选票。这些认识都是不对的。”

二是“软”。党的十八大以后，中央巡视组对55家中管央企巡视发现，52家企业存在纪律松弛、“两个责任”履行不力的情况。有的国企“两个责任”落实不到位主要表现为落实主体责任不到位，履行“一岗双责”意识不强，主体责任淡化，有的纪委监察机构缺乏责任担当，存在着不作为或乱作为的情况，监督责任虚化，等等。

三是“弱”。近几年来，随着农村改革的不断深化，抓经济发展、谋转型跨越工作重心的逐步加强，不少农村党建工作执行力弱的现象逐渐显现，特别是一些经济发展滞后、矛盾纠纷突出的村，甚至无法顺利推进党建工作，严重阻碍了党的各项方针、政策在农村的贯彻执行和各项活动的开展，影响了农村的稳定和经济发展。

四是“假”。“假”就是热衷于做表面文章，大搞形式主义。一些地方在开展基层党建工作时，习惯于下发文件、召开会议，方法简单，效果不佳。有的乐于“闭门造车”，强调年年创新、事事创新，各层级党委苦思穷想提出党建工作年度创新项目，却不结合工作实际，不注重解决实际问题，只满足于引起上级领导注目，挖空心思做文字游戏，与创新的目的背道而驰。

五是“傲”。这主要指有的领导干部宗旨意识不强，官僚主义严重，衙门习气浓厚，服务意识淡薄。所谓官僚主义，毛泽东同志在延安时期就用泥塑木雕的神像做过比喻，除了三餐不食，其他都很相似：一声不响，二目无光，三餐不食，四肢无力，五官不正，六亲无靠，七窍不通，八面威风，九坐不动，十分无用。

六是“腐”。这主要指有的领导干部法纪意识淡薄，个人主义严重，以权谋私，贪赃枉法。从近年来查处的一些腐败案件来看，主要有这样一些特点：组织监督功能弱化，形同虚设，为个别违法犯罪提供了机会；公共服务领域腐败活动日益突出，吃拿卡要现象屡禁不绝；权钱交易，把党赋予的权力职责抛在脑后，以权谋私，贪赃枉法；腐败分子往往是集政治上蜕变、毫无党性原则、经济上贪婪和生活上腐化于一身；个别基层干部充当保护伞，侵吞集体财产，严重损害群众利益等。

党建不力，班子建设上就软弱无力，干部作风就不实，群众威信就不高，就无法履行责任使命。当下党建中存在的各种现实问题，严重影响到党的威信，损害党的事业。究其原因，主要有如下几个方面。

一是没有把政治建设摆在首要位置。有的领导干部政治立场不够坚定、政治方向不够准确、政治能力不够高强；党性不纯、政绩观发生偏差，存在“等靠要”、守摊、功利思想；一些班子党的领导弱化，党组织管党治党意识不强，对增强执政本领建设重视不够、研究不多；少数领导班子党内政治生活不严肃不认真，一些领导干部政治站位不高、“四个意识”不强、宗旨意识不牢，阳奉阴违、表里不一、当两面派；一些基层党组织软弱涣散，党内组织生活不正常，党员先锋模范作用发挥不够。由此导致有的领导干部信仰迷茫、党性观念淡薄、政治纪律意识不强、组织纪律松弛、道德失范等。

二是贯彻落实民主集中制流于形式。一些班子的“一把手”民主集中制意识不强，缺乏民主作风；集体决定了的事情，有的领导干部依然我行我素，得不到认真执行，甚至在执行中搞变通，严重影响了党的权威。在决策前缺乏充分的调查研究和认真的准备；有些班子虽然也按上级组织的要求建立了一些有利于民主集中制贯彻执行的相关制度，但在执行中缺乏自觉性和坚定性。相关调查显示，45.2%的人认为影响党政班子整体合力的主要因素是议事规则不完善，决策机制不健全；14.1%的人认为是存在独断专行、软弱涣散和各行其是现象；40.7%的人认为是其他方面的原因。有的班子成员不能带头倾听下级组织和党员群众的意见，不允许有不同的声音，对收集来的群众智慧和合理意见也搁置不理。

三是考核监督激励失效失真。制度建设上监督约束有力，激励关怀不足。干部考核评价存在“年底一张表、评价一次性”的问题。目前的党政领导班子考核虽然在一些方面做了探索，取得了一些成绩，但这一制度体系仍不健全、不完善，有效的激励作用远没有发挥出来。党委班子、政府班子以及党政工作部门指标虽各有侧重，但是仍比较宏观，忽视考核环境和资源因素、工作基础等内容；偏重考核显绩，忽视考核隐绩；偏重考核眼前的效益效果，忽视考核可持续发展。在考核结果的运用上，党政领导班子考核中，除了为数不多的优秀比例外，其余的绝大多数为较好或一般，很少有不合格的和不称职的领导班子。不能把考核结果运用到能下，能上不能下的问题依然突出，能力不强的领导干部不及时调整或者调整不下来，考核的激励作用也就无从发挥。关心关爱领导干部不够，容错纠错机制仍缺乏简单易行的执行标准。考核考评手段单一，对领导班子和领导干部的考核考评大多借助于巡视巡察、专项考核、年度考核等，平时考核不够，经常性考核考察的机制还不完善。仍然存在“能上基本不能下”、容错纠错机制难以落实等问题。

四是自身建设薄弱，软弱涣散依然存在。打铁还需自身硬。打造政治过硬、本领高强的党政领导班子离不开自我完善。当前一些党政领导班子对班子自身建设的重要性认识不够，缺乏层次分明的具体要求，仍不同程度的存在形式主义、走过场的现象。有的组织观念淡薄，制度建设滞后，领导班子抓得不严、管得不好的问题较为突出；少数基层党组织软弱涣散，对党员、干部疏于管理，致使一些党员干部个人主义、自由主义严重，目无组织纪律，不服从组织安排；有的不能很好地执行民主集中制，“一把手”说了算，副职不能充分发表自己的意见，影响了决策的科学性。有的基层党政领导班子不够团结，班子成员配合不力，影响了班子成员整体合力的发挥。

五是观念僵化保守，缺少创新进取精神。贯彻落实党的十九届四中全会精神，着力推进国家治理体系治理能力现代化，需要领导班子带头改革创新、担当作为。有的领导干部不愿学习，排斥新观念、新事物，思维停留在旧有的、传统的方式上，仅凭经验办事，从不以开拓的精神寻找解决问题的最佳方案。有的领导班子对现代化知识学习不够，许多干部不熟悉信息化、大数据、云计算、数字经济等方面的知识，不掌握农业农村现代化、城市规划建设管理、金融、工业等方面的知识，不思进取，故步自封，无法适应新时代新征程的要求。

25. 新时代抓好党建的着力点

新时代要有新作为，抓好新时代党建就是坚持以习近平新时代中国特色社会主义思想为指导，紧紧围绕新时代党的建设总要求，以党的政治建设为统领、思想建设为基础、组织建设为保障、作风建设为依托、纪律建设为利器、制度建设为规范，科学谋划推动全面从严治党向纵深发展的思路和举措，以久久为功的韧劲引领经济社会高质量跨越式发展。

坚持以政治建设为统领，把成效体现在目标信仰上。旗帜鲜明讲政治是马克思主义政党的根本要求。党的政治建设是党的根本性建设，决定党的建设方向和效果，事关统揽推进伟大斗争、伟大工程、伟大事业、伟大梦想。要认真学习贯彻《中共中央关于加强党的政治建设的意见》，坚持用习近平新时代中国特色社会主义思想武装头脑，增强“四个意识”、坚定“四个自信”、做到“两个维护”，严格要求党员干部坚定政治信仰、保持政治定力、规范政治言行、勇于政治担当，在思想上政治上行动上始终同以习近平同志为核心的党中央保持高度一致。

坚持以思想建设为基础，把成效体现在步调一致上。思想是行动的先导。坚定理想信念是党的思想建设的首要任务，是保持党的团结统一的思想基础。共产主义远大理想和中国特色社会主义共同理想，是中国共产党人的精神支柱和政治灵魂，理想信念的坍塌是最根本的坍塌。要着力于坚持思想建党，推进理论强党，把思想建设作为党的基础性建设。思想建党就是要牢固树立共产主义理想信念，牢固树立全心全意为人民服务的根本宗旨；理论强党就是真正把马克思主义这个看家本领学精悟透用好，用马克思主义中国化最新成果武装头脑、指导实践、推动工作。

坚持以组织建设为保障，把成效体现在固本强基上。党的力量来自组织，党的全面领导、党的全部工作要靠党的坚强组织体系去实现。要以提升组织力为重点，突出政治功能，健全基层组织，优化组织设置，理顺隶属关系，创新活动方式，扩大党的组织覆盖和工作覆盖，使之成为一个组织严密、运转高效、联系广泛、充满活力的组织体系。只有树立大抓基层的鲜明导向，着力解决一些基层党组织弱化、虚化、边缘化问题，党才能真正把党员组织起来，把人才集聚起来，把干部调动起来，把战斗堡垒作用发挥出来，党的集中统一领导和党的全部工作才会实现。

坚持以作风建设为依托，把成效体现在干群关系上。党的作风是党的形象，是观察人心向背的“晴雨表”。大量事实证明，一个地方的工作，成在干部作风，败也在干部作风；一个地方的事业，兴在干部作风，衰也在干部作风。各级党组织和广大党员干部应当铭记“空谈误国，实干兴邦”道理，深入开展“不忘初心、牢记使命”主题教育，集中整饬党风，坚持严字当头、刀刃向内，针对表态多调门高，行动少、落实差，或热衷于“经典调研线路”的走秀式调研等形式主义和官僚主义，常抓不懈，驰而不息，坚决防止“四风”问题沉渣泛起、死灰复燃。

坚持以纪律建设为利器，把成效体现在清正廉洁上。党的政治纪律是维护党的团结统一、贯彻执行党的政治路线的重要保障。没有铁的纪律，党就会成为一盘散沙。坚决纠正执纪失之于宽、失之于松、失之于软的现象。深入贯彻《中国共产党党内监督条例》，综合运用好监督执纪“四种形态”，把监督执纪各项工作做深做细做实，持之以恒正风肃纪，真管真严、敢管敢严，坚决杜绝滥用权力、贪污受贿、腐化堕落、违法乱纪等现象的滋生蔓延。

坚持以制度建设为规范，把成效体现在长效机制上。党的制度建设是全面从严治党的长远之策。本着于法周延、于事有效的原则，通盘考虑、全局规划。一方面，以党的建设制度改革为抓手，以党章为根本遵循，坚持完善党内民主制度、监督制度、干部人事制度、检查考核制度等，健全党内规则体系，织密制度笼子，形成长效机制；另一方面，坚持制度面前人人平等，狠抓制度落实，确保广大党员干部养成尊崇制度、遵守制度、捍卫制度的良好习惯，真正使制度成为硬约束，让广大党员干部习惯在受监督和约束的环境中工作生活，练就过硬的作风。

以政治生态建设为根本，把成效体现在社会风气上。政治生态是社会生态系统的重要组成部分。良好政治生态环境是社会经济持续健康和谐发展的基本保障。政治生态系统中的精神状态、社会风尚、道德素质、党群关系乃至公众满意度是维系政治生态环境的基本要素。习近平总书记在党的群众路线教育实践活动总结大会上的讲话中强调指出，“风清则气正，气正则心齐，心齐则事成”。干部清正、政府清廉、政治清明，既是社会风尚的客观要求，也是衡量党的建设成效的关键所在。应当清醒地认识到，面对各种挑战与风险的考验，最大的风险来自内部。加强党的建设与政治生态文明建设是休戚与共、融为一体的关系，营造风清气正的良好政治生态文明，始终是摆在党的建设中的首要任务。

26. 推动党的建设高质量发展

治国必先治党，治党务必从严。不断提高党的建设质量，是加强马克思主义政党建设的本质要求，是对中国共产党百年历史经验的总结和升华，是新时代推进党的建设新的伟大工程、建设社会主义现代化强国的现实需要。1927年9月，毛泽东同志率秋收起义余部挺进井冈山途中，有感于南昌、秋收起义相继失败，“这是缺乏革命中心力量招致革命失败的血的教训”，遂确定在江西永新三湾村改编部队，实行“支部建在连上”，在连队设党支部，在优秀士兵中发展党员，在班排设党小组，在连以上设党代表并担任党组织书记。这就在部队建起严整的党组织体系，为党全面建设和掌握部队提供了可靠组织保证。2014年10月30日，全军政治工作会议在福建省上杭县古田镇召开，中共中央总书记、国家主席、中央军委主席习近平出席会议并发表重要讲话。他强调，革命的政治工作是革命军队的生命线。实行革命的政治工作，保证了我军始终是党的绝对领导下的革命军队，为我军战胜强大敌人和艰难险阻提供了不竭力量，使我军始终保持了人民军队的本色和作风。

2014年10月8日，习近平总书记在党的群众路线教育实践活动总结大会上指出，各级各部门党委（党组）必须树立正确政绩观，坚持从巩固党的执政地位的大局看问题，把抓好党建作为最大的政绩。如果我们党弱了、散了、垮了，其他政绩又有什么意义呢？各级党委要把从严治党责任承担好、落实好，坚持党建工作和中心工作一起谋划、一起部署、一起考核，把每条战线、每个领域、每个环节的党建工作抓具体、抓深入，坚决防止“一手硬、一手软”。习近平总书记提出，抓好党建是本职，不抓党建是失职，抓不好党建就是不称职，党建出问题是渎职。不言而喻，党建工作既是中国共产党和人民军队的传统优势，也是中国革命和建设伟大事业取得成功的根本保证，在中国革命和建设年代是如此，进入改革开放和社会主义现代化事业发展的新时代更是如此。这既是理论的逻辑，也是实践的逻辑。

能否抓好党建，关系党的命运。“水能载舟，亦能覆舟。”党的作风建设关系到人心向背，影响着社会风气，塑造着党的形象，决定着党的命运。正如习近平总书记提出的，不管党、不抓党就有可能出问题甚至出大问题，结果不只是党的事业不能成功，还有亡党亡国的危险。为此，必须保持高度的政治清醒和行动自觉，牢固树立“以人民为中心”的发展理念，以最广大人民根本利益为一切工作的根本出发点和落脚点，用党建为抓手，引领民族伟大事业继续前行。

能否抓好党建，关系改革成败。打铁必须自身硬。办好中国的事情，关键在党，关键在坚持党要管党、全面从严治党。随着改革进入深水区，各种矛盾叠加，风险隐患集聚，机会难得却稍纵即逝，挑战严峻又长期存在。能否抓住机遇，应对挑战，既需要我们党有总揽全局、协调各方的能力，又需要各级党员干部不断增强“四个意识”、坚定“四个自信”、做到“两个维护”，只有上下齐心才能确保改革开放这艘航船沿着正确航向破浪前行。从这个意义上看，不抓好党建，不全面从严治党，我们就很难具备这样的能力并最终取得胜利。

能否抓好党建，关系高素质干部队伍的建设目标。抓党建既要政治过硬，也要本领高强。在政治过硬上，强调要把党的政治建设摆在首位。习近平总书记强调指出，在新时代的征程上，全党同志一定要按照新时代党的建设总要求，坚持和加强党的全面领导，坚持党要管党、全面从严治党，拿出恒心和韧劲，继续在常和长、严和实、深和细上下功夫，管出习惯、抓出成效。本领高强的关键在于专业能力，着力点在于解决突出问题。本领高强在于坚持问题导向，注重“靶向治疗”。针对政治意识不强、政治立场不稳、政治能力不足、政治行为不端等突出问题强弱项补短板。《中共中央关于加强党的政治建设的意见》中强调指出，党员干部特别是领导干部要加强政治能力训练和政治实践历练，切实提高把握方向、把握大势、把握全局的能力和辨别政治是非、保持政治定力、驾驭政治局面、防范政治风险的能力。

能否抓好党建，关系伟大复兴。历史已经证明并将继续证明，没有中国共产党的领导，民族复兴必然是空想。面对百年未有之大变局，面对随着社会发展而增加的复杂性和不确定性，面对人民群众需要所呈现的多样化多层次多方面的新特点，唯有使党永葆旺盛生命力和强大战斗力，才能确保党在世界形势深刻变化的历史进程中始终走在时代前列，在应对国内外各种风险和考验的历史进程中始终成为全国人民的主心骨，在坚持和发展中国特色社会主义的历史进程中始终成为坚强的领导核心。